U0457456

地方科技创新平台
治理体系建构与优化

徐顽强　李　敏　王　倩等　著

本书受华中科技大学鄂州工业技术研究院"创新鄂州·科技创新服务平台建设"项目资助

科学出版社

北　京

内 容 简 介

本书拟围绕地方科技创新平台治理这一主题，在梳理基本概念、归纳国内外研究现状及理论基础的前提下，提出当前地方科技创新平台治理体系的核心要素、逻辑意蕴，并总结出发达国家和地区、国内典型地方科技创新平台的治理模式和治理经验。以华中科技大学鄂州工业技术研究院为研究对象，深入剖析其治理模式，构建地方科技创新平台治理效能评价体系。在此基础上，从宏观、中观、微观三个维度归纳出地方科技创新平台治理体系面临的困境，提出推动地方科技创新平台治理能力提升和治理体系现代化的多重方略。

本书可以作为现代科技创新平台、新型产学研协同创新载体等组织的研究读物，也可以作为党政领导机关、地方科技创新平台建设政策研究部门的专题读物，为科技创新平台相关从业者继续教育提供学习教材参考。

图书在版编目（CIP）数据

地方科技创新平台治理体系建构与优化/徐顽强等著. —北京：科学出版社，2023.12

ISBN 978-7-03-076434-8

Ⅰ. ①地… Ⅱ. ①徐… Ⅲ. ①区域经济－国家创新系统-研究-中国 Ⅳ. ①F127

中国国家版本馆 CIP 数据核字（2003）第 184604 号

责任编辑：徐 倩 / 责任校对：姜丽策
责任印制：吴兆东 / 封面设计：有道设计

科 学 出 版 社 出版

北京东黄城根北街 16 号
邮政编码：100717
http://www.sciencep.com

北京盛通数码印刷有限公司印刷
科学出版社发行 各地新华书店经销

*

2023 年 12 月第 一 版 开本：720×1000 1/16
2024 年 8 月第二次印刷 印张：13
字数：259 000

定价：142.00 元

（如有印装质量问题，我社负责调换）

前　言

　　科学技术是推动经济和社会发展的强大杠杆。党的十九届五中全会审议通过的《中共中央关于制定国民经济和社会发展第十四个五年规划和二〇三五年远景目标的建议》中提出："坚持创新在我国现代化建设全局中的核心地位，把科技自立自强作为国家发展的战略支撑。"党的二十大报告指出："教育、科技、人才是全面建设社会主义现代化国家的基础性、战略性支撑。必须坚持科技是第一生产力、人才是第一资源、创新是第一动力，深入实施科教兴国战略、人才强国战略、创新驱动发展战略，开辟发展新领域新赛道，不断塑造发展新动能新优势。"①推动创新资源的优化配置，促进资源共享是我国科技自立自强的重要途径。《中华人民共和国国民经济和社会发展第十四个五年规划和2035年远景目标纲要》提出推进科研院所、高等院校和企业科研力量优化配置和资源共享。支持发展新型研究型大学、新型研发机构等新型创新主体，推动投入主体多元化、管理制度现代化、运行机制市场化、用人机制灵活化。由此可见，科技创新平台是优化配置科技资源、支撑科技创新活动的重要载体。科技创新平台的治理体系和治理能力对科技资源整合、科技创新治理体系完善具有十分重要的意义。科技创新平台自20世纪末诞生后，便成为各国完善国家科技创新体系建设，推动和保持科技创新能力与科技水平处于世界前列的重要措施。科学技术部（简称科技部）于2002年提出构建"科技大平台"。此后，中央政府从顶层设计上出台诸多政策支持科技创新平台建设。各地方政府紧跟国家战略，积极推动地方科技创新平台建设，因地制宜地建成了各具特色的科技创新平台。地方科技创新平台能够推动政府、企业、高校、科研机构等多主体协同创新，是区域科技创新体系的重要组成部分以及推动地方科技和经济发展的基础支撑条件。鉴于地方科技平台对强化区域科技创新基础设施建设、促进区域政产学研有效衔接、提高地方科技创新能力的重要价值，如何构建完善的科技创新平台治理体系，提升科技创新平台治理

---

① 习近平. 高举中国特色社会主义伟大旗帜 为全面建设社会主义现代化国家而团结奋斗——在中国共产党第二十次全国代表大会上的报告. http://www.gov.cn/xinwen/2022-10/25/content_5721685.htm，2022-10-25.

效能，实现科技创新平台功能的充分发挥就成为重要的理论和现实问题。

地方科技创新平台治理的现代化水平直接关系到地方科技创新治理体系的完善程度。在创新驱动发展和建设创新型国家等重大战略提出后，地方科技创新平台也面临着机遇与挑战并存的现状。这种重大的机遇与挑战更加要求建构科学、完善的地方科技创新平台治理体系，充分实现其整合科技创新资源以及促进科技成果转化、产业结构优化等作用。由此，归纳科技创新平台的发展与治理情况、探索地方科技创新平台的治理模式与运行机制，对推动地方科技创新平台治理能力提升和治理体系现代化显得尤其重要。

探究地方科技创新平台治理体系主题，首先必须明确影响地方科技创新平台治理体系的核心要素，明确地方科技创新治理主体的角色定位和职责担当。无论是具有实体支撑的地方科技创新平台，还是虚拟组织结构呈现的地方科技创新平台，都离不开地方政府、高新企业、科研机构、其他中介服务机构、科研人员等主体的良性协同，离不开完善的地方科技创新平台体制机制保障。如果将地方科技创新平台作为一个系统来看的话，这个系统良性运作需具备的要素涵盖两大类：内部要素和外部要素。内部要素一方面体现为参与科技创新平台建设和管理的各类主体，包括提供资源支持、制度保障的地方政府，作为资源供给者和参与者的高校或科研院所，承担科技创新主体力量的高科技企业，作为协同参与者和技术扩散者的科技孵化机构，作为研发者和平台治理参与者的科研工作人员；另一方面体现为影响地方科技创新平台治理的各种机制安排，包括权责分工机制、人才管理机制、金融服务机制、成果转化机制、绩效考核机制与利益分配机制。外部要素即影响科技创新平台建设、发展、运营的外部环境总和。不言而喻的是，推动主体协同创新更离不开良好的法治环境、资源环境、政策环境、社会舆论环境的有效嵌入和有力支撑。

理顺地方科技创新平台治理的逻辑思路是一个基础且关键的问题。地方科技创新平台是完善区域地方科技创新服务体系、推动区域产业结构优化与经济高质量发展的重要途径。因此，地方科技创新平台治理体系的建构要以瞄准区域经济、社会、科技服务，推动科技创新资源的优化配置与产学研用深度融合为逻辑前提。从微观层面看，已经建立的地方科技创新平台通过合理的治理结构及多元要素有效协作来实现良性发展，实现多主体跨平台之间的协同创新效应最大化，是推动地方科技创新平台治理体系构建与优化所必须重视的问题。

科技创新平台是美国于 1999 年提出的，此后欧盟、东亚纷纷开始"创新平台"的规划和建设。各国家或地区的探索逐步形成政府引导、多元主体协同治理、产学研融合在内的独具自身特色的创新平台治理模式，至今已积累了丰富的科技创新平台建设和发展经验。这对于推动我国地方科技创新平台治理能力提升和良好的平台治理体系建设具有十分重要的借鉴意义。从中华人民共和国成立初期到现在，我国科技创新平台建设经历了从无到有，从萌芽到蓬勃发展的过程，发展出了以不同主体为主导或者多元主体间协同合作的科技创新平台运营模式。不同的平台治理模式在合作主体、主体力量和资源禀赋、服务行业和产业性以及面临市场、社会环境方面存在差异，在治理体制、运营机制、运行方式和管理方法方面呈现不同特征，故而在满足国家及社会多元需求方面也发挥着不同功效。这种地方科技创新平台治理体系的差异化是适应国家战略、区域科技规划和科技创新服务、行业或产业发展、产学研用高度衔接的需要，也是建立高质量的国家创新治理体系的必然要求。

科技创新平台在我国发展已经历时二十余载，我国政府从中央到地方层面出台了不少规范性文件来促进科技创新平台的发展。2019 年，科技部专门印发《关于促进新型研发机构发展的指导意见》，旨在推动新型研发机构等科技创新平台发展。这为我国地方科技创新平台治理体系的完善提供了宏观性的指导。但不可否认，我国科技创新平台发展和治理仍处于"摸着石头过河"的探索阶段，尤其在经济发展、教育水平、科技创新基础较为薄弱的中西部地区，推动科技创新平台的落地已实属不易，实现科技创新平台治理体系和治理能力的现代化需要付出更多的努力。总而言之，我国地方科技创新平台发展在外部环境嵌入、内部运营和管理等内外部因素上仍面临诸多困境，而突破这些治理"短板"的方略亦需要从影响地方科技创新平台发展的关键要素着手，还应该内外部治理"双管齐下"，积极借鉴发达国家科技创新平台的治理经验。同时，中央政府和地方政府统筹规划、疏通地方科技创新平台发展各"阻塞"环节、多方协同共进是推动地方科技创新平台治理体系现代化的根本保障。

本书首先对地方科技创新平台发展的背景和意义进行阐述，总结国内外学术界的研究现状，并对科技创新平台、区域创新平台体系、治理现代化等相关概念进行梳理，明确了地方科技创新平台治理体系的理论基础，分析关于地方科技创新平台治理的主体要素及功能、外部环境要素、运行机制，勾勒出地方科技创新平台治理体系的逻辑前提、结构逻辑和行为逻辑，而后总结国内外典型科技创新平台治理模式和治理经验，为推动我国地方科技创新平台治理体系构建与优化带来一定启示。案例分析是检验地方科技创新平台治理现状，总结治理经验的重要方法。本书以华中科技大学鄂州工业技术研究院为个案，分析鄂州工业技术研究院的发展概况、治理生态结构、治理启示，并构建出地方科技创新平台治理效能评价体系，应用于鄂州工业技术研究院的治理效能评价实践中，进而总结当前地方科技创新平台治理体系面临的困境，并基于国内外已有成功经验和存在的问题，提出推动我国地方科技创新平台治理体系优化的方略。

目　　录

第一章 绪 论

为推动科技资源高效配置，完善科技创新基础条件，科技部于 2002 年提出构建"科技大平台"的设想，自此开始从国家到地方全面拉开了强化科技创新平台建设的帷幕。在地方科技创新平台发展过程中，各地政府纷纷探索如何构建符合区域发展需求的科技创新平台治理体系来提升科技创新平台治理效能，充分实现科技创新平台的"引擎"功能。学术界对地方科技创新平台治理的研究较为丰富，明确地方科技创新平台治理体系的相关核心概念是研究的起点。本章主要梳理了地方科技创新平台治理的背景、意义与相关概念，归纳已有研究成果，明确地方科技创新平台治理体系构建的理论基石。

第一节 研究背景及意义

地方科技创新平台是伴随着我国科技体制改革方案与相关配套政策实施，以及创新驱动发展、建设创新型国家、实现国家治理体系和治理能力现代化等目标而逐步建立、发展起来的。因此，研究地方科技创新平台治理体系必然不能够脱离我国的科技创新平台发展进程、科技体制改革的政策变迁以及宏观国家发展战略和长远目标的影响。

一、研究背景

1. 持续深入的科技创新体系改革

伴随着经济社会的进步，科教兴国、创新驱动发展等战略的实施以及科技管理体制改革的逐步深化，规范和支持基础科技创新平台治理成为各层级政府尤为重视的施政策略。在这种背景下，地方科技创新平台的建设和管理逐步走向科学化、规范化、制度化，并成为促进产学研用高效协同的重要组织载体。

我国科技体制改革溯源于 1978 年召开的全国科学大会，发轫于 20 世纪 80 年代。1985 年 3 月，中共中央颁布的《关于科学技术体制改革的决定》提出了科学技术体制改革的主要内容。1992 年以后，加强创新体系建设、加速科技成果产业化成为我国科技管理体制改革的重点。1995 年，《中共中央、国务院关于加速科学技术进步的决定》提出必须深化科技体制改革，充分发挥广大科技人员的积极性、创造性，动员全社会的力量，全面推进科技进步。2012 年 9 月，中共中央、国务院颁布的《关于深化科技体制改革加快国家创新体系建设的意见》提出深化科技体制改革、加快国家创新体系建设的指导思想、主要原则和主要目标。同年 11 月，党的十八大报告提出深化科技体制改革，推动科技和经济紧密结合，加快建设国家创新体系，着力构建以企业为主体、市场为导向、产学研相结合的技术创新体系①。

党的十八届三中全会明确了科技体制改革的总体思路和主要方向。此后，我国出台了一系列关于科技体制改革的政策文件，其中也包含了关于科技创新平台建设、运营管理、绩效评价方面的政策措施。2014 年，《中国科学院"率先行动"计划暨全面深化改革纲要》启动了下属科技研究机构的全面改革。2015 年，中共中央办公厅、国务院办公厅出台《深化科技体制改革实施方案》，提出要健全产学研用协同创新机制，强化创新链和产业链有机衔接；推动新型研发机构发展，形成跨区域、跨行业的研发和服务网络。这对建立多元主体有效协同的创新联盟、创新平台、区域创新共同体，以及创新平台和相关新型研发机构的科学化治理做出了引导。2016 年，《中华人民共和国国民经济和社会发展第十三个五年规划纲要》《国家创新驱动发展战略纲要》将创新驱动发展战略提上议程。党的十九大报告再次强调深化科技体制改革，建立以企业为主体、市场为导向、产学研深度融合的技术创新体系②。党的十九届四中全会审议通过的《中共中央关于坚持和完善中国特色社会主义制度　推动国家治理体系和治理能力现代化若干重大问题的决定》中再次强调要完善科技创新体制机制，建设更高水平开放型经济新体制。《中华人民共和国国民经济和社会发展第十四个五年规划和 2035 年远景目标纲要》也再次明确深入推进科技体制改革，完善国家科技治理体系，优化国家科技计划体系和运行机制。这些国家层面的政策设计旨在以科技创新和体制机制为双轮驱动，发挥多元主体优势与推动资源优化配置，打造区域创新网络，构建完善的国家创新体系，强化科技创新能力。这不仅标志着我国科技体制改革进

---

① 胡锦涛. 坚定不移沿着中国特色社会主义道路前进　为全面建成小康社会而奋斗——胡锦涛在中国共产党第十八次全国代表大会上的报告. http://cpc.people.com.cn/n/2012/1118/c64094-19612151.html，2012-11-08.

② 习近平. 决胜全面建成小康社会　夺取新时代中国特色社会主义伟大胜利——在中国共产党第十九次全国代表大会上的报告. http://www.gov.cn/zhuanti/2017-10/27/content_5234876.htm，2017-10-27.

入更新的发展阶段，也意味着创新驱动发展战略对科技创新平台治理水平提出更高要求。各省市地方政府根据国家发展战略和中央政府的顶层设计，纷纷出台配套实施措施，贯彻执行科技体制改革战略，为地方科技创新平台的建设与运营提供了强有力的政策支持。

2. 科技创新平台的迅速发展

科技创新平台是地方政府管理和优化科技资源配置的重要载体。我国各类地方科技创新平台发展需要以科技创新基础设施和科技创新管理体系建设为依托循序渐进地发展。这个发展过程离不开中央政府对科技创新平台建设战略的长远规划和基层政策供给与配套制度的支持。政府层面的强力推动使得地方科技创新平台的建设较快进入高速发展期和成熟期。通过政策文本的梳理，可以从纵向的时间轴和横向的政策链条上俯瞰我国地方科技创新平台治理环境的变迁、现行地方科技创新平台治理困境以及探索优化地方科技创新平台治理体系的策略。

20 世纪 90 年代末，我国从中央到地方开始着手科技创新平台的基础设施建设。一些经济较为发达、科技基础力量相对雄厚的省份也逐步探索建立地方科技创新服务平台。2002 年 3 月，科技部提出建构"科技大平台"的设想，而后中央政府出台了一系列政策、措施推动科技管理体制改革，引导科技创新平台建设。地方科技创新平台沿袭国家科技创新平台的发展模式，并结合区域自身经济、社会发展特征和需求，建设出许多承担研发、技术创新、创业创新、科技服务、科技成果转化等功能各异的科技创新平台。与此同时，各地政府等相关治理主体也不断探索推动科技创新平台治理模式走向科学化、制度化。

2004~2011 年是中央顶层设计层面对科技创新平台建设和发展的定调、引导时期。2004 年，《2004—2010 年国家科技基础条件平台建设纲要》明确了科技基础条件平台建设的指导思想和原则、建设目标与主要任务，以及平台建设重点和各类保障措施。2005 年，《"十一五"国家科技基础条件平台建设实施意见》发布，2006 年，《国家中长期科学和技术发展规划纲要（2006—2020 年）》出台。以上发展规划和指导意见显示出国家对科技创新平台发展的重视，并划定了我国科技创新平台建设和发展的基本框架。此后，通过项目投入、重点领域的科技基础条件的整合与共享、科技创新平台绩效考核、支持区域技术创新服务平台发展等措施进一步推动了科技创新平台建设。上海、浙江等经济基础雄厚、科技资源集聚的省市纷纷启动科技创新平台的规划工作，尝试构建面向企业的科技创新平台为产业发展提供科技服务（张贵红和朱悦，2015）。2011 年至今，各类科技创新平台纷纷涌现并成为完善我国科技公共服务体系的重要抓手，国家和各地出台众多政策推动科技创新平台治理正规化。《中华人民共和国国民经济和社会发展第十二个五年规划纲要》再次提出促进全社会科技资源高效配置和综合集成，加强科技基础设施建设。科技部、财政部发布了一系列推动科技创新平台评价的规范性文件。2019 年，科技部专门印发《关于促进新型研发机构发展的指导意见》，来推动新型研发机构等科技创新平台发展。这为我国地方科技创新平台治理体系的完善提供了宏观性指导。《中华人民共和国国民经济和社会发展第十四个五年规划和 2035 年远景目标纲要》中明确提出要推进科研院所、高等院校和企业科研力量优化配置和资源共享。支持发展新型研究型大学、新型研发机构等新型创新主体，推动投入主体多元化、管理制度现代化、运行机制市场化、用人机制灵活化。这为地方科技创新平台的规范建设和运行管理提供了向导。

3. 国家创新治理体系和治理能力现代化的未来趋势

国家创新体系是国家治理体系的重要内容。地方创新治理体系和治理能力直接影响国家整体创新治理能力的现代化。地方科技创新平台是推动产学研用有效协同、科技成果转化和科技资源集聚的重要载体，其治理体系的现代化程度直接关系到多元主体协同创新的效能与地方政府的创新治理效应。因此，地方科技创新平台治理体系和治理能力的现代化对政府治理的科技创新治理能力、多元主体科技创新集合力、科技创新平台管理和运营载体的管理能力提出更高的要求。

十八届三中全会提出了推进国家治理体系和治理能力现代化的战略目标[①]。深化科技体制改革、推进科技创新体系的现代化是推进国家创新治理体系现代化的重要组成部分。党的十九大报告提出："加强国家创新体系建设，强化战略科技力量。深化科技体制改革，建立以企业为主体、市场为导向、产学研深度融合的技术创新体系"[②]。2018 年 5 月，习近平总书记在中国科学院第十九次院士大会、中国工程院第十四次院士大会上提出："全面深化科技体制改革，提升创新体系效能，着力激发创新活力。"[③]同年 7 月，中央财经委员会第二次会议强调，要聚焦国家需求，统筹整合力量，发挥国内市场优势，强化规划引领，形成更有针对性科技创新的系统布局和科技创新平台的系统安排[④]。2020 年 10 月，党的十九届五中全会再次强调要完善科技创新体制机制[⑤]。这些为进一步促进科技创新

---

① 中共中央关于全面深化改革若干重大问题的决定. https://www.gov.cn/zhengce/2013-11/15/content_5407874. htm, 2013-11-15.

② 习近平. 决胜全面建成小康社会 夺取新时代中国特色社会主义伟大胜利——在中国共产党第十九次全国代表大会上的报告. http://www.gov.cn/zhuanti/2017-10/27/content_5234876.htm, 2017-10-27.

③ 习近平. 在中国科学院第十九次院士大会、中国工程院第十四次院士大会上的讲话. https://www.gov.cn/xinwen/2018-05/28/content_5294322.htm, 2018-05-28.

④ 习近平主持召开中央财经委员会第二次会议强调提高关键核心技术创新能力 为我国发展提供有力科技保障 李克强王沪宁韩正出席. http://politics.people.com.cn/n1/2018/0714/c1024-30146799.html, 2018-07-14.

⑤ http://cpc.people.com.cn/n1/2020/1030/c64094-31911721.html.

治理体系现代化奠定了政策基础。国家创新治理体系的现代化必然要求地方科技创新平台治理体系现代化。反之，地方科技创新平台治理体系和治理能力的现代化也成为国家创新治理体系走向现代化的有力抓手。

二、研究意义

1. 理论意义

（1）拓展地方科技创新平台治理的理论体系。地方科技创新平台是我国科技创新体系的重要主体要素，根植并服务于区域发展需求，其治理水平和规范化程度直接影响其服务效果。现有文献多是基于典型案例，以某类型科技创新平台或者宏观层面科技创新平台整体性的质性研究居多。相对而言，对科技创新平台治理理论的研究以及理论与实践相结合的研究略少。本书通过创新理论、治理理论等多个跨学科理论综合应用，以期筑牢地方科技创新平台治理体系研究的理论基石，为后续研究提供坚实的理论基础。

（2）推动经济学、管理学、公共管理等多学科理论的交互应用。地方科技创新平台治理涉及创新理论、平台理论、协同合作相关理论（博弈理论、资源依赖理论）、治理等理论。这些理论分属于不同学科，将这些理论的精髓和深刻内涵交叉应用于地方科技创新平台治理的研究中，既推动了不同学科理论知识的交融，也延伸了学科知识在新领域的交叉运用。

（3）为地方科技创新平台良好治理体系的形成提供分析框架。地方科技创新平台并非孤立的个体，其治理现代化程度由内因和外因诸多要素综合作用形成。因此，研究地方科技创新平台治理体系，必然需要一个完整的分析框架。本书通过归纳地方科技创新平台治理体系的理论基础、核心要素与逻辑意蕴，透析治理困境、案例解剖等，为地方科技创新平台治理体系的构建提供分析框架。

2. 现实意义

（1）扫描我国地方科技创新平台的治理困局。在创新驱动发展等系列战略提出后，地方科技创新平台处在了机遇与挑战并存的发展区间、空间和时间维度内，这种机遇与挑战要求地方科技创新平台的治理体系要实现现代化，而目前地方科技创新平台面临多重困境，急需破解之道。梳理这些困境是破解当前的治理困局、推进地方科技创新平台良性发展的前提基础。

（2）为促进国家创新治理体系建设"添砖加瓦"。地方科技创新平台是国家科技创新治理体系的关键环节。地方科技创新平台治理能力和水平对完善国家创新治理体系，提升科技治理能力意义非凡。本书以完善国家创新治理体系为主线脉络，将地方科技创新平台治理与科技体制改革、国家创新治理体系建构紧密结合，能够凸显出推动地方科技创新平台治理体系和治理能力现代化程度提升的重要性和必要性。

（3）积累地方科技创新平台治理的成功经验。本书通过总结国内外典型的地方科技创新平台治理模式，归纳其成功的治理经验，为地方科技创新平台本身治理能力提升提供策略借鉴，也为政府部门制定推动地方科技创新平台治理体系现代化的决策提供政策建议。

第二节　地方科技创新平台治理体系的研究现状

国内外关于科技创新平台的研究主要围绕科技创新平台基础知识、协同创新网络、国外科技创新平台构建经验和基于现实问题的个案分析，已经形成了具有创见性的研究成果。

一、地方科技创新平台的内涵与外延

国外研究者对创新平台的主体构成、角色划分和目的进行了具体研究。Gulshan（2011）认为平台是一种吸收内部和外部创新达到规模经济效应的创新模式。Chu（2013）和 Kilelu 等（2016）倾向于将创新平台当作科技服务中介机构，是协同创新的载体。创新平台由一系列不同角色组成（Nederlof et al.，2011），这些角色均是利益相关者，借助创新平台能够就特定领域的问题确定解决方案，应对各种挑战和机遇，实现共同的目标（Tui et al.，2013）。我国 2002年提出科技创新平台概念并于 2004 年启动国家科技基础条件平台建设。国内学术界对科技创新平台的研究与实践发展领域基本同步。关于科技创新平台的内涵，研究者众多但尚未达成共识。从组织结构视角看，科技创新平台是一种典型的网络式联盟组织；从科技研发角度看，科技创新平台是一种新型科研组织；从科技服务视角看，科技创新平台是一种新型科技服务机构。这三种定义均将科技创新平台定义为具有某种功能的组织或机构，也有学者认为科技创新平台是创新系统的基础支撑体系（张利华等，2007）。

由定义可知，科技创新平台是一个宽泛的概念，决定了科技创新平台必然不仅仅包含某一类科技创新组织或机构。当前学术界关于科技创新平台的分类如表 1-1 所示。

表 1-1 科技创新平台的分类

依据	分类	作者
归属层次	狭义的条件平台、国家层面的条件平台、其他平台（条件资源）	郑庆昌和谭文华（2006）
功能与服务对象	国家平台和区域平台	岳素芳和肖广岭（2015）
	科技研发实验平台、科技基础条件平台、技术创新服务平台和科技公共服务平台	陈志辉（2013）
类别	公共服务平台、产业化平台、研发平台	孙庆和王宏起（2010）

学者对科技创新平台功能的界定也不尽一致。刘国亮等（2008）认为创新平台是提供技术研发、成果转化等服务的公共服务机构，这种机构是为创新活动提供有效支持、服务的支撑系统、服务系统（屠建飞和冯志敏，2010）和集成系统（王雪原等，2011），也是政府发挥公共科技职能，推动科技发展与创新的重要内容和手段（钟无涯，2015）。不同类型地方科技创新平台功能不同。地方科技平台侧重为技术转移、成果转化、产业化及产业发展提供支撑（郑庆昌和谭文华，2006）。行业创新平台着重在产品构思、产品研制、产品投产等产业链的各阶段提供服务，并通过整合资源促进创新服务供需的有效对接（许强和葛丽敏，2009）。区域创新平台主要通过自身结构与作用关系的优化，推动区域创新平台服务能力的整体提升（王雪原等，2013）。

二、地方科技创新平台的运行机理与运行模式

理论基础是研究科技创新平台内部治理关系的前提，许多学者依据不同理论从多个维度分析科技创新平台的运行机理和内在关系。许强和杨艳（2010）依托三螺旋理论研究了企业、高校与科研机构和政府的角色和组织分工。李孝缪（2012）基于网络联盟理论分析了网络规模、异质性、联结度、信任度、承诺度和相容性对科技创新平台运行绩效的影响。孙庆（2010，2012）提出了区域科技创新平台网络化的结构、功能、发展机理和理论框架，以及演进过程、阶段和机制。公共政策对科技创新平台治理的影响主要体现在动力机制、信任机制、利益分配机制方面（高亮，2015），这些机制也会影响科技创新平台的合作网络结构的形成与发展。王宇露等（2016）对共性技术创新平台分布式创新组织模式进行了归纳，揭示了权力结构和运行模式对创新网络和创新效果的影响。高亮和冯楚建（2016）利用 Stackelberg 博弈模型构建了科技平台与一个外部机构和与两个外部机构合作的利益分配模型，提出了推动科技创新平台合作创新的策略。

关于科技创新平台治理模式的研究主要集中在运行结构、运行模式方面。运行结构方面，汪秀婷和胡树华（2009）将产业技术创新平台集成方式归纳为互补

型、互惠型、协同型、星火型。仲崇娜和苏屹（2015）将高校协同创新平台的组织结构模式归纳为虚拟结构、事业部制结构、模拟分散制结构。运行模式方面，钟无涯（2015）认为科技创新平台可归纳为政府主导型、企业主导型、第三部门主导型和混合型运营模式。张立岩（2015）提出了科技创新平台生态系统发展的生存竞争模式、合作共生模式、协同进化模式。费钟琳等（2017）基于两权分离理论将产业创新平台的治理模式划分为公共型治理、私有型治理、混合型治理、网络型治理模式。谢家平等（2017）归纳出创新平台网络的松散型、信息聚积型、中心主导型和紧密型网络结构。

三、地方科技创新平台的运行机制

国内关于科技创新平台运行机制的研究主要集中在两大方面：一类关注整体性体制机制的设计，另一类重点研究科技创新平台的特定运行机制。

关于科技创新平台的整体运行机制，教育部科技委化学化工学部专家组（2005）从人事管理、院系关系确定、学术评估体系、资源共享与开放的机制、决策与协调机制、实施可持续发展战略六个方面提出高校重大科技创新平台的运行机制。刘继云（2005）提出科技基础条件平台建设应以共享机制为核心，以价值链、流程再造及治理结构为逻辑线索，构建科技资源共享机制及其政策措施优化组合。李葳和王宏起（2012）提出要通过多方协同、规范制度、强化监督、加快完善专业性公共服务平台、构建协同创新社会促进组织（刘钒和李光，2014）等措施保障科技创新平台体系建设和运行。黄慧玲（2013）在分析厦门科技创新平台建设问题基础上，提出要科学规划，构建完善的科技创新平台体系、创新机制，增强平台创新活力和服务能力，科学评估，确保科技创新平台的高效运行。曹蓓（2016）提到要通过建立科技创新平台管理机构、创新科技创新平台建设运行管理机制、健全人才建设与绩效考核机制、拓宽建设经费筹措渠道，推动产学研合作和高校科技创新平台建设。戚刚等（2017）重点研究了军民融合协同创新平台的组织架构和运行机制，提出要从财税金融、知识产权保护、科技信用体系、质量标准体系、征信和评估体系出发，营造良好的政策环境。张贵红（2013）则构建了我国科技资源服务平台的运行模式以及相适应的体制机制。

关于科技创新平台的特定运行机制的研究主要集中在绩效评价、成果转化机制上。在绩效评价机制方面，王宏起等（2015）研究了区域科技创新平台的绩效评价指标制定并结合数据进行了实证评价。王立剑和刘佳（2010）制定了高校科技创新平台绩效评价指标体系并进行了实证检验。诸多学者运用不同评价方法衡量科技创新平台的绩效。例如，李海华（2011）、王乾磊（2012）分别通过灰色关联度分析法、平衡计分卡法评价了浙江省科技创新平台的绩效状况、成都市电子信息产业平台运行绩效。苏朝晖和苏梅青（2015）对福州、厦门、泉州三地的科技创新平台质量进行了评价。高航（2015）运用层次分析法和 BP 神经网络对全国 14 家工业技术研究院的协同创新能力进行了评估。在成果转化机制方面，学术界关于科技成果转化机制的研究多集中于高校科技成果转化、基于案例科技成果转化的实证分析，对地方科技创新平台的研究尚不多见，且相关研究多散见于科技创新平台治理的整体性分析中。例如，吴金希和李宪振（2012）认为政府扶持、目标定位清晰、开放式思维、公益导向有助于促进科技成果转化机制的完善。胡罡等（2014）认为机制创新、定位创新、环境创新、模式创新对构建整条科技产业链十分重要。沈祥胜（2017）则提出改革科研成果体制机制、加大财政投入、发挥政府职能与创新产业发展模式（陈雪和龙云凤，2017）等措施助力科技成果转化。

四、地方科技创新平台的治理困境与对策

科技创新平台治理亦存在"失灵"问题，围绕这一问题，学术界从地方科技创新平台的整体困境和各省份地方科技创新平台的治理对策层面展开研究。

关于地方科技创新平台的整体困境，王瑞敏等（2010）认为我国各省份地方科技创新平台建设的集成模式和离散模式存在的缺点是导致平台互动失灵、基础设施失灵、制度失灵的重要原因。付晔（2015）从科技资源配置视角对科技创新平台部署碎片化、重复建设、资源共享度低、难以维持正常运行等问题进行了剖析，并从宏观、中观和微观三个层面提出重构高校科技创新平台体系的建议。余东波等（2016）基于服务过程视角对平台运行管理还存在的服务质量良莠不齐、服务需求难以满足、服务效能不高、服务动力不足等问题进行了分析，并提出了优化运行管理的基本框架。顾佳佳（2017）提出科技协作平台存在组织管理体系与运行机制不完善、信息交流渠道匮乏、外部环境不成熟等问题，提出通过加强科技政策法规体系建设、升级平台、优化整体布局、实施共享战略推动科技协作平台跨越式发展。总体来看，宏观层面的制度保障和支持不足、科技创新平台运行和服务失灵、区域平台间协同创新失灵等是困扰地方科技创新平台治理体系构建的关键问题。张玉碧（2016）、徐娟和薛小刚（2018）分别阐述了河南、广西在地方科技创新平台建设中的具体问题。

关于各省份科技创新平台的治理，江军民等（2011）认为湖北省科技创新平台在数量、结构和分布、资源整合及联合攻关能力等方面存在问题，进而从政府治理层面提出了应对策略。简兆权等（简兆权等，2011；简兆权和陈键宏，

2012）基于佛山公共科技创新平台提出平台治理中的市场"失灵"、"协同"缺失、管理"缺位"和"越位"问题，提出构建以理事会为核心的管理机制、虚实结合的平台运行模式、共享共建的运行架构、利益协调的运行机制。陈黎和黄智华（2012）通过对比分析深圳和广州的科技创新平台的制度体系、管理方式、运行模式，认为广州的科技创新平台存在公共性定位不明、可持续运作机制和针对平台运作的优惠政策缺乏等问题，提出通过制定宏观科技创新平台发展规划、规范管理、增加投入、创新运作模式予以应对。吴秋明和邱栋（2012）、李响等（2013）分别基于创新资源集成管理理论、多中心治理理论提出了区域多层次科技创新平台治理的系统结构模式，并提出了相应发展策略。李振华等（2016a）从多中心治理模式出发，基于天津科技孵化网络的案例，探索地方科技创新平台与其他主体、外部创新环境之间的关系；该团队进一步研究提出为促进多中心治理区域科技孵化网络多主体协同创新，要制定合理的额外收益分配与成本分摊比例，建立有效的正激励和负激励（惩罚）机制，建立有效的网络信任体系（李振华等，2016b）。

五、国内外科技创新平台治理经验研究

关于国内科技创新平台治理的经验，李啸和朱星华（2008）以浙江省科技创新平台为例，提出通过加强统筹规划、提升政策协调度来强化其功能发挥、完善创新机制。孙兴莲（2008）分析了江苏省在加强区域科技创新平台建设中的经验，提出要完善组织协调机制、财政投入机制、共享服务管理体系，建立良好的法规政策体系和社会认知环境。姚良等（2010）总结了上海区域创新平台的构成、功能与结构、关联关系，提出了治理经验。

关于国外科技创新平台治理经验，牛司凤和郯海霞（2014）、李张珍（2016）以美国北卡罗来纳州"研究三角园"为案例，提出要创新管理体制机制，推动多元主体联合建立和管理园区，联合开展科研和有效的研用对接机制、成果转化机制和资金聚合机制，以及良好的文化氛围和多元化资金来源渠道，对中国推动协同创新具有一定启示意义。于丽滨（2009）研究了黑龙江省的科技基础条件共享平台建设现状、问题及对策。邹晓东等（2015）根据法国建立大科学院式协同创新平台、完善大学和科研机构运行机制的经验，提出中国要推进协同创新主体有效协同以及体制机制改革。罗巍等（2015）认为欧盟创新驿站平台的知识创新机制以及监督、协调、信任、合作等平台治理机制有助于促进协同创新目标实现。薛捷和张振刚（2006）对比国外的产业共性技术创新平台建设，提出政府要发挥主导作用、发展"政产学研"合作组织形式。胡春华（2017）总结了

发达国家的科技创新平台的特点，提出要加强产业科技创新平台建设，发挥政府的宏观协调作用，完善平台投入、监管、考核管理体系，健全政策保障体系、创新科技创新平台管理体制机制。

六、地方科技创新平台研究述评

已有研究成果为本书开展地方科技创新平台治理体系的研究奠定了基础，但已有研究的深度和厚度仍待加强，研究主题、研究理论、研究方法等方面仍存在较大探索空间。

在研究主题方面，对地方科技创新平台治理的关注度和涉及主题的广度、深度不够。一方面，现有研究视角较为笼统，关于"地方性"的讨论多基于区域创新平台网络和系统的视角；另一方面，对科技创新治理机制的研究多集中于科技绩效评价，关于科技创新平台功能构架、部门分工以及内部创新机理、运行体制、治理模式、参与主体等方面的研究较为薄弱。此外，地方科技创新平台在一定程度上属于政府科技治理、提供科技服务的"准公共机构"，关于地方科技创新平台的政府治理、政府职能定位、治理主体互动等方面的研究有待强化。

在研究理论方面，理论深度有待提升，且理论与实践相结合的紧密性有待提升。目前的研究多以案例研究、某类型科技创新平台或者科技创新平台整体性研究居多，对科技创新平台治理理论的研究以及理论与实践相结合的研究相对不足。虽然不少研究运用相关理论对科技创新平台治理的特定问题进行了解析，为后续研究打下了基础，但科技创新平台在治理结构、治理模式和功能定位上的异质性，导致这些理论的贯穿性、系统性、普及性较弱，且部分理论对科技创新平台治理的实践指导性不足。

在研究方法方面，当前研究以质性研究居多，孤立的案例研究无法串联总结出普遍的地方科技创新平台的发展问题和经验。传统的质性研究方法多基于经验和归纳分析，实证研究的方法需要进一步扩大在科技创新平台治理中的应用范围。实质上，关于科技创新平台治理体系中的人力资源管理、科技创新绩效评价、科技创新成果转化、金融服务和利益分配等方面，均可以运用实证分析方法来进行更具有说服力的论证并得出更科学的研究结果。

第三节 地方科技创新平台治理体系的基本概念

地方科技创新平台既是区域科技创新平台治理的核心对象，也是区域科技创新体系的构成基元，其治理体系的现代化必然涉及更高层次的科技创新体系建设问题。因此，研究地方科技创新平台治理体系，须界定地方科技创新平台、区域创新体系等关键概念以回应当前关于地方科技创新平台的研究需求。

一、地方科技创新平台的概念与功能

科技创新平台作为创新网络系统的核心，被认为是提高科技创新能力、促进产业升级与经济增长的重要工具。"创新平台"概念最早于1999年由美国提出。到了20世纪末至21世纪初，"创新平台"在多个发达国家迅速发展。我国自《2004—2010年国家科技基础条件平台建设纲要》颁布之后，陆续出台了一系列促进科技创新平台建设的相关政策和指导文件，旨在发挥政府对科技创新的战略引领、政策推动和资金引导作用，从而能够为企业提供更好的科技创新服务。

根据科技创新平台在我国发展的实际情况和经济社会发展需要，科技创新平台的称谓、概念界定在实践领域和学术界一直处于演变之中，直至现在，仍是多种称谓并存，主要原因是科技创新平台功能和作用认知、建设目的存在异质性。科技创新平台概念演变大致经历了以下几个阶段。

第一阶段，科技基础条件平台。21世纪初，我国政府拉开了科技基础条件平台建设的序幕。科技基础条件平台主要面向高校、科研院所等涉及科技研发的组织机构，主要由大型科学仪器设备和研究实验基地、自然科技资源保存和利用体系、科学数据共享服务中心和网络、科技图书文献资源共享服务网络、科技成果转化公共服务平台、网络科技环境构成。

第二阶段，公共科技服务平台。该阶段的科技创新平台主要以科技型企业为服务对象，以产业发展为目标，通过强调科技成果的转化和应用来为技术创新共性需求提供服务和支持。有学者从功能和作用视角对科技创新平台的内涵进行界定，因强调"服务性"而将科技创新平台称为公共科技服务平台，即由地方政府、高校和科研院所、企业等主体联合组成的，通过对创新资源的吸纳、集聚和整合、促进流动与扩散来为创新主体提供科技服务和技术支撑的科技创新载体（许强和杨艳，2010）。

第三阶段，区域科技创新服务平台。该阶段主要从"层次"与"功能"角度进一步拓展科技创新平台的内涵。区域科技创新服务平台对上服务于国家创新战略规划，对下服务于区域产业技术与企业科技创新需求。由此，区域科技创新服务平台是由地方政府、高校和科研院所等科技创新链上多元主体联合组建的，通过集聚和优化配置区域科技创新资源，从事先进技术研发和为区域产业、企业等相关主体提供公共技术服务，实现区域科技资源利用效率提升，推动产学研用密切结合，为区域科技创新提供优质、高效服务的基础性支撑体系（张利华等，2007）。

从概念演化可知，地方科技创新平台（或区域科技创新平台）是一种在政府主导或支持下，由企业、科研院所、高校和科技中介组织等其他组织机构协同建立，为满足区域内基础设施完善、企业或产业发展的科学技术共性需求，推动产学研用协同创新与区域创新能力提升而提供科技服务的组织载体。地方科技创新平台主要具有以下基本功能。

首先，集聚科技资源，提高创新能力。地方科技创新平台可以有效聚集各类创新资源，形成创新合力。创新平台建设的核心就是资源共享体系的形成，通过科技创新平台融合众多学科、人才等科技资源优势，将科学研究、学科建设和人才培养相结合，减少企业、科研院所及高校之间的交易成本和基础设施建设成本，提高资源利用效率，降低资源的使用和维护成本，在此基础上形成一条产学研全面发展的高新技术产业链，形成规模效应和协同效应。

其次，转化科技成果，降低创新成本。地方科技创新平台是为科研机构、企业的技术创新提供资源、信息、技术、成果转化和人才培养等全方面平台服务的重要载体。对于科研院所和高校而言，科技创新平台为它们提供了大量的市场需求信息，引导其产出符合市场需求的科研成果。对于企业而言，科技创新平台为它们提供了科技创新发展的对接机制，特别是打破了科学基础设施和科学技术设备的制约。完善的平台治理体系和运行机制有助于促进科技成果的转化，使科技创新与经济更加紧密地结合在一起，强化科技创新对经济发展的支撑作用。

最后，培养创新人才，增强区域持续创新能力。高校和科研院所承担着培养高科技人才和传播科学知识的重任，是关键技术的主要产出者。地方科技创新平台的建立可以聚集高层次人才，使其成为高新技术产业的孵化器。科技创新平台的搭建可以使科学技术创新研究与人才培养平台相结合，使其成为培养高层次人才的有效载体，成为区域创新能力持续提升的引擎。

二、地方科技创新平台治理模式

地方科技创新平台实质是复杂的网络平台系统，其功能是汇集科技创新资源，集成科技创新需求，在平台内部建立有效的平衡发展机制，保持平台运行动力。为此，地方科技创新平台通过制定发展规划、重视制度配备与科学的结构设计，建立完善的发展动力机制和创新服务融合机制，不断优化平台内部创新环境，提升平台管理水平，降低平台内部运行阻力，从而使平台的创新系统得以稳定运行。但由于其在不同发展阶段面临的目标和任务不尽一致，须根据不同阶段的特性选择与之适应的治理模式，以提升科技创新平台的功能适配性。

1. 生存竞争模式

生存竞争模式适用于地方科技创新平台的初期治理。此时进驻平台的创新主体较少，创新资源相对匮乏，主要通过竞争模式来维持系统科技创新环境的稳定以推动科技创新平台的发展。之后，随着平台的发展，平台内部的创新资源和创新主体逐渐增多，但由于平台处于起步阶段，基础设施欠完善，对创新环境的控制能力较弱，创新主体间竞争激烈，最终"优胜劣汰"。科技创新平台运行初期，生存竞争模式可以通过有效竞争促进平台内部创新组织的相互竞争、相互影响和相互作用。这对提升平台内部创新主体的创新能力，推动科技创新平台治理效能提升和创新环境的优化十分重要。

2. 合作共生模式

合作共生模式是地方科技创新平台比较常见的治理模式。平台运行过程中，合作共生模式可帮助平台内科技创新机构和组织寻找创新需求和目标相同的企业展开合作，特别是大多数创新企业在选择合作伙伴时，都会优先考虑创新需求相同，实力较强或相当的科研机构和企业，以此来共享科技创新资源，带动企业发展。科技创新平台则可以提供创新资源和共性服务，帮助企业找到合适的合作伙伴，从而形成创新互补。在科技创新企业成长过程中，与其他企业建立有效合作关系不仅能够促进企业自身实力的提高，也可以促进平台内创新资源共享，优化平台创新环境，而地方科技创新平台的成长也同样依赖于平台内企业之间的有效竞争与合作。

3. 协同进化模式

协同进化模式适用于地方科技创新平台成熟阶段的治理。此阶段，科技创新平台已拥有较为完善和丰富的创新资源体系，科研院所、高校、创新企业可在平台内进行有效的资源、信息共享，此时平台内进驻的创新主体较多，不同企业和科研机构间竞争仍然很激烈，尤其是具有相同创新需求和导向的组织会考虑到自身资源、条件和创新能力的限制，有选择地改变企业定位和创新需求策略，避免与平台内的其他企业和科研机构定位重叠。协同进化模式分为竞争协同进化和互利协同进化两种。竞争协同进化是指同处于平台内的两个创新需求定位相同的组织通过相互竞争来达到提高科学技术创新能力，实现共同发展、协同进化的目的；互利协同进化是指实现互补的创新企业可以为提高企业的创新能力和技术水平而展开合作，实现协同创新。

三、科技创新体系

"科技创新体系"概念是由"国家创新系统"概念演化而来的。理论界与政府官方文件均对科技创新体系进行了明确的界定。科技创新体系是指作用于科技创新活动的各种要素的有机结合（李良寿，2006）。《国家中长期科学和技术发展规划纲要（2006—2020 年）》从国家与实践层面对科技创新体系进行了界定：国家科技创新体系是以政府为主导、充分发挥市场配置资源的基础性作用、各类科技创新主体紧密联系和有效互动的社会系统。该定义突出了政府主导性、市场基础性、主体间协同互动性等特征。在科技创新体系的结构中，政府、科研机构、高校和企业是支撑科技创新体系的四个稳定器。其中，政府作为主导者，为提高社会的创新能力和经济效益，必须扶持高新技术产业的发展，对企业、高校和科研机构给予相关的保障科技创新的政策，促进创新要素的聚集和交流，并逐渐完善政策体系。高校和科研机构兼具科技创新资源生产者与消费者的角色，它们在科学技术研究过程中承担着为社会提供创新资源、培养人才、传播知识的重任。企业是科技创新资源与成果的主要需求者，科技创新成果转化的直接推动者，企业的技术生产与发展需求激励科技资源配置效果和使用效率的提升。

在我国，科技创新体系的建设需要以国家创新系统和高新技术产业为支撑，以多元保障机制促进政府、企业、高校科研机构、科技中介组织等多元主体间的互动与合作，提高全社会科技创新活动的凝聚度。地方科技创新平台是区域科技创新体系的重要载体，其治理体系是科技创新体系的关键环节，因而更加需要完善科技创新平台治理体系来实现其基本功能。

四、地方科技创新平台治理体系

地方科技创新平台由一系列利益相关者组成。这些利益主体就特定领域和特定问题协同寻求解决方案，是区域科技创新体系的重要组成部分以及提高科技创新能力的基础。地方科技创新平台既是相对独立的个体，也是地方科技创新平台治理体系中的核心对象。多方协同、规范制度、强化监督等措施是保障科技创新平台建设和运行的重要方式。建设地方科技创新平台必须做好整体性规划，加强体制机制创新与评估考核体系建设。

本书认为，地方科技创新平台按照归属层次可分为国家平台和区域平台、国内层次平台和其他平台。按功能与服务对象可分为科技研发实验平台、科技基础条件平台、技术创新服务平台和科技公共服务平台。按类别可分为公共服务平台、产业化平台、研发平台等。根据上文文献综述可知，从地方科技平台治理体系的理论层面看，通过三螺旋理论、网络联盟理论和博弈理论可以深入理解其治理体系中主体间内在关系，探索科技创新平台治理中主体间及其与外部机构合作的利益分配模型。按主体特性可分为虚拟结构、事业部制结构、模拟分散制结构。从主导的治理主体视角看，可分为政府主导型、企业主导型、第三部门主导型和混合型运营模式。

结合地方科技创新平台与治理模式的内涵、治理结构的划分，本书认为地方科技创新平台治理体系是作用于科技创新活动的各种要素的有机结合，是以国家创新系统为依托，以高新技术产业为支撑，以创新动力机制和政产学研协同机制为保障，以促进政府、企业、科研机构和高校及科技中介组织等科技创新体系的主体间的创新要素互动与合作为条件，促进区域科技创新成果产出，提高区域社会科技创新活动凝聚力和科技实力的组织发展体系。

第四节　地方科技创新平台治理体系的理论基础

地方科技创新平台的核心是"创新"，故而创新相关理论是地方科技创新平台治理体系构建的理论基础。地方科技创新平台的良性运作和效能发挥落脚在"治理"层面，治理理论也是地方科技创新平台治理体系构建的重要依托。治理理论涵盖众多理论分支，可以从地方科技创新平台的机构属性、担任角色和功能、平台类型和运行模式等多方面进行嵌入，使治理理论能够为科技创新平台的建设、运行和管理提供相关理论指导。此外，地方科技创新平台是集聚科技资源的重要场所，"资源"是多元主体相互集聚、相互竞争与合作的"中心点"。因此，博弈理论和资源依赖理论也是与平台内外部主体间协作、竞争、合作研究相关的重要理论支撑。

一、科技创新平台相关理论

创新理论起源于熊彼特的《经济发展理论》，此后学术界在经济、政治、社会等多个领域展开了深入研究。科技创新平台以创新为中心，延展出技术创新理论、合作创新理论及开放式创新理论等相关理论探索。

1. 技术创新理论

创新的目标不仅在于推动生产力的快速发展，更在于促进社会全面进步，而技术创新是高效推动经济发展水平提高的核心动力。

1）技术创新的概念

技术创新理论起源于 20 世纪 50 年代，虽然学界研究逐步深入，但针对"技术创新"的概念仍各执一词，缺乏共识。学者们争论的焦点主要集中在如下三个方面：关于"技术创新"中"技术"概念的内涵界定；技术创新是否与技术变革产生强因果关联以及如何界定这一相关性；如何研判"技术创新"的成功与否。

2）技术创新系统的要素

技术创新可以被认为是一个由诸多不同要素组合而成的复杂联合体，包含多个子系统，并具有其特有内在结构的复杂系统。这一系统涵盖了创新主体、创新构想、研发与生产市场等诸多构成要素，且各要素不能单独发挥作用，而是相互影响、相互制约的联结关系，形成了交往紧密的互联网络，技术创新的产业结构也成为各要素之间稳定与持续的内在联系方式。同时，技术创新实质是各个生产要素组合而成的整体结构所产生的不同功能，即技术创新是在不断发展的社会经济条件下，通过创新主体的技术思维构想，把新思路、新技术运用于实践生产，从而实现"想"与"用"的结合，获得更多利益与价值的过程。

3）技术创新系统的类型

根据技术创新的不同发展目标，技术创新可以分为三种类型。一是资本节约型。资本节约型创新旨在通过技术的革新与应用，提升劳动价值在产品总价值中所占的构成比。这一凝结在创新产品中的劳动价值将会产生减少生产成本的积极效应，此时产品生产将开始从资本密集型向劳动密集型转变，从而带来资本节约的结果，此类创新适合劳动力成本较为廉价的地区和领域。二是劳动节约型。劳动节约型创新与资本节约型创新相对应。在劳动节约型创新中，产品价值总构成中的资本占比将会持续增大。此时产品生产开始转向资本密集型，实现劳动力成本的节约，此类创新活动适合于劳动力成本较高的区域，如发达国家相关地区。三是中性创新型。中性创新型不改变劳动和资本在产品价值中的比重，基于各国资源的相对分布情况灵活调整，在不同发展阶段、不同部门及不同地区选择更加合理高效的技术创新类型。

2. 合作创新理论

随着创新的程度和层次不断拓宽加深，传统线性单一的创新模式已难以满足多方需求，交互且循环的合作创新应运而生。

1）合作创新的概念

20 世纪 70 年代中后期，合作创新在发达国家迅速发展。合作创新一般基于合作主体间共同的利益诉求而展开，尤其在诸多高新技术领域及新兴产业中，为弥补自身技术、资源、人力不足的缺陷，采取合作创新方式以实现资源互通、平台共建、风险共担、利益共享、技术联合攻关的创新目标，完成技术创新诸多环节的彼此协作，最终达到优势互补。在各主体合作创新过程中，不仅具有较为一致的合作目标，且具有较为统一的合作准则与创新标准。

对于合作创新的概念，目前学界尚未形成统一的界定。国外学术界将合作创新理解为 cooperative research 或 R&D cooperation，实质就是分工的科研创新活动。本书认为广义的合作创新是包括产品设计、研发、市场销售等全流程、多样化的商业行为；狭义的合作创新一般仅指在技术层面的合作研发攻关。

2）合作创新模式

要实现合作创新由经验尝试到可供推广的实践转变，就需要提升其操作的规范化水平，也就是总结归纳为具体的合作创新模式并加以应用。本书根据学术界已有研究成果，分别按照创新价值链上的主体合作关系、合作对象及密切程度、合作创新组织的特征与功能归类合作创新的模式。

焦胜利（2005）根据合作创新主体在价值链上的关系将创新模式分为竞争型合作创新（横向水平合作创新）、纵向合作创新。前者是指在市场上存在竞争关系的企业或组织的合作创新。后者是指处于价值链上下游供需关系时形成的合作创新，供需双方的资源互补关系、成果共享系统会助力创新效率的产出。同时，产业发展情况、市场供需、技术能力差距等因素影响这两种合作创新的成功率和绩效。

按照合作对象及密切程度可以将创新模式分为三类。一是产学研合作创新模式，即高校、企业与科研机构通过联合共赢的方式，充分互通各自的技术、人才、资金等方面的优势进行合作，打通科学技术研发与生产力转化的通道。二是虚拟企业合作创新模式，是指为实现风险共担的互惠互利，一个或多个企业依靠虚拟的网络式联盟，利用信息平台实现以技术为创新核心的合作模式。三是战略联盟合作创新模式，是建立在信任基础上的一种分工协作、资源共享的技术创新联盟，包括供应商主体联盟、用户间联盟、互补性联盟及促进性联盟（Chan and Dorthy，1993）。

按照合作创新组织特征和功能可以将创新模式分为四类。一是技术合同模式，通常以政府、企业或研发基金会为签订甲方，而以政府研发机构、高校或独立研究机构为乙方。这种模式较适合于非关键技术领域创新。二是项目合伙模式，是以完成项目研发为合作目标，与其他主体以合伙投入的组织形式共同完成研发，共享研究成果的创新方式。三是基地合作模式，是企业在高校或科研机构成立创新基地的合作模式。其中，企业主要提供经费与设备资源，高校或科研机构提供场地与专业人员。四是基金合作模式，是指大企业带动中小企业、政府、私人机构联合共建、促进某领域的技术创新发展的风险基金，创新成果所有权归属基金董事会，项目收益由组成单位共享。

3. 开放式创新理论

随着外部宏观环境的变化、企业内部创新乏力，R&D 投入产出日益衰减，原有封闭式创新模式逐步走向幕后，开放式创新能够显著降低资源的闲置和浪费，提高创新效率。

1）开放式创新的概念

开放创新的概念由亨利·切斯布鲁在 2003 年提出。他认为当企业存在创新需求时，应主动利用外部相关资源而非局限于内部。伴随着企业开放进程的深入，企业以及其所处内外部环境边界也会变得模糊甚至消失，创新合作使企业与外部环境之间的信息、物质、能量传输更加灵活快速。开放创新可以有效实现企业内部资源的外部利用与分享，增加外部主体对内部资源的获取程度，以降低成本投入，从而带来更多的创新收益。不同学者通过不同的视角来概括和阐释开放式创新。徐瑞前和龚丽敏（2011）在回顾开放式创新研究的过程中，概括了开放式创新的空间、结构、客户、制度等 9 个视角和外部向内过程、内部向外过程、耦合过程 3 个过程。

从本质上来看，开放式创新的基石取决于市场环境下的知识是否足够易获取且可用。例如，公司不应当对其所拥有的知识产权加以限定和封锁，而可以考虑借助许可、授权等方式来获利，借助这种方式能够让其他公司也获取到可用的专利技术，以实现开放式的创新尝试。此外，封闭式创新和开放式创新之间存在的差异之一就是企业管理者如何有效甄别创新的想法。在研发开始之前，创新的需求和想法都需要得到审核与甄别，来减少和规避创新在发展方向上的误区。相比于封闭式创新，开放式创新则更加能有效把握那些看似缺少前景却值得探索的想法和需求。反之，如果采用封闭式创新，不仅鉴别的主体和视角会受限，更易错失创新亮点与发展机会。因此，对于众多企业而言，封闭式创新虽然为其创造过"历史的辉煌"，也可以在一定程度上保证其内部研发技术等资源的安全，但在面临市场升级和需求转型时难以调转方向加以变革，自然也就会错过诸多具有商业价值的项目。

2）开放式创新战略

在不断竞争变动的市场外部环境中，某项创新发明确实很难进行未来前景的预测和收益的预估。但面对封闭式的创新条件，某些潜在的好创意、好想法可能会受到阻碍甚至被忽略。对于企业而言，如果存在这种扼杀创意的温床，其必将成为阻碍企业不断发展壮大的顽石。只有不断开放创新，从种种不确定的创意、想法中遴选出最具推广可能性的创新点付诸实践，才能增进企业对于快速变化市场的适应能力。

开放式创新战略的兴起始于企业生产条件的初步改变。首先是人才的流动性愈发增大，企业无法如过去一般完全掌握难以替代的技术型人才。当人才流失时，如企业仍固守封闭式的创新模式，就易于造成止步不前的困境，而选择开放式的创新战略，能够在跳过直接雇佣关系的情况下，寻找到创新最为合适的技术人才。其次，科研机构的学术研究水平逐步提高。以高校和科研院所为代表的科研机构为例，它们对于领域前沿的把握往往要优于企业，也正以开放的姿态希望获取与企业合作的机会，以使得理论与实践做到高效结合，这对于开放式创新战略而言大有裨益。此外，市场力量的逐步崛起带动了风险投资的增长，风险投资看重的是创新想法与实现路径，以及开放创新的态度和措施，通过风险投资吸引了大量的技术人才从科研岗位走向市场，为开放式创新战略注入了大量新鲜的技术血液。同时，全球化的不断推进，让科技创新的时间和空间隔绝缩小，同时也能够及时被各个地区的不同企业加以获取与使用。最后，创新的生命周期正在日益缩短，一方面源于技术的革新，另一方面则是市场所需。如果创新不能以速取胜，而是选择"十年磨一剑"，可能市场还未等到产品产出，企业已被淘汰出局。

3）开放式创新实现方式

实施开放式创新战略首先需要明确创新主体自身的核心竞争力和发展目标，并以此为基础规划创新路径。创新路径的实施，需要有开放式的姿态，在评估创新能力时，要勇于吸纳来自外部的创新力量，而不是只拘泥于创新主体的内部资源。开放式创新主要的组织运行方式有：一是购买专利、技术所有权。向拥有专利的个人或者组织购买，或邀请发明专家参与技术创新。二是投资参与专业研究机构的创新项目。一方面，能够以参与主体的身份及时了解项目动态与进展；另一方面，可以针对基础性项目的研究重心加以引导，为创新主体提供更具针对性的创新帮助。三是成立研究联盟。如果创新涉及多个环节、众多领域，则属于大项目创新，应通过创新联盟的方式进行合作。在平衡各方利益的同时，可以在联盟内部取长补短、资源互享，磋商出符合各方利益的实施方案。四是成立合资公司。当某项难以替代的技术非常关键且不易获取时，可联合成立公司共同开发推动创新项目，利用合力联合攻关，合作方共同拥有创新项目的产权。

二、治理的相关理论

当前，治理的相关理论已经成为经济学、政治学和公共管理学界不可或缺的分析工具，比较典型的包括公司治理、公共治理、协同治理、网络治理等。地方科技创新平台治理体系的良好运行必然受到其运行机理、功能属性、主体间合作互动及其在区域创新网络中的地位等多维度因素的影响，因而指导地方科技创新平台治理的"治理理论"必然需要从多学科理论中去寻找渊源。

1. 公司治理

公司治理的理论可以回溯到1776年亚当·斯密在《国富论》中对代理问题的探究。关于经营权和所有权的分离和矛盾的分析是最早关于公司治理问题的论述，需要建立有效的制度来解决所有人和代理人之间的利益冲突。此后，更多学者提出公司治理是伴随着公司自身的成长而不断完善丰富起来的经济学理论。贝利和米恩斯在其开创性的著作《现代公司与私有产权》中提出了所有权和经营权分离理论。在所有权和经营权的分离过程中，发达国家的公司管理制度也不断成熟，最终孕育了相对完整的公司治理理念和方法。有学者提出研究公司治理须重点关注产权所有者与经营者之间的委托代理关系。有效的公司治理意味着妥善处理公司各利益主体的关系，包括股东、董事会、经理层和员工等。进一步来说，良好的公司治理需要妥善处理资本所有者与资本管理者的激励兼容问题，利用合理的公司制度和机制，在明确各方主体权责基础上，达到合作共赢，提高企业的经营决策能力，为公司各方主体创造最大利益。但时至今日，学者们对公司治理的内涵和定义还尚未达成一致。从世界范围看，存在两种公司治理理论流派："股东至上"理论和"利益相关者"理论（蔡建春等，2003）。前者认为公司治理在于如何激励和控制管理者，使管理者为出资者谋取最大利益。后者认为在公司契约性质的影响下，必然意味着利益相关者的多元性，也必须考虑所有利益相关方的权益（袁涌波，2006）。

在我国，在逐步确立社会主义市场经济体制的过程中，许多学者也开始逐步关注现代公司治理问题，尤其是国有企业改革引发了众多讨论。吴敬琏首次提出法人治理组织架构。公司治理结构的狭义层面是指有关公司董事会的功能、结构和股东权利等方面的制度安排，广义层面则是指有关公司控制权和剩余索取权分配的一套法律、文化和制度安排（张维迎，2014），通过协调公司有关各利益主体间的关系来实现各方主体利益是公司治理的重要内容（李慧和王羽中，2005）。

2. 公共治理

20世纪70年代后，许多西方国家政府掀起政府管理方式变革行动。在政府变革过程中，各种新理念和新方法不断涌现，但最引人关注的就是治理的概念（高秉雄和张江涛，2010）。治理的概念最早由世界银行提出。随后这一概念便频频在政治学、管理学和行政学研究中出现。在日益严重的社会、经济和管理危机中，包括社会组织在内的行动者共同促进"治理"成为一种新的理论范式，其提倡多元的、自组织的、合作的和去意识形态的公共治理模式。这种模式强调管理中各方利益主体的共同作用，充分发挥各方主体在管理中的积极作用。与以往政府"大包大揽"的管理理念不同，治理强调政府"适可而止"，营造和谐公平的社会氛围，重视各网络组织之间的对话与合作。

随着我国经济社会发展的演进，西方社会所遭遇的各种政府管理难题也在我国出现，我国学者开始思考如何更有效地进行行政管理改革。俞可平（2001）是国内较早关注西方治理理论的学者，他认为治理是通过有效的制度构建，运用权力去协调和控制参与各方的活动选择，最大限度地增进公共利益，是国家与公民共同合作的"善治"，其实质是一种建立在市场原则、公共利益和公共认同基础上的合作（陈振明等，2011）。影响和改进公共政策的结果是公共治理中各方主体互动的基本出发点（顾建光，2007），网络管理理论则成为公共治理的核心观点（娄成武和谭羚雁，2012）。

3. 协同治理

实践层面，治理理念与模式在我国的应用时间相对较短，多元治理主体之间所进行的协同合作还存在较大提升空间。理论进展方面，相较于其他细化的治理理论来说，许多学者较为关注协同治理的有效开展。概括来看，协同治理理论是以协同论和治理理论为基础的交叉合成理论，是在开放系统中寻找有效治理结构的过程（李汉卿，2014）。"协同治理"方式对于有效实现治理目标和推动善治都有重要的参考价值。协同治理是指在公共生活过程中，政府、民众、企业和非政府组织等主体共同构建高效的治理体系（朱纪华，2010）。这种治理方式是面对各种社会问题，各利益主体聚集并通过正式的协商来找出解决问题的方案（田培杰，2014）。明确协同治理的内涵规定性、如何推动主体间的良性互动及合力达成、加快本土化创新等是推进协同治理的关键（刘伟忠，2012）。此外，一些学者在思考跨流域治理问题时，也主张关注政府之间的有效协同，注入更多的信任和协作理念、公私部门协同治理（崔晶和孙伟，2014）来更好地解决一些共同发展难题。

4. 网络治理

网络治理的内容十分丰富，既包括经济学领域的公司内部的网络治理，同时也包含政治学视域下的政府治理的网络化问题，而这一切都始于学术界对网络结构的关注。政治学领域更加强调关注不同治理者所形成的行动者网络。不少学者认为网络范式的治理已经变成公共治理的核心内容。同时，在当前诸多社会事务治理过程中，学者们也提出各种网络化治理方案。总的看来，网络治理的概念尚未达成共识，且在不同社会事务中其关注的重点也不尽相同。罗茨是治理理论的代表学者，提出治理的六种方法（Rhodes，2010）。戈德史密斯（2008）认为网络治理是指多种公私主体广泛参与提供公共服务的治理模式，其特征主要包括不同主体的广泛参与、持续互动、相互依存、共同决策与行动并执行决策（宋迎法和张群，2018）、相互信任和规则性、保持相当的自主性。

越来越多社会主体参与到社会治理中并驱动新的治理理念产生。网络治理便是学界尝试用来化解社会治理新问题的治理模式，学者对此有不同的定义。陈振明（2003）从公共视角出发，认为网络治理的目的是通过公私多个主体的参与，在治理过程中分享治理权利，提供更好的公共服务。陈剩勇和于兰兰（2012）认为区别于等级制、市场化的多方主体参与是网络治理的典型特征，是相关利益主体为实现特定的公共价值而展开的协商合作。网络化治理理论强调治理结构网络化、治理工具市场化和价值取向民主化（韩兆柱和李亚鹏，2016），建立良好的信任协调机制是网络治理的良性运转、实现网络成员间互利互惠的基础（鄞益奋，2007）。

三、博弈理论

地方科技创新平台的运营与发展离不开政府、高校和科研院所、企业、中介组织等各相关主体的参与。是否参与、在多大程度上参与、如何参与等都是各个主体必须做出的决策，而这些决策的产生和各主体的行动都是各主体间博弈的结果。因此，博弈论可以帮助我们更好地认识地方科技创新平台网络中各参与主体的行动逻辑。

1. 博弈相关概念

20世纪40年代，冯·诺依曼和摩根·斯坦创立了博弈论，而后约翰·纳什提出了"合作博弈"与"非合作博弈"概念，奠定了非合作博弈理论的基础。博弈论的实质是一种策略互动，它研究的是人与人之间的互动关系，以及他们各自在发生利益冲突时的策略选择，是经济学的一种分析工具。博弈最基本的结构包括局中人、信息、行动、结果等要素，博弈规则通常包括参与人、行动和结果，分析的目的是通过规则决定均衡（朱旭峰，2011）。博弈论为研究经济主体在博弈中的策略选择提供了方法论依据。

传统的西方经济学理论是建立在众多假设之上的。完全竞争市场假设构筑了西方经济学理论发展的基础。但是随着市场的快速变化和市场竞争的日益激烈，市场中经济主体的行为充满不确定性，信息不完全和不透明是市场的常态，传统的经济学分析工具已经难以得到理想的分析结果，经济学对现实世界的解释能力越来越弱,而博弈论的出现改变了经济学的这一局面。博弈论所研究的是决策者在产生互动时的策略选择以及这种策略的均衡问题,即市场中的每个经济主体都是依赖于其他经济主体的决策而做出自己的决策,即经济主体在决策时会优先考虑其他主体的反应。博弈论强调决策的互动性,这恰好弥补了传统经济学的不足,能够对市场中经济主体的经济活动进行更为清晰和准确的预测和研究。凭借着强大的理论优势,博弈论开始受到经济学界的重视,其研究内容从零和博弈到变和博弈,从完全信息博弈到不完全信息博弈,从无限博弈到有限博弈,从非合作博弈到合作博弈,博弈论的理论体系越来越完善,对现实世界的解释能力越来越强,在经济学领域的发展中占据了越来越重要的地位,甚至开始拓展到数学、生物学、法律学、政治学、社会学等研究领域。

虽然博弈论研究的是人与人之间的策略互动,对经济领域问题的研究主要是以数理学方式进行推导和探讨,但在博弈过程中,博弈参与者的行为选择并非完全理性的,仍然会受到非理性因素的影响,其期望和行为无法通过纯粹的逻辑和数理推导进行选择。博弈论并不能对经济领域的全部经济现象进行合理的解释。

2. 合作博弈

随着市场不确定和风险情况的增多,理想中的完全竞争市场在现实世界中基本不存在。不完全竞争市场却是常见模型结构,当具有自利趋势的博弈双方在进行策略选择时,需要共同遵守一定的市场协议和制度,展开公平竞争,进行相互合作,从而促进市场达到稳定状态,这就是合作博弈。合作博弈关注的是博弈参与者在博弈中如何协调与合作的问题,更加重视全局利益和利益的公平分配。合作博弈中重要的是博弈偏好结构,以及如何维持博弈参与者的合作。合作博弈实质上是一个不断重复(且不是简单一次博弈)的动态博弈过程,在前一阶段博弈基础上再次博弈,重复多次博弈后,博弈参与者可能会选择追求更长远的共同利益,选择共同合作。

因此,影响合作博弈均衡的影响因素主要是重复博弈的次数和信息的对称性。当博弈双方都选择合作的策略时,合作博弈才能继续下去。但在一次博弈中,如果博弈一方选择背叛,那么合作博弈的协议就会失去有效性,下一轮博弈中所有博弈参与者都会选择个人利益最大化的策略,最后合作博弈将会变成非合作博弈。为保证博弈规则的有效性和顺利实施并维护共同的市场环境,博弈双方会制定一个对市场中所有参与者都具有约束力的博弈规则。博弈参与者对自己博弈策略的选择都非完全自由,而是必须选择双方利益都能得到满足的博弈策略,从而实现全局利益均衡。为避免双方利益都受到损失或者只有一方利益最大化情况的出现,博弈规则必须具备权威性,违反博弈规则的一方必须受到经济或者法律层面的惩罚。博弈规则的严格执行是保证共同利益稳定的关键，当然，博弈规则的制定须考虑博弈参与者双方的利益和需求，确保公平性和公正性。

在经济社会中，任何经济行为都必须遵守一定的规则，合作博弈的出现是为了维护更广泛的共同利益。地方科技创新平台的建立和运行具备一定的合作博弈原理。平台中的政府、高校和科研院所、企业和中介组织的运行都必须遵守一定的规则。它们的经济行为选择，不论是合作还是竞争都要在合同和规则允许的范围内采取行动，否则平台的秩序无法得到保障，平台的生态系统环境不能得到有效的维护，平台中的个体也无法正常地开展竞争和合作关系。

3. 非合作博弈

非合作博弈又称为"纳什均衡"。该理论的创立以约翰·纳什的著作《非合作博弈》诞生为标志。合作博弈与非合作博弈的区别在于，博弈参与者在选择具有自利行为的决策时，博弈双方是否愿意接受一种协议或制度的约束，若博弈双方愿意接受约束就是合作博弈，否则就是非合作博弈。非合作博弈更强调个人理性，博弈参与者进行博弈策略选择时会优先考虑自己的利益最大化，因而选择最有利于自己的策略。在非合作博弈中，博弈参与者主要考虑个人理性和个人利益，再加上"搭便车"和缺少协议约束等致使博弈参与者会放弃更长远的共同利益，在竞争中退出合作，选择非合作博弈策略。公地悲剧模型、智猪博弈模型、狩猎模型和囚徒困境模型是非合作博弈的经典模型。这些模型揭示了博弈中个人利益无法实现最大化的限制性因素，以及共同利益也受到损害的普遍规律。

现实经济社会中竞争是普遍的，而合作是暂时和有条件的，这也是非合作博弈在各研究领域被广泛接受和应用的原因。目前，国际学术界的经济学家对于博弈论的研究也主要侧重于非合作博弈研究领域。

四、资源依赖理论

资源依赖理论属于组织管理理论的分支，是分析组织间关系的重要工具。就地方科技创新平台治理而言，资源共享、资源依赖是平台内外部多元主体间合作、竞争的关键因素所在。因此，可从资源依赖理论的视角，通过介绍理论的相关概念、基本假设及主要观点，进而探讨地方科技创新平台治理体系中各主体之间的资源依赖关系。

1. 资源依赖理论的发展脉络

关于资源依赖理论的记载可追溯到 20 世纪 40 年代。1940 年，塞尔兹尼克在研究美国田纳西河流域当局组织绩效的问题时发现，为提高田纳西河流域的组织决策绩效，其欲将对决策机构有着较大影响的南方精英群体纳入决策机构中，以此来实现当局提高决策绩效的目标。基于此，他得出结论：组织自身不能获取生存所需要的全部资源；为维持组织运行的持续与稳定发展，组织需要通过与外部环境的积极互动来获取关键资源。根据塞尔兹尼克的观点，可将组织与外部环境进行互动时吸纳潜在的扰乱性因素进入组织决策机构中的行为称为"共同抉择"。20 世纪 50 年代末期，Thompson 和 McEwen（1958）提出组织间合作的模式主要分成联盟、商议、共同抉择。1967 年，Thompson 进一步研究发现，组织之间存在着权力依赖关系。Zald（1970）基于"政治经济"视角对组织内外的政治结构进行了探讨，他认为组织要实现资源垄断或者资源合并，可以通过正式与非正式联盟的形式。这种联盟包括：一是与处于同一竞争市场的参与者采用合法性与非法性手段进行横向联盟；二是生产者、消费者、分销者通过合并、合资企业以及共同董事会进行的纵向联盟（Thompson，1967）。

美国学者 Pfeffer 和 Salancik（2003）从组织之间关系视角提出了资源依赖理论的重要观点：生存是组织最为关注的事情；组织需要通过与外部互动来取得维持自身生存与发展的资源；组织必须与其所依赖环境中的要素互动；组织要具有掌控与其他组织关系的互动能力。最核心的是组织无法进行自我供给，而是须通过交换获取外部环境中的资源来维持生存。这两位学者突破了以往将组织看作一个封闭系统来研究的思维定式，将组织看成一个开放系统，将研究重点从传统的仅仅关注组织内部运行、组织内部成员的行为倾向转为组织与外部环境的互动以及外部环境对组织生存发展的影响（马迎贤，2005）。其研究表明，在与外部环境互动过程中，组织更希望在适应环境过程中占据主动地位。组织对于资源的需求程度决定了其资源依赖程度，组织与所需资源拥有者谈判的能力决定其生存能力。因此，组织需要自我调整以更好地获取关键资源，确保组织可持续发展。

2. 资源依赖理论的主要观点

资源依赖理论不仅强调了组织获取资源与控制其他组织的权力，还揭示了组织自身的选择能力。该理论的一个重要贡献在于组织被视为一种"联结"，启示市场中的主体要抓住机会，灵活采用不同的策略来与外部组织实体进行互动，选择与适应环境的变化，以促进自身的持续发展。

资源依赖理论认为，组织是一个开放系统。组织需要多种资源维持自身运行，且这些资源要通过与外界的互换来获得。同时，不可忽略的是，资源具有稀缺性且获取更具有不确定性，因而组织对外部的控制权力则变得尤为重要。当外部环境产生变化时，组织需要及时调整和改变自身的行动策略，通过与其他组织或者拥有资源的群体联盟，实现资源交换，以此降低组织对外部资源的控制度和对外界的过度依赖。同时，与传统新制度主义理论认为组织是被动服从环境的观点相区别的是，资源依赖理论认为组织可以采取多种策略行为与控制资源的外部行动者进行互动与谈判，以此来解决资源依赖难题。例如，通过合作联盟的方式，与其他组织建立友好合作伙伴关系，以此形成组织间的相互依赖关系；也可以通过非市场战略活动改变和控制外部环境，使外部依赖最小化（朱喆，2016）。

3. 地方科技创新平台治理主体间的资源依赖关系分析

资源依赖理论认为组织需要与外界环境中的各类要素互动来获取维持生存所需要的关键资源，而组织的发展水平也正是建立在这一与外界互动的能力基础之上。因此，资源依赖理论为地方科技创新平台这类组织的生存发展明确了三个核心问题。第一，组织的社会情境，资源依赖理论强调组织的生存依赖以及镶嵌在紧密的社会关系网络之中。第二，尽管组织受制于外在环境，但依然可以通过建立权力关系来加强讨价还价的能力，并依据不同的外部环境主动选择不同的行动策略。第三，要更为深入地理解权力对于组织内部及组织之间互动行为的重要性。

地方科技创新平台各个构成主体可以看作一个行为集合体，各创新主体为提高生存发展机会，需要积极主动地与外部环境进行互动来完成资源互换。资源依赖理论用来分析地方科技创新平台主体所需发展资源、依赖现状与困境以及资源依赖行为等诸多方面的问题，有利于扩展对地方科技创新平台主体的认识。

地方政府、高校和科研院所、高科技企业、科技孵化机构、科研人员等主体是地方科技创新平台治理体系的主要参与者。实践证明，以上主体形成良好合作关系，共同致力于建设地方科技创新平台，有助于激发区域创新活力，促进科技创新成果产业化，从而进一步加快建设区域科技创新体系进程。地方科技创新平台构成主体之间的相互合作正是基于主体间的资源交换实现的。由于不同的部门与机构间的资源差异，它们通过合作运用其他组织的优势资源来实现多方共赢。这种"高度资源依赖性"表现为：一方面是高校和科研院所、科技孵化机构对政府的政治依赖（主要是指政府所提供的政策性支持和保障以及各种激励奖励性制度）和经济依赖（政府提供的公共资金支持）；另一方面是政府对于科研院所提供的智力支持与研发技术的依赖，政府为了履行经济职能与紧密结合市场的要求，更需依赖于科技孵化机构所拥有的促进科技创新成果产业的功能和作用。此外，高校和科研院所依赖科技孵化机构在创新研发阶段投入的资金和设备，相应地，科技孵化机构在生产研发、提升自身研发实力的同时，也离不开高校和科研院所提供的高精尖技术和高素质专业研发人才的多方支持。

资源依赖理论所揭示的组织与环境的依赖关系，为我们分析地方科技创新平台建设过程中的外部资源获取与战略选择提供了理论依据，有助于从资源依赖行为的角度研究创新主体与资源拥有主体间的利益均衡和行为博弈；也有利于创新主体发挥应有功能，促进各主体在有效承接政府职能转换的同时，通过共建合作共享平台提高科技资源的利用效率，提升创新主体在市场化竞争环境下的生存发展能力。

第二章　地方科技创新平台
治理体系的要素

地方科技创新平台作为地方科技创新体系中的重要组成部分，对地方科技创新起着重要支撑作用。地方科技创新平台的建设是地方政府推进科技经济一体化发展的重要尝试。在构建、整合、完善地方科技创新平台体系的实践过程中，地方科技创新平台遵循科技创新资源开放共享、人才环境有机融合、产学研一体发展的建设理路，并依托政府、高科技企业、高校与科研院所等多元主体的科技创新资源储备，提供覆盖研究开发、设施共享、技术推广、成果转化、信息咨询与管理服务等科技创新活动基本环节的服务。同时激励地方科技创新多元主体协同创新与发展，以此形成面向地方科技创新的人才管理改革先行平台、科技成果转移转化示范平台和科技协同创新发展共同体。可见，地方科技创新平台治理体系的构建与地方科技创新的主体、地方科技创新的环境、地方科技创新的运行机制有着紧密的联系。换言之，地方科技创新平台治理体系涉及主体要素、环境要素、机制要素等多重要素，而地方科技创新平台治理体系的最终构建又是上述多重要素之间交互作用、多重博弈的结果。据此，构建地方科技创新平台治理体系需要进一步明确地方科技创新治理主体的角色定位和职责担当，深刻解构其运行机制。

第一节　地方科技创新平台治理主体及功能

地方政府、高校和科研院所、高科技企业、科技孵化机构及科研人员是地方科技创新平台建立、治理及发展的主体要素，且这些关键主体在地方科技创新平台治理体系中扮演不同的角色，承担不同的功能。

一、地方政府

地方政府是当地科技创新活动的资源支持者、制度保障者、创新发起者。具体说来，在地方科技创新平台治理中，地方政府的资源支持者角色体现在提供创新资源并优化资源配置方面。制度保障者角色表现在努力营造公平、公正、合理、规范的制度环境方面。创新发起者角色表现在通过政策引导来调动创新主体的积极能动性，齐力推进地方科技创新平台建设等方面。

1. 资源支持者

第一，资金支持。资金是科技创新平台建设的基本物质要素。科技创新平台建设与发展所需资金规模大，资金投入回报周期长且风险性较高，对企业、高校或科研院所、科技孵化机构进入科技创新领域形成了制约，因此需要地方政府为地方科技创新平台建设提供资金保障。地方政府的资金支持分为直接支持和间接支持两种形式。直接支持是指政府通过财政预算的方式支持科技创新平台建设，即 R&D 经费投入。间接支持则是指地方政府通过给予财政补贴、设立专项基金、实行税收优惠等多样化的方式投资科技创新平台建设。

第二，人才资源支持。具备创新思维和能力的人才是科技创新平台建设的最具活力的能动要素。在地方科技创新平台建设、运行与成长过程中，科技创新知识与技术的产生与扩散都与人才资源的存量、结构等密切相关。区域创新人才资源的存量、结构与流动对地方科技创新实力有着重要影响。科技创新人才不仅能够在产业发展规划与战略、管理方法以及产品研发设计等方面实现创新，而且能够在高度不确定的环境中迅速做出有效且灵活的处理。科技创新人才资源是衡量地方科技创新竞争力的关键性要素，同时也是地方科技创新平台建设可持续与高质量发展的根本保障。因此，为发挥地方科技创新人才资源的知识溢出效应，充分实现知识资本价值并提升地方科技创新效能，地方政府一方面可依靠引进科技创新人才来增加当地创新型人才资本存量，另一方面也须关注科技创新人才的继续教育与专业化技能培训，积极促进企业与高校、科研院所的合作，探索存在于三者之间的灵活的人才资源流动机制，并通过建立产学研合作等方式来提升科技创新人才的应用实践能力，加快创新型应用型人才的培育。

2. 制度保障者

地方政府作为地方科技创新的间接主体要素，并未直接参与科技创新实践，而是充当科技创新的制度保障者，通过制定出台一系列政策法规来引导、保护及约束地方科技创新多元主体行为，并为地方科技创新活动规避一些潜在的投资风险、市场风险。

地方政府通过完善相关扶持制度，为高科技企业、高校和科研院所等地方科技创新多元主体提供持久的创新激励环境，保障科技创新主体之间进行公平、有效的竞争，着力推动地方科技创新的可持续发展。从政府层面讲，科技创新主体充分发挥作用，确保科技创新主体在市场环境中有效竞争，离不开政府营造的良好市场环境。事实上，地方政府正是通过建立健全相关法律制度，进一步优化当地制度环境，为当地科技创新主体的创新行为保驾护航。一是地方政府通过不断加强知识产权保护，建立高效合理的激励机制，充分发挥科技创新多元主体的积极能动性。二是地方政府竭力打破行业垄断现象，规范科技创新主体行为，同时消除市场竞争中人为的障碍因素，力求科技创新主体实现良性竞争。三是地方政府极力解决现代市场经济体制运行过程中的信息不对称、市场资源配置失衡及市场失灵等问题，调节并优化市场资源配置。四是地方政府基于维护科技创新多元主体之间的关系、平衡科技创新多元主体之间的利益的目的，从而建立起有效的交流机制，激发地方创新多元主体协同创新的积极性、主动性，切实保护地方科技创新主体的权益。

3. 创新发起者

地方科技创新平台建设过程中，地方政府一方面通过出台相关激励政策、奖励措施、科技计划，营造出鼓励科技创新、宽松且和谐的社会氛围，同时能够引导高科技企业、高校和科研院所进行科技创新活动，树立行业榜样，并明确科技创新、技术研发的未来方向；另一方面通过出台具有明确目标的项目和计划来促成高科技企业、高校和科研院所等治理主体的协同合作，以此实现创新资源的相对集中，并赋予以上主体更具有自主性和灵活性的管理权力，发挥创新合作主体的优势，进一步强化知识外溢效应和技术外溢效应。此外，地方政府将高科技企业与高校、科研院所之间的联系制度化，通过制定政策等方式在高校和工业界之间建立更稳定的联系，通过相关政策协调好创新主体之间的利益关系。

二、高校和科研院所

高校和科研院所是地方科技创新活动的主要行为主体。高校的主要功能是创造新知识、传播与扩散知识、培育创新型人才。科研院所的功能主要体现在研发新知识产品与新技术、创新科研管理等方面。高校和科研院所是新理论知识和新技术指导的供给者，同时为企业技术创新提供相关人才与科技成果的支持，并积极促成科技成果的转化。

1. 资源供给者

高校和科研院所为地方科技创新活动提供理论支撑和技术指导，并为地方科技创新平台输送高质量人才、为高科技企业员工提供继续深造的机会。这是由高校和科研院所的本质决定的。高校是凝练科研方向、汇聚专业人才、开展高水平科学研究和培养高层次人才的重要基地。科研院所则由一些具有技术特长、能够持续提供相关技术研究的研发部门构成。

在人才资源和科技知识文化供给方面，高校能够为地方科技创新平台建设培养出高素质人才，向社会传播科技成果，为区域行业产业与经济发展提供人才和智力支持。同时，高校和科研院所能够提供社会决策咨询和科技支持服务，为当地经济发展培育新的增长点。在实践中，高校通常作为企业技术创新的重要支持者，或者在接受企业委托的基础上实现创新技术与产品的研发。相比于高校在知识传播与扩散、培育创新型人才方面具有绝对优势，科研院所则侧重于为协同创新某阶段的活动提供更为"精""尖"的知识支持，主要表现为科研院所与企业之间通过委托技术开发或者合作技术开发的方式，由企业提出明确的需求，再由科研院所启动定向研究或者二次研发，或为政府提供科技决策咨询。

2. 创新参与者

高校和科研院所在参与地方科技创新平台的具体实践过程中，往往以智力依托者与科技成果催化者的角度发挥作用。

从智力依托的角度看，高校是地方科技创新系统的中心。通过梳理大量地方创新系统形成与演化的文献资料，不难发现高科技中小企业在初期发展阶段通常依托高校的科技创新技术研究开发能力以及浓郁的科研氛围、积极向上的创新理念、宽松自由的人文环境而就近发展、自发集聚而形成高新技术产业集群。同时，高科技中小企业将毗邻高校的主要学科作为企业自身的创新方向，以此吸引与吸纳大学培育的对口科技创新人才，最终实现企业研究队伍规模的扩大和技术研发实力的提升。

此外，高校和科研院所参与地方科技创新平台建设还体现在助力科技创新成果转移与转化方面。高校和科研院所有着丰富的学术资源与智力资源，能够协助地方高科技企业完成科技创新任务，加速科技创新成果的研发，落实科技成果的转化，最终实现科技成果的产业化。例如，高校或科研院所与高科技企业合作建立实验室、工程研究中心或研究院，推进科研设备和科技创新人才资源共享来降低协同创新的成本，提高创新效率。

三、高科技企业

高科技企业是区域科技创新系统的核心要素，是科技成果转化为生产力的中转站。高科技企业不仅是地方科技创新平台中重要的技术创新主体，也是科技创新研究经费投入、科技创新联盟利益分配、企业内部科技创新管理制度等方面的基本主体。

1. 科技创新的主体力量

首先体现在创新资金投入方面。高科技企业是科技创新活动的投资主体，也在地方科技创新平台的建立与可持续发展中贡献关键主体力量。其次体现在技术创新方面。高科技企业是技术创新活动的主体。从科技项目的最初研发、设计、成果转化到产业化等阶段，高科技企业参与到其中，并始终坚持研究开发理念与企业实际产业化能力相匹配。此外，高科技企业是知识创新与技术创新的综合主体，是科技创新链条的终端扮演者和科技创新成果转化的基本载体。科技创新成果能够为科技创新提供必要的技术支持，经技术创新生产应用转化为现实生产力。因此，地方科技创新平台发展过程中，高科技企业的参与直接关系到科技创新成果能否成功产业化、商品化，进而影响平台的经济效益。

需要强调的是，高科技企业也是宣传创新价值理念与营造创新文化氛围的主体。高科技企业通过举办与科技创新主题相符的职业技能培训、具有价值导向的文化活动等形式将高科技企业文化理念内化为员工的行为准则与共同信念，提升高科技企业员工的忠诚度，以此增强高科技企业内部的凝聚力与向心力，并为地方科技创新平台的文化创新贡献力量。

2. 科技创新平台治理参与者

地方科技创新平台覆盖的高科技企业多处于同一产业链条上。这些企业借助资源整合与组织学习等方式达成优势互补的关系，并基于知识流动、资源流动来构成利益共享、风险同担的网络结构，由此参与地方科技创新平台的治理体系。

高科技企业通过科技成果转化、技术转移及创新利益分配来参与科技创新平台的治理。首先，高科技企业是科技成果转化的主体。在市场经济体制下高科技企业直接面对市场，具备对市场创新需求做出迅速反应的能力，因而高科技企业能够将高校和科研院所提供的理论支撑和技术指导快速转化为市场需求度较高的科技成果，进而实现科技成果的商品化。其次，高科技企业是技术转移的主体。高科技企业是承接高校和研究机构研发成果的重要主体，其通过与成果转让方合作来实现技术商业化的目标。最后，高科技企业是合作创新利益的分配主体。高科技企业通过与高校、科研院所达成合作协议来明确利益分配。

四、科技孵化机构

我国科技孵化器建设始于 20 世纪 80 年代，以创业园、创业服务中心为主。目前，我国已建立起较完善的科技基地孵化体系来为科技型初创企业提供其发展需要的基本服务。

1. 协同参与者

科技孵化机构通过提供各类服务，能够实现科技成果的商品化，提高社会孵化资源的使用效率，同时使其他参与主体的综合竞争力得到提升。

政府、投资企业等主体对科技孵化机构的建立和发展起着政策扶持和资金支持的作用。高科技企业、高校和科研院所为科技孵化机构提供技术支撑和科技成果转化支持。在此基础上，科技孵化机构联合政府、高科技企业、高校和科研院所等主体，以签订契约的方式，建立起一个协同创新网络，以此来实现创新资源的集聚和共享。在协同创新过程中，科技孵化机构一方面为处于发展初期的高科技企业提供成长所需要的资源和服务，另一方面主动与处于成熟期的高科技企业、政府部门等主体合作。其中，高科技企业是技术创新的主体和其他创新主体的服务对象。政府部门以及其他服务主体是创新链条中的重要支持方，保证资金、技术、人才等创新要素在整个创新链条上流动。

2. 要素链接者与技术扩散者

在地方科技创新平台建设中，科技孵化机构扮演着链接者的角色，具体是指科技孵化机构自身的要素集聚功能。该功能是通过外部联结多个创新主体，内部整合各种类型创新资源实现的。同时，科技孵化机构扮演着技术扩散者的角色。科技孵化机构联合高校和科研院所，以技术创新资源为高科技企业提供技术支持，助其实现科技成果市场化。

第二节　地方科技创新平台治理的环境嵌入

对于地方科技创新平台治理体系而言，良好的治理环境有利于全面激发地方科技创新主体的自觉性与积极性，促进地方科技创新活动绩效的提升。地方科技创新平台治理体系的环境嵌入是其治理效能提升的重要保障。本书主要从硬环境、软环境这两个维度将地方科技创新平台治理环境系统地划分为不同的类型。其中，硬环境主要是指一个地区科技创新活动中主体要素、资源要素与环境要素进行有序流动、交互作用的基础载体。软环境则主要由一个地区的制度环境、政策环境、市场环境及社会文化环境等方面构成。

一、制度环境

1. 制度环境的内涵

制度环境是地方科技创新活动顺利展开的基础保障，是地方科技创新平台治理现代化的前提条件。一般来讲，地方科技创新平台治理的制度环境是该地科技创新平台发展规划中的规范主体与引导主体制定出的法律法规、规章条例、公共构想、规范守则与各种惯例的综合，可分为正式制度环境与非正式制度环境。由当地政府部门制定颁发的法律法规、政策条例属于正式制度。正式的地方科技创新制度是地方科技创新行为主体出于减少交易费用而制定的一系列基本制度，如科技成果转化制度、知识产权保护制度、激励制度、人员收入分配制度等。非正式的地方科技创新制度则是由地方科技创新行为主体在长期合作伙伴关系中由于信任增生而逐渐形成的一种共同规范与普遍惯例，如地方科技创新共同体内部通行的固定的社会规范、统一推崇的文化价值观念等。

地方科技创新平台治理体系中的制度嵌入旨在激发地方科技创新多元主体的积极性，促进科技创新知识在该地科技创新系统内的扩散与外溢，进而提升科技创新绩效。基于宏观层面，地方政府作为正式科技创新制度的主要行为主体，为地方企业、地方高校或地方科研院所等其他科技创新主体开展科技创新活动提供良好的科技创新环境，并为地方科技创新多元主体协同治理建立畅通的交流渠道与广阔的合作平台，同时为科技创新中介组织、科技创新金融机构等科技创新辅助机构创造现代化的市场服务体系，从而促进科技创新资源的优化配置。简而言之，制度环境对地方科技创新平台治理体系的影响需要通过科技创新多元主体明确功能定位、建立科技创新系统运行机制以及规避科技创新风险、减少科技创新不确定性来实现。

2. 制度环境的构成要素

经济制度、科技创新体制与法律法规是制度环境的核心要素。一方面，经济制度作为规范经济主体行为的基本制度，是地方科技创新系统运行的基石，为地方科技创新平台的建设提供了专属运行空间。健全的经济制度有利于科技创新资源配置方式的优化与科技创新资源配置效率、科技创新成果转化效率的提升。另一方面，科技制度是科技创新主体开展科技创新实践的重要保障，是地方科技创新系统运行的动力来源，为地方科技创新平台的正常运行提供支撑。成熟的科技创新制度有助于增强地方科技创新多元主体之间的交互联系，推动地方政产学研合作联盟、地方科技创新企业技术联盟的形成与发展，并促进地方科技创新技术转移中心、地方科技创新生产力促进中心、地方科技创新交易市场等科技创新服务中介组织的规范与完善，最终推动地方科技创新平台治理网络的演进与运行。此外，法律制度的确立是为了给科技创新成果、知识产权提供法律意义上的法治保障与必要服务，帮助地方科技创新多元主体规避不必要风险、减少科技创新活动中的不确定性，进而达到维护地方科技创新多元主体的合法权益与科技创新收益的目的。完善的法律制度能够促使市场公平透明竞争、维护市场正常秩序，并促进生产要素在地方科技创新平台充分自由流动，是维护地方科技创新体系有效运行的有力法制保障。

地方政府营造科技创新制度环境需要注意以下三点关键内容。一是注重完善地方政府的宏观调控功能，通过强化其规划与政策引导作用，进而深化科技管理体制改革，形成高效运转的宏观科技管理体系。这不仅需要地方政府结合当地产业结构进一步制定因时制宜的科技创新发展规划，进一步明确附带导向、指引意义的科技创新制度，而且需要加强相关资源支持力度、加深相关财税政策的优惠空间与推进相关企业管理制度、地方科技金融制度的迭代更新，进而更大限度地激励地方科技创新多元主体协同展开科技创新活动与协同治理科技创新平台。二是系统构建科技创新法律法规体系。地方政府需要通过加强建设与完善知识产权保护等相关制度，逐渐将科技创新活动纳入法治化轨道以此完善科技创新法律保障，以此形成系统的科技创新法律规范体系。三是着重延伸拓展地方政府的社会服务与管理功能。这需要地方政府聚焦公共性科技创新中介服务组织方面的功能与责任完善，包括公共信息服务、支持科技创新企业的技术服务、扶植与培育科技创新平台建设等方面所需要的技术、资金、人才、法律。

二、政策环境

1. 政策环境与科技创新的互动关系

科技创新与政策环境存在互动关系。一方面，开展科技创新活动需要相关政策的支持与保障。科技创新主体的创新实践须按照特定政策去开展、转化与推广。地方科技创新平台作为新型研发创新载体，其运转和治理也需要根据相应的政策规定。可见，科技创新行为的内生需求触动相关政策体系结构，并迫使相关政策体系做出相应的调整与变迁，以促进科技创新活动发生、社会化转化和推广，最终成功建构起适应科技创新活动需求的政策环境体系。另一方面，政策环境对科技创新有着显著影响，具体表现在两方面。一是地方科技创新政策是地方政府限制性干预当地科技创新活动的基本工具。从科技创新的特质出发，由于科技创新活动通常受到市场经济利益与社会利益的双重驱动，故而地方科技创新活动需要地方政府基于政策工具进行适当干预与引导。地方科技创新政策通过微观层面引导地方科技创新多元主体投入创新，通过宏观层面集聚地方科技创新多元主体的力量，由此形成科技创新的宏大格局，并进一步帮助地方科技创新多元主体明确自身的竞争优势，增强地方科技创新整体能力。二是地方科技创新政策并非相关政策的简单排列组合，而是国家科技创新整体框架下围绕地方政府关于科技创新长期规划的核心内容而构建的嵌套政策体系，是国家科技创新系统不可或缺的组成部分。其目的在于明确地方科技创新主体的角色定位，规范科技创新主体行为，实现科技创新活动的有序开展，推动科技创新实力的整体提升。

2. 政策环境的构成要素分析

政策环境贯穿于地方科技创新活动全程，结合地方科技创新活动处于不同阶段的突出特质，可分为普通性政策环境、保护性政策环境、支持性政策环境和生成性政策环境四大类。

第一类是普通性政策环境。普通性政策环境主要是指地方科技创新活动所处不同环节时的政策环境，如围绕科技创新研发、科技创新生产管理、科技创新人员激励以及科技创新成果转化与投放等环节而采取的政策措施。目前，就国内而言，地方政府对于当地科技创新活动的物质投入力度、财税资金支持数量与质量成为衡量地方科技创新平台政策环境的重要标准。

第二类是保护性政策环境。这类政策环境基于地方科技创新活动与产品的保障性层面，主要涉及科技企业信用等级管理、科技创新成果转化的知识产权归属与利益分配。促进地方科技创新活动发展的保护性政策措施具体包括：建立健全科技创新税收优惠政策，完善科技创新企业的税收激励机制，保障科技创新主体回报的合理性；加快构建与不断完善科技创新人才培养体系，增强全社会整体科技创新意识；等等。基于社会发展与科技进步的目标，地方科技创新平台的保护性政策环境通过建立健全能够纠正与规范科技创新主体行为的法律法规，创造适合科技创新的良好市场与现代良序社会，进而为地方科技创新平台的搭建与完善奠定必要的政策基础，且为地方科技创新工作长久稳定提供安全保障。

第三类是支持性政策环境。支持性政策环境包括两个方面，一是地方政府扶持地方科技创新工作制定的财政融资政策，如地方政府提供专项资金或设立专项基金；二是地方政府为建设地方科技创新平台、扶持科技创新活动而提供的商业支持与服务政策，如搭建科技创新公共服务平台、构建科技创新网络生态体系等。上述公共政策的主要目标在于因地制宜、顺势而为，立足地方特色产业，结合当地实际经济发展现状，明确当地科技创新平台建设的大致方向与长期规划，通过聚集与合理配置科技创新资源，促进科技创新活动的发生；并通过打造商业支持服务平台，推进科技创新成果的社会化、产业化，然后再次促使科技创新活动的发生，由此形成良性的闭路循环。

第四类是生成性政策环境。生成性政策环境强调基于地方特质，制定具有地方性特征的配套性政策，具体包括地方科技激励政策、地方科技评估政策等。我国省份众多且各省份发展背景不尽相同，因而地方科技创新平台建设的具体工作需要根据地方性特色来开展。换而言之，地方政府需要合理组织与有效协调地方科技创新多元主体行为，并通过建立健全相关的制度与政策来引导与激励地方科技创新多元主体参与到地方科技创新平台治理中。同时要搭建与完善相关的管理机构与制度平台以此实现与企业的无缝接轨，充分实现科技成果转化，最大化调动科技创新多元主体积极性，由此形成地方科技创新可持续的生产力，充分发挥地方科技创新平台的功能。

三、市场环境

1. 市场环境的构成要素分析

公平公正的市场环境和市场秩序以完善的法律法规为基本前提。在健全的法律法规框架下，市场通过优化竞争机制，吸纳、传递并促进科技创新资源的自由与畅通流动，且将科技创新资源与要素配置到表现较好的科技创新环节中，从而实现科技创新资源的合理配置与最大化利用。目前，国内外学术界主流观点认为地方科技创新平台建设中的市场环境要素具体涵盖推进科技创新资本要素市场化配置，以及加快发展科技创新技术要素市场、科技创新信息资源市场、科技创新产品市场等方面。进一步地，地方科技创新平台构建中的市场环境要素流动速度与配置效率很大程度上取决于当地市场环境的成熟规范程度。

2. 市场环境的作用方式

市场通过释放价格信号为科技创新活动指明发展方向，引导地方科技创新多元主体有序启动科技创新活动。同时，由于科技创新的根本动力源自市场，可将市场视作科技创新活动的重要检验主体。一方面，科技创新的根本动力源自市场。高科技企业为了在愈加激烈的市场竞争中立足，需要比竞争对手更好更快地了解并满足市场需求，并以此为核心导向来提供能够赢得市场与口碑的产品与服务。另一方面，科技创新的具体内容主要由市场决定。地方政府在支持科技创新建设过程中，关于组织科技创新项目、建设科技创新研发基地、搭建科技创新资源公共服务平台以及制定相关产业政策等方面的工作都需要贯彻市场导向。此外，科技创新成果需要进入市场实现产业化，转化为现实生产力，才能实现科技创新的理论价值向社会价值、经济价值的转换。

四、社会文化环境

一个地区的社会文化环境对当地科技创新活动有着潜移默化的影响，是地方科技创新平台构建与发展最深远的影响要素。地方科技创新社会文化环境大致可归纳为两大类。

从宏观层面看，地方科技创新社会文化环境主要是指当地社会的鼓励创新、宽容失败的文化氛围与价值理念。由于科技创新活动具有高度不确定性，科技创新研发过程中难以避免在思维与方法论层面出现错误，科技创新产品设计的不断完善也正是通过反求机制进行缺陷诊断。可以说，几乎全部的科技创新技术取得的革命式进步与跨越式发展都历经了数不胜数的犯错试验。对于地方科技创新平台建设而言，科技创新过程中存在一定的犯错现象，需要地方政府对其持有较高的容忍度，引导当地社会民众树立包容差异、鼓励创新、宽容过错的社会文明理念。

从微观层面看，地方科技创新社会文化环境具体指高科技企业、科研院所等主要科技创新主体内部的文化氛围。组织内的文化环境更加侧重于通过教育培训等方式来培育科技创新人才尊重知识、积极创新的精神和意识。

第三节 地方科技创新平台的治理机制

良好的治理机制是地方科技创新平台高效运行，产学研用协同效果溢出的重要保障。地方科技创新平台是地方政府、高校和科研院所、企业、科研团队等多元主体集聚的场所。权责明确是最基本的协同条件。地方科技创新平台本身功能的实现与治理效能的迸发需要人才、金融、成果转化、绩效考核与利益分配机制的保驾护航。因此，本书认为地方科技创新平台的治理机制主要包括权责分工机制、人才管理机制、金融服务机制、成果转化机制、绩效考核机制和利益分配机制。

一、权责分工机制

地方科技创新平台为涵盖多元主体的复合组织架构，为确保其正常运行，需要尽力实现多元主体之间的均衡。因此，需要构建完善的权责分工机制，实现地方科技创新平台建设多元主体之间利益诉求的最大公约数。实质上，探究地方科技创新平台建设权责分工机制可归结为剖析政府机构、企业、高校和科研院所、金融机构与科技中介组织等地方科技创新多元主体之间的分工，明确地方科技创新多元主体在地方科技创新平台治理过程中需要承担的角色地位以及相应的职能。

1. 政府部门

地方科技创新平台建设与运行的重要前提与基础在于地方政府提供政策环境、深化统筹职能与健全法制基础。就政策环境而言，地方政府提供完善的政策环境，为地方科技创新多元主体参与地方科技创新平台治理提供坚实的政策保障。就深化统筹职能而言，一方面，地方政府要充分发挥制度统筹优势，努力调动多元主体参与地方科技创新平台治理的积极性，并协调地方科技创新多元主体在转化科技创新成果环节中的利益分配关系，实现地方科技创新主体在科技创新成果转化领域的平衡格局。另一方面，地方政府需通过落实区域统筹职能，健全科技资源投入的顶层设计与宏观协调管理，且进一步完善科技资源共享的相关法规，以此构建科技资源共享机制。就健全法制基础而言，地方政府为推动科技创新成果市场化，需要以法律法规的形式为地方科技创新活动的开展指明方向，并为地方科技创新多元主体提供规范化的行动指南，有效避免地方科技创新主体之间产生知识产权方面的利益纠纷。

2. 企业

企业在地方政府的制度框架体系下，需要遵循市场经济规律和企业发展规律，精准掌握市场动向与社会动态需求，释放企业在科技创新中的活力与潜力。另外，在新一轮技术革命背景下，当代企业实现跨越式发展需要掌握与社会经济发展需求相契合的前沿科学技术，以及掌握这些科学技术的人才。由于科技创新是企业发展的生命力，科技创新人才是企业发展的核心，企业需持续在科技创新的研发、技术成果的推广等环节投入资源。

3. 高校和科研院所

高校是地方科技创新平台建设的核心主体，具有天然的体制性优势。一方面，高校承载着大量的体制性资源，能够重复性地培养相当规模的科技创新型人才；另一方面，高校通过营造自由、宽松的学术氛围，创造出适合进行科技创新研究的纯粹性环境。事实上，全球范围内绝大多数的前沿科学技术的研发都由高校完成。此外，科研院所可视作地方科技创新平台建设的助推器。现阶段，科研院所所取得的科研成就对社会发展产生了深远影响。这些科研院所和研发中心与高校形成优势互补，在科技创新方面实现资源的共享，极大地释放了科技创新的发展潜力。

4. 金融机构与科技中介组织

诚然，地方科技创新平台的建设与运行需要强大且稳定的资金支持与保障，但地方政府也不会无限期、无限量地投入财政资金来支持地方科技创新平台运转，因而从社会渠道获得多元化的资金，集聚金融机构与中介组织等市场主体的资源的重要性随之凸显。

二、人才管理机制

地方科技创新平台的人才管理机制涉及要素众多。科技创新人才处在平台发展与治理的核心地位，因而具备良好的人才管理机制是保证地方科技创新平台持续实现科技成果产出和治理效能的先决条件。人才管理机制主要涉及引进、培养、评价与激励四个方面。

1. 人才引进机制

地方政府科技创新平台治理体系的建构与可持续发展需要强有力的高素质人才支持，所以建立系统化的科技创新人才引进机制应当成为地方政府人才管理的核心政策导向。地方政府在人才引进过程中应注意以下方面。一是按需引进与精准支持。地方政府在科技创新各项目工程方面规划相应人才参数，通过建立科技创新人才数据库，依据科技创新需求有序引进促进经济社会发展的人才。二是依托问题导向完善配套建设。地方政府实施科技创新人才引进工程须不断整合资源，寻求第三方机构评估，增进多元化的人才引进系统化工作，对人才引进工作进行整体全面性的评估，达成综合性效果。三是构建人才引进长效性服务系统。地方政府在科技创新人才引进过程中，可以通过设置人才服务专员、营造优良的人才工作"软环境"，以及保障和激励各科研院所之间人员的自由流动等措施来持续追踪与回应人才的服务需求。

2. 人才培养机制

科技创新人才培养机制有助于缓解区域经济发展的人才不足、产业结构不合理、难以回应市场对于科技产品需求的问题。这就要求优化地方科技创新人才结构，构建完善的人才培养机制，从而培养出回应市场需求的科技创新人才。目前我国已经制定了较为成熟的科技创新人才机制，地方政府需要结合本地实际，制定出更加符合需求的区域性人才培养制度。具体来看，科技创新人才培养机制涉及两个方面。一是动力机制，是指依据经济社会发展的要求来推动人才培养。坚持以"满足需求"作为人才培养的动力来源，并以其作为强化人才培养的优先发展目标。二是运行机制，是指成立专业化的科技创新人才培养机构，统筹科技政策、制度法规与资源投放，协调各科技创新主体，达成人才培养的"质与量"的双重高度。

3. 人才评价机制

科学客观的人才评价机制有助于调动科技创新人才的积极性，提升科技研发能力，因而对地方科技创新平台实现治理效能具有重要价值。总体来看，我国关于地方政府科技创新平台中的人才评价系统仍然不够完善。评价手段单一以及缺乏自主权是地方科技创新平台治理中面临的普遍问题。地方政府是地方科技创新平台的组织者，也是平台绩效产出的检验者，因此地方政府的科技管理部门需要供给相应的改进举措，协同科技创新平台，来强化人才评价机制建设。具体要求：①实行分类评价。根据科研岗位与工作特点、坚持共性特质与个性需求之间的平衡，定性与定量方法相结合，制定科学有效的人才评价标准，健全人才分类评价机制。②创新多方评价机制。不仅注重科技部门的评价作用，而且提高市场与社会评价的参与程度。基础性研究以科技领域的同行评价为主；而应用性研究则注重专家、市场与用户的第三方评价兼备策略。③优化公开公正的评价体系。科技创新人才的评价需要遵循制度法规，提高公信力与评价质量，保障科技创新人才的科技成果与合法权益。建立人才评价系统的专家评价机制，在强调实施问责制度，落实人才评价的科学性与规范性的同时，也要营造人才评价的文化氛围，鼓励创新与包容失败。

4. 人才激励机制

人才激励机制是吸引和留住科技创新人才，完善科技创新人才管理体系的重要条件。近年来中央政府出台了整体性的人才激励指导方案，各地地方政府也陆续制定了符合实际需求的人才激励政策。地方科技创新平台不同于科研院所的新型研发机构，对该类科技创新人才的激励机制除了要遵循区域性的人才激励政策外，还要从科技创新平台治理的实际出发。一方面，地方政府要以科技创新平台为治理载体，改革传统人才激励措施，完善人才绩效考核的收入激励政策，落实科技创新成果转化的激励要求，形成稳定的人才保障体系。另一方面，地方政府要推动科技创新人才积极参与国家重大科研攻关工程，提供支持性的后勤保障服务，切实解决科技创新人才的后顾之忧。同时，地方政府还要积极营造高度重视创新人才的社会氛围，提升科技创新人才的地方归属感和依赖感。

三、金融服务机制

地方科技创新平台的运行与有效发展需要完善的金融服务机制的支持。近年来，我国自上而下地逐步创新经济金融支持机制，将支持科技相关法规政策与金融管理体系融合，推动科技发展和区域产业结构升级，主要包括金融资本的合作支持机制、孵化企业的风险防控机制、科技创新平台的金融优惠机制。

1. 金融资本的合作支持机制

科技创新是高风险、高付出的活动。科技研发、成果转化、科技企业孵化等均离不开金融资本的支持，因而促进创新链与金融链、资本链的衔接，对地方科技创新平台的科技创新研发和企业孵化、产学研用结合至关重要。在地方科技创新平台治理体系中，地方政府、科技创新平台、金融机构要形成良好的合作互动关系，共同致力于科技创新成果转化与产业经济发展。地方政府协调科技创新平台与金融机构合作主要包括两个方面：一是科技创新研发和企业孵化、成果转化的金融贷款、金融投资等服务；二是科技创新技术的生产在金融领域的运用。金融资本合作机制的构建是推动地方科技创新平台治理的重要资源保障，不仅为科技创新的确定性提供了市场信心，也分担并降低了科技创新的风险。

2. 孵化企业的风险防控机制

地方科技创新平台不仅是研发载体，在一定程度上还承担着科技企业孵化器的功能。新创企业可以依托地方科技创新平台的科技创新能力与技术产品，提高企业核心竞争力与市场占有率的稳定性。但由于市场的不稳定性以及科技研发更新的高频率性，自主创业的科技企业在发展初期往往稳定性较差，持续发展能力不足，由此造成信用评级差、融资成本高的困境，金融机构对于企业创新融资积极性不高。因此，地方政府一方面要完善相关政策供给，鼓励金融资本支持创新科技企业发展，促进企业创新研发的信贷体系的制度化，增加金融机构的市场信心；另一方面要提供信息资源，促进金融机构与企业间的互信合作。由此，在企业科技创新研发中形成专业化强、多主体合作的风险监控及预防体系。同时，金融机构通过与地方科技创新平台的协同合作，推动地方科技创新平台对孵化企业运作进行监管。此外，还可以通过建立金融系统基金链，分散金融系统的市场风险，根据孵化企业市场产品生产阶段分批给予贷款资金，运用基金链的模式延长贷款资金的支付。

3. 科技创新平台的金融优惠机制

政府根据总体规划需要给予地方科技创新平台资金政策与金融方面的帮助，这既符合国家战略要求，又有助于发挥地方科技创新平台对经济社会发展的助力作用。目前支持地方科技创新平台运作的金融政策主要包括两类。一是落实科技财政投入的金融支持政策。政府改革科技创新的经费审核制度，运用科技创新平台建设资助、重点项目无偿资助、风险补助、贷款延期支付等方式，促进社会金融资本积极参与地方科技创新。同时中央财政建立专项科技创新平台建设投资基金，以创业投资与风险补偿等方式鼓励金融资本参与地方科技创新平台的科技项目研发、科技成果转化。二是建立科技部门与财政部门、金融部门之间的科技金融政策的协调渠道。这一政策要求地方政府围绕科技创新与平台建设目标制定具体的金融服务政策，增加中央和地方之间的科技金融协调，形成直接融资与间接融资相结合的多元金融优惠模式。

四、成果转化机制

地方科技创新平台的科技成果转化机制是一项系统性工程，也是我国科技体制机制改革的重点。地方科技创新平台须立足区域经济社会发展，因而需要加速科技研发成果转化为实际生产力，为区域产业结构优化升级提供动力。科技创新的成果转化机制主要包括科技产学研用产业链机制、产业集群协同创新机制、科技中介机构和技术交易市场培育机制。

1. 科技产学研用产业链机制

推动产学研用一体化是当前优化科技资源配置、升级地方科技创新体系的重要导向，而地方科技创新平台是促进产学研用一体化实现的重要载体。对于区域科技发展而言，依托科技创新平台，在推进科技项目过程中，注重寻求和引入科研院所的技术支持是实现产学研用一体化的重要途径。例如，近年来湖北省建立院校帮扶机制，推动在鄂高等院校、科研院所和省内农业、科技等部门以项目为载体带动资金、人才、技术的合作。这些项目重点围绕地方和企业需求，为各机构提供校外试验基地，采用试点高校联系县级基层地区、科研院所对接科技企业、专家助力科技项目等"一帮一"服务帮扶模式，帮助地方和企业解决科研问题。从大方向上整合科技力量，优化相关资源配置（刘传铁和徐顽强，2017）。这极大地加速了科技创新产业链的一体化。目前，"政产学研"合作已经成为推动区域协同创新、发展和完善产业链的重要途径。政府在产学研平台搭建中承担至关重要的角色。然而目前，科研院所和高校的科研经费主要来源于政府，地方科技创新平台的启动和运转经费很大程度上也主要依赖于政府投资，企业的投资参与相对较少；并且有关产学研合作过程中多方主体的收益分成、风险共担、权利归属等法律法规尚不完善，因而企业在产学研用一体化中的相对缺位问题亟待解决。

2. 产业集群协同创新机制

目前，全国各地区健全科技服务体系，紧密结合地方资源优势，通过逐步建立科学技术转移、成果转化及产业化示范基地来促进产业集群协同创新。Oyelara-Oyeyinka 和 Mccormick（2007）认为产业集群创新是指产业集群内的企业和机构之间通过建立网络机制促进创新合作与互动的过程。对于科技创新领域而言，产业集群内企业通过协作能够提升企业运行的规模效应、共同抵御集群外的风险（Sandee and Rieveld，2001）。地方政府需要通过推动"校政企"合作、构建科技创新协同网络，完善科技创新产业集群协同机制。一是校企政合作驱动。地方政府要鼓励产业集群内的孵化企业强化与科研院所、高校之间的合作，各主体之间实现创新人才培养、技术研发与科技成果运用之间的系统化合作。同时地方政府需要提供良好的外部政策环境。二是科技创新网络平台驱动。地方政府作为科技创新公共网络平台的建设者与组织者，需要强化区域间科研院所与高校和龙头产业间的交流合作，依托公共网络平台为科技资源链接载体，聚集高新技术产业与创新型技术，促进科技创新元素间的有机衔接。

3. 科技中介机构和技术交易市场培育机制

科技中介机构和技术交易市场培育是完善地方科技创新平台治理体系的必要途径。企业要提高发展质量，必须加快科技成果转化应用，促进企业升级转型，而科技中介机构的建设则是加快科技成果转化应用的重要手段（杨正国，2020）。目前，全国科技创新中介机构发育相对滞后，某些地区技术交易市场还未形成，已经形成交易市场的规范性不足。技术交易市场仍是区域科技管理中的薄弱环节，这不仅严重阻碍科技资源的流动，而且会掣肘各地发展。鉴于此，地方科技创新平台在科技中介组织孵化与技术市场培育过程中需要增加资源协调，地方政府要制定相关措施培育科技中介服务机构与技术教育市场。一是科技中介组织获得更多的市场信息与资金帮扶，降低外部性的影响，提高企业的研发积极性。二是对于科技创新成果转化的中介组织，给予税费减免政策，提升中介组织的参与积极性。三是对于依托科技成果转化为职业的经纪人，给予资格认定。

五、绩效考核机制

绩效考核是地方科技创新平台治理体系的重要机制。完善的绩效考核机制能够极大地激发科研人员、科研团队的科研热情，累积高校、企业、地方政府等多元主体协同创新的动力，从而真正提高科技创新人才的研发效率，实现科技创新成果充分转化，服务地方经济社会发展。地方科技创新平台的绩效考核机制包括四个方面：科技创新平台内部管理的绩效考核机制；科技创新平台入驻团队的绩效考核机制；高校参与科技创新平台的绩效考核机制；政府评估科技创新平台的绩效考核机制。

1. 科技创新平台内部管理的绩效考核机制

地方科技创新平台深化管理机制，改变以往经济利益导向的企业管理观念，需要注重科技成果转化的多方面效益。因此，地方科技创新平台需要制定战略性考核机制，动态考核平台内部运作的流程与发展思路。第一，实现效率目标。不论是从评估本身来说，还是从促进创新研发工作的进展来说，都能够通过评估督促科技研发进程，将结果考核转化为过程考核，将考核指标细化到日常工作周期中。第二，发现真正的问题。绩效考核的最终指向在于发现科技创新工作中存在的问题并予以解决，不断调整创新思路。

2. 科技创新平台入驻团队的绩效考核机制

地方科技创新平台科研团队绩效考核是平台组织者与管理者实现有效治理的关键制度安排。考核内容一般包括三个方面。一是考核科研团队的科技研发成果情况，将其作为科研团队绩效考核的重要标准。二是地方科技创新平台调整专利导向的绩效考核制度，将科技成果转化产生的社会效益作为科研人员的重要考核指标，创新更长远的科技激励政策。三是改变过去科研团队的项目结题思维，对科技创新过程实行阶段性考核，不断细化考核指标，促使科技创新平台与科技创新人才的快速发展。

3. 高校参与科技创新平台的绩效考核机制

高校具有丰富的科技研发基础设施、人才等科技创新的资源，是科技研发、科技创新成果的重要供给者，主要从三方面参与绩效考核。一是以地方经济社会发展的需要为导向，推动地方科技创新平台服务于科研团队，解决研发过程中的困难。二是强化对科研人员的培育与能力提升，将绩效考核作为高校规划科技创新实践的一部分。三是将科技创新平台的科研成果转化情况作为考核目标的核心，并增加研发阶段的过程性考核，将其作为绩效考核的重要补充。

4. 政府评估科技创新平台的绩效考核机制

地方政府遵循科技创新平台对于经济社会发展贡献的原则，将科技创新平台的科技成果转化率作为重要考核指标。当前全国各级政府主要通过论文、专利和获奖情况来考核科研项目的绩效，对科技的市场效益关注不足，难以真实客观地反映科技创新平台的实际治理效能。

六、利益分配机制

地方科技创新平台的利益分配机制是完善科技创新成果转化机制的基础。经济利益是产学研合作创新各方合作的动力和目的，合理的利益分配机制是有效保障各方收益以及产学研合作持久化的关键。

1. 投入与收益一致的分配机制

地方科技创新平台的建设涉及多元主体，对于科技成果转化带来的利益则需要根据其投入贡献来进行分配。投入与收益一致的分配机制需要将基础利益单独予以衡量，基础利益的分配保障了多元主体协同的科研贡献。科技创新平台治理体系涉及地方政府、相关主管部门、高校和科研院所、企业等，各主体之间投入的资源不同，对平台建设的贡献也存在差异。各主体获取的收益应该与其做出的贡献相匹配。同时，对于地方科技创新平台建设重大关键问题的解决做出突出贡献的主体，应该给予绩效收益。

2. 公平与效率兼顾的分配机制

地方科技创新平台的利益分配机制需要兼顾公平与效率，从而更好地激励各方积极参与平台的建设，形成长效的投入效应。公平原则应当作为利益分配的根本原则。强调公平性，意味着地方科技创新平台的参与主体地位平等，且能够平等地享有科技成果转化利益的分配权利。同样，也会公平地承担科技项目研发和市场化的风险。同时，公平原则并非平均分配平台效益，这将难以激发参与主体的创新积极性，影响投入的贡献度。基于此，地方科技创新平台在设计利益分配方案时，还要将效率原则放在首要地位。以提高科技创新效率和效益为导向，兼顾公平与效率原则，且对利益分配要素本身进行合理、科学的调整，在公平与效率之间寻找平衡点。

3. 主体协商的分配机制

主体协商的分配机制要求地方科技创新平台参与的多元主体之间就利益分配进行协商与充分讨论，达成各方相对满意，避免打击参与主体的投入积极性。利益分配需要建立在各主体的主观期待达成一致的基础上，这样才可能实现各主体的满意。能否实现参与主体之间达成相对满意状态的关键在于强化利益分配机制的技术合同规定与合约保障。技术合同规定了多元主体之间的权利与义务关系的规范化的协议，各主体之间对于自身需要承担的义务与获得的利益分配均有清晰的认知，避免出现利益摩擦。目前利益分配的合约保障存在三种分配形式：技术转让式收益分配方式、合作创新（委托创新）式收益分配方式、共建联合体式收益分配方式。不同类型的地方科技创新平台在设计治理体系时，会综合考虑参与主体的不同、合作方式的差异和平台治理模式的异质性等多重因素来选择不同的利益分配方式。

第三章　地方科技创新平台治理体系的运行逻辑

正确认识和把握地方科技创新平台治理体系运行的逻辑脉络是推动其高效治理的基础和关键。本章以问题视角为切入点，从地方科技创新平台能够实现有效治理的逻辑前提是什么、地方科技创新平台治理体系何以实现内部结构合理化、各治理主体间如何进行协同互动来回应地方科技创新平台治理体系的运行逻辑。

第一节　逻辑前提：服务区域发展需求

科技创新平台能够为企业创新和产业结构升级提供相应的技术、信息、资源等服务，是地方科技创新平台治理体系实现创新效益的基础载体。因此，瞄准区域经济、社会、科技服务，推动科技创新资源的优化配置，推进产学研用结合是地方科技创新平台治理体系发展的初衷。

一、逻辑起点：科技资源的优化配置

科技即科学技术。科学和技术肩负着不同的社会任务。科学主要帮助人类发现新知识，助长人类的知识财富。技术主要帮助人类发明创新，使人类的物质财富得到增长。可以说，技术是物化的科学，是现实的生产力，科技则是科学与技术的结合统一。在科技资源系统中，科技处于最核心的位置，也是系统中的核心资源。它既反映一定时期内科技进步的基础环境，又反映一定时期内所取得的科技进步成果。科技创新的基础由系统内各要素间的非线性相互作用构成。科技进步的速度和成果质量除了与科技有关外，还取决于科技要素与其他要素在规模、强度、结构上的互动及使用效率的提升。科学技术在促进世界经济的增长中发挥

了决定性作用，是当今各国之间经济竞争的核心武器。因此，世界强国都极为重视推进科技含量高的高科技产业的快速发展。

科技资源包含了能够创造科技成果、促进经济社会发展的全部要素。但是科技资源还需要得到合理分配和运用才能够发挥最大效用。这就要求对科技资源进行优化配置，即对现代科技成果和各种投入要素进行有机组合，从而使得科技活动中的不同主体、行业部门、学科领域、科技计划、时空分布等能够最优化地分配和组合（王丽泽，2012）。科技资源的优化配置能最大限度地有效利用全社会的科技资源，实现高效益的投入产出比，进而实现社会福利最大化。科技资源优化配置的意义具体体现在如下方面。

第一，科技资源优化配置是知识经济时代下的必然要求。知识就是力量，是促进经济高速增长的决定性力量。知识生产的数量、质量和速度决定了知识经济时代的发展。只有充满创造性和突破性的科技活动才能源源不断地产生知识成果。科技活动与知识成果之间的转化过程又依赖于如何按照知识经济时代的要求对科技资源进行最优化配置。科技资源的最优化配置能促使知识生产、分配和使用处于最佳状态。科技资源流动加速与利用率的提高促使知识不断创新、快速传播、转化和有效应用。因此，科技资源优化配置是知识经济时代社会发展与进步的基础和关键。

第二，科技资源优化配置是国家创新体系高效运行的基础。科技创新链条上相关主体、创新要素之间相互作用而形成的创新网络即国家创新体系。国家创新体系主要包括企业、大学、科研机构及政府部门等主体要素，集科技、产品、产业与制度创新、人才培养等重要功能，能够促进经济与科技的紧密联合。但要使国家创新体系真正发挥功能作用、促使科技力量有力地推动社会经济高质量发展，则必须构建出动态、多样、开放、非线性的国家创新体系。在这样的创新体系中，科技资源能进行更为高效、合理的流动及重组，产学研得以按照一定的国家目标更为紧密地结合。如何构建出这样的国家创新体系，很大程度上取决于国家创新体系中各要素的相互作用、资源的有效配置。科技资源的优化配置能够通过让创新体系中科技资源的要素和功能形成合理规模和适当结构，从而促进国家创新体系高效联动运行。

目前我国在科技资源配置的机制、结构与效率方面还存在不足，科技资源优化配置的任务仍然紧迫而艰巨。科技创新平台是集聚科技创新要素、提升自主科技创新能力的重要载体，利用好这类载体有助于有效激活和优化资源配置、转化科技创新成果。以湖北省为例，全省虽然已经建立起包括国家重点实验室、国家工程技术研究中心在内的众多科技创新平台，但仍然存在许多亟待解决的问题，包括平台与科技企业衔接不畅通，平台资源整合及联合攻关能力有待加强，多元科技创新主体及其依托创新平台在创新体系中的领域、功能和目标定位不明确，共享协作能力不高，竞争、合作、共赢的氛围都尚未成形（温如春，2009）。此外，为了保证区域科技创新平台持续、高效地发挥作用，需要构建一个以区域资源禀赋为依托、发展目标为导向的科技创新平台治理体系。

二、逻辑条件：产学研用深度融合

产学研用深度融合是实施国家创新驱动发展战略的关键环节，是促进科技成果转化、推动产业转型升级的关键策略。20 世纪 80 年代，为解决科技与经济发展"两张皮"问题，我国政府就提出要促进研究机构、设计机构、高等学校、企业之间合作。到了 90 年代，产学研用合作政策进一步发展为鼓励技工贸一体化经营，或与企业进行合作开发、经营（黄明东，2017）。21 世纪后，产学研用合作凸显出新特征与新趋势。党的十九大报告提出建立以企业为主体、市场为导向、产学研深度融合的技术创新体系①。我国对产学研用融合的重视程度升级，将更加有利于科创成果转化为推动经济社会发展的现实动力，同时有助于整合科技创新要素，畅通科技创新过程的上中下游各环节，真正实现创新驱动发展。

不过严格来说，"产学研用"与"产学研"在概念上存在些许差异。一般而言，"产学研"一方面指主要由公司企业、高等学校、科研机构这三方在相互配合、共同推进、充分发挥各自优势过程中所构建出的集研究、开发、生产于一体的强大而先进的系统。这个系统良好而高效的运行能更好地促进科学技术的创新发展、体现出综合性优势，大多情况下公司企业为科技资源需求方，高等学校和科研院所为提供方。另一方面"产学研"还代表市场、技术、资本和经营管理相交融的复杂过程。"产学研用"是生产、学习、科学研究、实践运用的系统合作，比"产学研"概念更进一步突出了科研成果的转化和运用，更加强调应用。"以企业为主体、以市场为导向"成为"产学研用"更为重要也更加突出的一个特点（李红敬等，2015）。习近平总书记在网络安全和信息化工作座谈会上的讲话指出"技术要发展，必须要使用"②，强调核心技术研发的成果更应该形成市场产品、技术实力、产业实力。当前我国在"用"上做得还不够到位。要使科技产品打入市场、把创新成果转化为产业活动就必须要靠"用"，并在"用"中持续改进和创新，真正做到"产学研用"的深度融合。

产学研用深度融合是科技创新平台建设与发展过程中的必由之路，也是在要

---

① 习近平. 决胜全面建成小康社会 夺取新时代中国特色社会主义伟大胜利——在中国共产党第十九次全国代表大会上的报告. http://www.gov.cn/zhuanti/2017-10/27/content_5234876.htm，2017-10-27.

② 习近平. 在网络安全和信息化工作座谈会上的讲话. https://www.gov.cn/xinwen/2016-04/25/content_5067705.htm?cid=303，2016-04-25.

素资源快速流动的现代社会打造科技创新平台治理体系的必然要求。科技创新平台是科技创新体系的重要组成与支撑部分，是保障和促进全社会创新活动、培养和凝聚高层次人才、建设创新型国家的必要物质技术保障和有效支撑（徐琴平和陈宏昕，2012）。建设务实高效的科技创新平台，是产学研用深度融合的基础性工作，也是创新体系的基础性工程。科技创新平台建设从确立面向产业服务为任务目标伊始便为产学研用的融合提供了大舞台，是促进产学研用深度融合的重要载体和有力抓手。产学研用的深度融合又进一步推动了科技创新平台的建设，为科技创新平台治理体系的内部治理结构提供理念向导与条件支撑。

搭建好科技创新平台可以为产学研用的深度融合提供服务，为科技创新平台治理体系的高效治理奠定组织基础。高质量的科技创新平台能够为科技创新平台治理体系内相关信息及资源顺畅高效地互动提供绝佳的平台和渠道。一方面，优质的科技创新平台能够显著地促进科技创新平台治理体系内各主体开展有制度保障的科技合作。丰富多样的科研动态、产品技术等前沿信息在科技创新平台上向各方科研人员或技术人才敞开，可就其需要加以利用。科技创新平台还可提供多方合作研发所必需的有实际效用的各项文件规范、制度要求和保障措施，从而实现科技创新治理体系的规范化与科学化运作。另一方面，科技创新平台还是促进科技创新成果产出的绿色平台，能够提供科技创新成果信息发布的空间，畅通科学技术转化的渠道和寻找成果产业化的市场主体（高聪和殷军杰，2016）。同样，应该承载这些功能的地方科技创新平台也对其治理体系的现代化提出了更高要求。这就更加需要地方政府、平台运营的相关主体改善平台的治理机制，处理好科技创新系统中的多元关系，促使平台以产学研用深度融合为抓手，打造一个高效的治理体系。

总之，科技创新活动是一个复杂的系统工程，产学研用深度融合既为科技创新平台创造了有利的环境条件，也对科技创新平台治理体系的建设提出了更高的要求。科技创新平台发展的核心和关键需靠推进产学研用的深度融合。因此，在科技创新平台治理体系的搭建之初就应该使其处于产学研用深度融合的整体框架下，改革传统的平台治理模式，促进科技创新平台突破性发展、产学研用的互利共赢。

第二节　结构逻辑：治理体系的合理化

规范化、合理化、高效化运作的科技创新平台治理体系，有助于发挥"1+1＞2"的叠加效应，进而推动地方科技创新活动高效率高质量地开展。当前各地在建设科技创新平台的过程中，积极探索平台建设治理结构的合理化，并在探索过程中逐步建成了布局合理、功能完善、开放高效的科技创新平台治理体系。

一、组织结构：实体结构与虚拟结构

根据科技创新平台结构模式的不同，可将科技创新平台划分为实体结构平台和虚拟结构平台两大类。与之相对应，科技创新平台治理体系也可以被分为针对实体结构平台的治理体系与针对虚拟结构平台的治理体系。实体结构和虚拟结构两种平台模式之间存在明显的区别。一方面，两者运作机制不同。实体结构平台是合作方相互投资设立的独立核算的法人主体，具有独立的法人资格，执行合作研发。实体结构平台拥有未来技术创新成果，合作方需要向平台支付创新成果使用费。虚拟结构平台是以非股权的方式执行合作研发，平台的创新成果共同属于合作单位，给予合作方免费使用。另一方面，实体结构平台通常属于相对静止的、固化的传统科层组织。虚拟结构平台却可以是合作单位以各种契约相连的松散型联盟，是介于市场和层级组织之间的"中间组织"。在内外部条件发生变化的情况下，虚拟结构平台可随时改变合作伙伴和合作内容，而实体结构平台却很难灵活应对。显然虚拟结构平台的柔性比实体结构平台的柔性更强，因此在新时代经济条件下借助虚拟平台开展产学研用合作研发更加占有优势、更具良好前景。组织结构的巨大差异也必然导致其科技创新平台治理体系的显著区别。

1. 实体结构科技创新平台的治理体系

实体结构科技创新平台是一个具有实体结构并以产权为纽带的共建合作组织。在产权关系明确的前提下，实体结构科技创新平台以法人实体独立于各平台共建单位，成员之间实体联合、实体运行。一般而言，实体结构科技创新平台采用市场化的运行模式，在内部以股权为合作基础，签订合同与协议确定各方利益分割和风险分担。平台共建单位及内部成员之间资源共享，彼此间相互作用的程度更深、合作更为紧密。根据组建实体的性质不同，实体结构科技创新平台分为共建事业单位实体平台，共建民办非营利性单位实体平台，共建企业性质实体平台等。

由于实体结构科技创新平台自身的特性，实体结构科技创新平台治理体系会呈现以下三方面较为突出的治理优势。第一，平台产权结构明晰。实体结构科技创新平台治理体系内各主体间的产权结构明晰。因为本质上实体结构科技创新平台是各合作方责、权、利关系明确的科层级组织。平台中的合作方凭借资金或技术纽带而结合成紧密的利益共同体。各主体利益共享、风险分担，平台运行中的利益摩擦较少，治理体系运行较为顺畅。第二，平台企业化经营运作。实体结构平台的管理模式基本上与现代化企业管理模式较为相近，各合作单位在技术和资源条件上相互信赖与互补，共同承担研发成本，共享研发成果，在教学或科研上大都还保持着长期合作关系，这也为平台中的主体间研发协同效应的产生提供了便利。第三，合作各方目标高度统一。实体结构平台根据股份制形式组建，按照合作单位所占股份分配产权、共享利益与共担经营风险。各方主体的优势在实体结构科技创新平台治理体系中更高效地互补。合作各主体协同发展出更加趋同的利害关系，科技创新平台共建单位的共同发展目标得到强化，成为实体结构科技创新平台治理体系内合作各方协同创新的内在动力。

但是实体结构模式对共建单位要求较高，包容性相对较弱，也容易受地域限制。在现行科技创新平台中，采用真正实体结构模式的平台并不多，实体结构科技创新平台治理体系的实际运行也存在一定困难。这是因为高新技术行业研发风险相对较高，先采取虚拟结构模式可以降低进入和退出的壁垒，能够更加灵活地应对变化莫测的市场挑战，更为快速高效地防范和缓解产学研用过程中的各种风险，为实体结构科技创新平台治理体系的顺畅运行打通各项壁垒。因此，实体结构科技创新平台治理体系更适用于相对成熟的产业部门。同时实体结构也能为共建单位之间更紧密的合作与相互学习提供最佳场所，通过相互间合作与学习可以更好地获取研发核心技术、提高竞争力。

2. 虚拟结构科技创新平台的治理体系

虚拟结构平台是一种更为灵活高效的无实体科技创新平台。这种科技创新平台是基于人才、技术、设备等科技资源，依托现代网络信息技术，不为时空条件所限但结合仍较为紧密的柔性动态联盟。虚拟结构科技创新平台治理体系中的共建单位保留各自的核心专长和所需功能，利用网络信息技术，依靠科研项目和科技服务纽带，联结并整合各合作方的科技研发资源，设立科技资源共享机制，集结形成不具法人资格的开放的动态组织结构及治理模式（骆品亮等，2002）。

当前来看，科技创新平台相当一部分为虚拟结构平台，采用的是虚拟结构科技创新平台的治理体系。其中一部分虚拟结构平台具有运行载体，属于"虚拟联合、实体运行"。该模式是以项目和技术服务为纽带，平台中成员通过新建立的实体组织或是直接作为运行载体的某一核心合作单位对外运作。相对而言，不具有运行载体的虚拟结构平台则更为常见，属于"虚拟联合、虚拟运行"。在这种模式下，虚拟结构平台所需完成的科研项目按模块分给各平台共建单位，由平台成员在各自的实验室或研究院完成研发，同时也对外提供服务。

　　虚拟结构科技创新平台治理体系的优势主要体现在三个方面。第一，高效的资源共享能力。虚拟结构平台有机地整合了平台组织要素的各项创新资源，共建单位各有所长、优势互补，共用软硬基础设施，能够有效分解重大研发项目的成本和风险，减轻各成员压力，提升虚拟结构科技创新平台治理体系的运行效率。同时，由于虚拟结构平台采用分权管理和扁平化组织，信息传输效率更高，更有利于信息在虚拟结构科技创新平台治理体系内的交流和利用。第二，平台的组建不受空间限制。虚拟结构平台建立在信息化与网络化的基础上，成员之间、成员与外界间的相互交流可以通过信息技术实现。虚拟结构科技创新平台的治理工作不必过多考虑地理位置或空间限制，凡符合要求的独立实体可以按照规章加入平台纳入治理体系，并在体系内充分自由地进行合作，也更为节约成本。第三，虚拟结构柔性更强。由于虚拟结构平台是一种更为灵活的动态合作联盟，平台动态规模具有可调性，重组化性能高，传统的上下级和职能管理的边界基本不存在，在虚拟结构科技创新平台治理体系内，平台成员可以随时加入和退出，能够更快更好地适应快速变化的研发需求，更灵敏地应对外界变化。不仅平台自身可以根据发展需要组成不同的组织，任务完成后即可解散，若有新任务则再重新组合，而且研发项目也可分模块同时进行，极大提高了效率。但是，虚拟结构科技创新平台治理体系也存在其固有的缺陷。例如，相比实体结构科技创新平台治理体系，虚拟结构科技创新平台治理体系由于是动态联盟体制而较为松散，承建单位间的约束力不够，稳定性不足，导致管理难度大，团队运行起来也比较困难（郝宇和罗永泰，2004），自然也降低了成员间的学习机会和协同效应。除此之外，虚拟结构科技创新平台治理体系在发展运行中的利益分配机制方面尚存在诸多难题。

　　相比实体结构科技创新平台治理体系模式，虚拟结构科技创新平台治理体系模式更适用于应对技术和市场双重压力，更适于高科技领域的创新。这些行业科技产品研发具有技术难度高、投资规模大、开发风险高、研发周期长等突出特点，很难仅由一家单位独自完成。实体结构科技创新平台治理体系的运营成本往往较高，除了要投入特定的科技创新资源以外，还会产生大量额外的管理费用。同时，产权关系的存在使得平台成员的转移成本增加，无论是哪一方终止合作关系，都会造成平台及其各成员的巨大投资损失，平台成员退出壁垒增高，则规避风险的能力减弱。虚拟结构科技创新平台治理体系没有进行股权和所有权的转移，虽然在契约关系下形成了相对紧密而有效的联结，但更容易重组、改革或终止。所以，如果是产业不成熟的高新技术研发，为了防范这些研发风险，一般先采取虚拟结构模式建立科技创新平台，运用虚拟结构科技创新平台治理体系。

二、主体结构：异质性主导主体及其治理模式

政府、企业、科研机构、第三方运营机构是地方科技创新平台治理体系中的关键主体。这些主体可以主导运作地方科技创新平台，也可以多元主体协同合作推动平台的发展，因而，从运营主体性质差异化的视角可以将科技创新平台治理模式划分为以下四种：政府主导型、企业主导型、第三方主导型和多主体合作的复合型科技创新平台治理模式（钟无涯等，2014）。每种治理模式因其主体性质、资本性质的区别导致各模式在功能定位及目标选择等方面也存在异质性，进而引起科技创新平台治理绩效的差异化。同时，每种科技创新平台治理模式也有其自身的优缺点以及适宜的领域（表 3-1）。

表 3-1　异质性主导主体与平台治理差异

治理主体与导向	基本特征	优点	缺点	适宜的领域
政府主导	层级管理制度	投入稳定，资源整合能力强，注重公益性	市场敏锐度、决策效率、工作效率不高	全局性、战略性、前沿性的共性技术创新
企业主导	市场导向明显	运营机制灵活，市场敏锐度高，应用性强	资源整合能力较弱，风险高，创新成果的封闭性强	规模化、市场化、集约化的行业中的技术突破
第三方主导	所有权与经营权分离，专业性强	独立性、协作性、专业性、兼容性强	专业化的评判标准不易判定	跨领域合作的前沿技术创新、成熟期的创新平台
复合主体协同	治理主体多元化，综合性、阶段性强	较强的市场适应能力和多阶段的运营过程	主体间利益难协调，合作"度"无法精确把握	具有共性特征的技术创新，新产品、新技术的应用与推广

注：该表部分内容参考了钟无涯等（2014）

1. 政府主导科技创新平台治理模式

地方科技创新平台治理体系建设与运营过程中覆盖面最广的主体是各地的政府部门，主要包含职能型的行政机构、事业单位及全资国企等。不同的政府层级是划分科技创新平台治理模式的一项重要指标。依据中央和地方的区别可以将科技创新平台治理模式划分为中央级和地方级科技创新平台治理模式。其中，中央级科技创新平台治理模式的核心主体是在行业内具有统领性及全覆盖性的中央级科技创新平台，其治理目标立足于宏观及全局的视角进行策略的谋划。地方级科技创新平台治理模式的功能更多在于为所在区域经济及辐射力服务，致力于提升地方级科技创新平台的科技创新效率，打造具有本土特色的强势品牌。

政府主导科技创新平台治理模式的共性特征主要体现为其所适用领域的共性。具体来说，政府主导科技创新平台治理模式更加适用于以战略性和全局性为特征又亟须攻关的重大技术难题的治理工作，也可以在前沿性技术领域的咨询、

信息搜集及研发等过程中发挥重要作用。政府部门凭借其在行政领域和商业市场上的资源聚合优势，能以多种渠道获取稳定且持续的资金投入且保持相对低水平的运行风险。这些均使其成为科技创新平台治理体系建设与发展的最佳推动力量。与此同时，政府部门还可通过其行政影响力吸引企业、科研院所、行业协会及高校等多方机构加入科技创新平台的建设队伍。多方主体共同协力打造高效率与高绩效并存的科技创新平台治理体系。但政府部门多层级信息传递存在的"失真"及延迟的局限，使得政府主导科技创新平台治理存在滞后性。同时，政府主导科技创新平台治理模式因其着眼宏观建设视角与公益导向的倾斜性，天然地与市场经济的利益导向存在一定程度的矛盾，而且对市场需求的较低敏感性也影响着其科技创新的效率。

综上所述，政府主导科技创新平台治理模式在科技创新平台治理体系建设初期的优越性较明显，但后期平台治理效率的维持要求政府部门应将平台的运作逐步向市场化转变，与企业主体实现无缝对接，完成政府部门从业务主导的角色向宏观调控及战略引导角色的转变。目前，政府主导科技创新平台治理模式是我国各地区推动科技创新平台建设，完善区域科技创新平台治理体系的首要选择。

2. 企业主导科技创新平台治理模式

企业主导科技创新平台治理模式不同于政府主导科技创新平台治理模式的是企业对科技创新平台的治理实行自主决策、自主运营，因此，其科技创新活动的市场敏感程度明显高于政府主导科技创新平台治理模式，其在区域、行业等微观领域的科技创新活动也更具灵活性与变通性。企业主导科技创新平台治理模式可分为两类：纯粹企业主导科技创新平台治理模式及国营企业主导科技创新平台治理模式（钟无涯等，2014）。其中，国营企业主导科技创新平台治理模式的本质仍是以政府为主导的科技创新平台治理模式，是作为政府主导及企业主导科技创新平台治理模式的一种过渡型运营模式。大部分企业主导科技创新平台治理模式仍是以股份制企业为主导的。企业的营利性本质规定了其逐利性投资的利益需求。这种治理模式下的科技创新平台在功能运作及市场化服务领域一般呈现较高水平，因此该种模式主要适用于提供有偿服务，承接建设周期较短、规模有限但对市场需求具有高度敏感性的科技创新平台。因其自负盈亏的运营属性，企业主导科技创新平台治理模式在科技创新项目的设计、研发、运营等方面的成本和风险必须进行有效控制。

市场化优势是携带"市场基因"的企业主导科技创新平台治理模式的最重要资本。具体体现为三个方面。第一，平台运营机制的灵活性。与政府主导科技创新平台治理模式市场敏感度低形成鲜明对比的是，企业主导科技创新平台治理模式灵活的运营属性及市场化的管理机制。第二，较强的市场敏感性。对市场需求的敏感性、熟悉程度及调节节奏是决定企业主导科技创新平台治理模式成败的关键影响要素。第三，兼具包容性和延展性。现代化的企业管理制度的优势使得企业主导科技创新平台治理模式拥有良好的包容性及延展性，但企业主导科技创新平台治理模式也存在不足。首先，整合社会资源的能力较弱。企业主导科技创新平台治理模式在社会资源搜集、整合及运用等方面的能力弱于政府主导的科技创新平台治理模式。其次，平台的运营与发展过程面临多重约束。"市场基因"对企业主导科技创新平台治理模式而言是一把双刃剑，虽然使其具有高度的市场需求敏感性，但也使其在运行与发展过程中极易遭受市场价格、时间成本、研发项目竞争的机会成本及市场变动风险等多重约束。最后，企业主导科技创新平台治理模式的创新成果开放性不足。营利性的利益导向追求使得企业主导科技创新平台治理模式的创新成果多为具有排他性质的私人产品，受市场定价机制的影响较大。

综合而言，市场化水平较高、规模效应明显、要素集约程度高的行业与企业主导科技创新平台治理模式更为契合。同时，企业主导科技创新平台治理模式也适用于已拥有极具市场影响力和号召力的龙头企业的行业。龙头企业的参与将极大提高科技创新的效率，突破平台运营过程中遭遇的专业性、核心性及关键性技术瓶颈，并能够有效推动科技创新成果的高效转化。

3. 第三方主导科技创新平台治理模式

一般而言，行业协会、专业咨询管理公司或专注于某行业的市场组织所运营的地方科技创新平台均被称为第三方主导科技创新平台，其采取的治理模式则被称为第三方主导科技创新平台治理模式。第三方主体所拥有的专业资源在市场领域的有效配置是第三方主导科技创新平台治理模式的实质。该种模式下，平台的所有权和运营权相互分离。第三方机构不具有平台的所有权，而是以专业化的管理技能、客观和中立的管理态度来行使其运营管理权，提升地方科技创新平台的治理效能，助力地方科技创新平台实现治理目标。因此，其治理模式的运营效率在某种程度上略高于政府或企业主导型的地方科技创新平台。

专业化分工的市场需求是促使第三方主导科技创新平台治理模式兴起的主要原因。行业差异、深耕领域的不同虽然使得第三方主体在管理理念、运营方式等方面存在差异，但性质的同一性使其具有以下共性优点。第一，整体运营绩效呈现较高水平。地方科技创新平台治理绩效的评价指标体系涵盖成本、风险、收益等多个维度。第三方主体深厚的专业能力使其普遍拥有高于政府与企业的技术、管理及运营水平，其对科技创新的市场需求导向及投入产出的效率比也相对较高，这些均对其运营绩效水平给予了极大助力。第二，平衡性及兼容性较好。与公益倾向运营的政府主导科技创新平台治理模式相比，第三方主导科技创新平台治理模式的运营成本较低。与拥有显著市场优势但受功利性与成本、风险等因素制约的企业主导科技创新平台治理模式相比，第三方主导科技创新平台治理模式在风险平衡、成本与收益比率等方面更具优势。因此，第三方主导科技创新平台治理模式能够兼具政府与企业主导科技创新平台治理模式的优点，更加高效地完成科技协同创新目标。第三，独立性与合作性强。第三方主体在平台运营过程中是相对独立和中立的。同时，第三方主体也试图寻求机构内部最有效的技术及职能分工来实现对各类资源的有机组合，从而为科技创新平台降低整合资源、降低成本、提升治理绩效。在多变的市场环境下，既以相对独立的形象呈现，又保持有机合作的态度与行动，是第三方主导科技创新平台治理模式契合市场需求的有效路径。但是，"专业化"对第三方主导科技创新平台治理模式来说是一把"双刃剑"。专业化程度的弹性把握空间及行业限制、独立性与竞争性、合作性的艰难平衡及法律法规等配套制度的不完备，均对第三方主导科技创新平台治理的绩效评价指标体系的制定带来挑战。因此，第三方机构作为运营主体必须具备较高的专业水平和完善的内部架构才能够更好地承担地方科技创新平台可持续发展的责任。目前第三方主导科技创新平台治理模式虽然存在一定局限性，但这种模式在平台发展稳定直至成熟期，不仅能够较高效地实现所有者资源的优化配置，还能提供更专业化、更全面的科技服务。

4. 多主体复合型科技创新平台治理模式

多主体复合型科技创新平台治理模式指的是治理模式运营主体并非由单一的政府、企业或第三方机构主导，而是由政府-企业、政府-第三方机构或企业-第三方机构等多元主体相互组合而形成的一种复合型治理模式。因其主体的多元化与丰富性，多主体复合型科技创新平台治理模式的治理范围及涉及的业务内容和形式等也更为宽泛。与政府主导型、企业主导型或第三方主导型科技创新平台治理模式相比，多主体复合型科技创新平台治理模式倾向于将科技创新的总目标进行任务及功能的具体细分，选择契合异质性主体业务优势的模块进行专业对接，但同时注重在科技创新平台运营的不同发展阶段、变化的市场环境之间进行适时适当适度的切换。因此，多主体复合型科技创新平台治理模式下异质性的运营主体不仅能将各自的主体优势与潜能充分释放，而且能够根据自身情况建立明晰的逐级分散的权责利机制，分工明确，灵活高效。

多主体复合型科技创新平台治理模式，也被称作混合型科技创新平台治理模式，其混合的属性使其具备了下列优点。其一，适应能力较强。多主体复合型科技创新平台治理模式多主体参与的特性，使其糅合了若干模式的优点，如政府主导科技创新平台治理模式所具备的中长期发展宏观战略思维、企业主导科技创新平台所拥有的极强市场敏感性及第三方主导科技创新平台治理模式所具有的技术专业优势等。这些优点的集聚均使得该治理模式能够在不同的市场环境中及时调整运营思路，呈现出较强的行业适应能力。其二，对关键阶段节点高度敏感。地方科技创新平台的运营与发展具有阶段性特征。政府、企业和第三方主导的科技创新平台治理模式因其主体的单一性而对平台的适应性及优势也呈现阶段性。多主体复合型科技创新平台治理模式对关键阶段节点的高度敏感性就体现为其可以判断平台运营的不同阶段，并在不同节点进行运营主体的灵活调整。但多主体复合型科技创新平台治理模式也存在一些缺点，主要表现为：第一，无法准确把握灵活性的"度"。多主体复合型科技创新平台治理模式的灵活性较强，但是在面对各具特点的异质性主体时，行业、市场、组织架构等要素的差异将造成运营主体无法把握灵活性的"度"，容易触发各主体间的矛盾，不利于科技创新平台发展。第二，政府在多元主体中多占据决策优势及强势地位。多主体复合型科技创新平台治理模式中如果政府是治理主体之一，那么其决策的影响力及说服力较其他主体而言可能具有明显优势。通常政府部门多以"非正式"的策略与渠道将其决策导向与政策倾向渗透进科技创新平台的发展与运营过程中，容易导致多主体复合型科技创新平台治理模式失去其灵活性的治理优势。

三、体系结构：创新平台治理体系设计与运行过程分析

地方科技创新平台与国家科技创新平台同为科技创新平台体系的重要组成部分，但是与国家科技创新平台居于高层次统筹性视角、着重基础性建设相区别，地方科技创新平台的建设与运营立足于地方科技发展特点，侧重于为地方支柱性产业、高新技术产业等提供更具应用价值的科技创新成果，致力于提升地方经济水平和科技能力。因此，地方科技创新平台治理体系结构的设计通常应在整合共享地方资源、优化重组各类平台基础上，以发展完备的科技产业链为思路，系统规划构建涵盖研发平台、公共服务平台、产业化平台的功能齐全、布局合理、开放高效的地方科技创新平台治理体系。同时，地方科技创新平台治理体系的建设无法脱离国家科技创新平台治理体系，而是需要以资源融合为基础，以平台建设为使命，建立一个覆盖设计、检测、测试、标准化至产业化创新全过程的现代化平台治理体系架构（图3-1）。

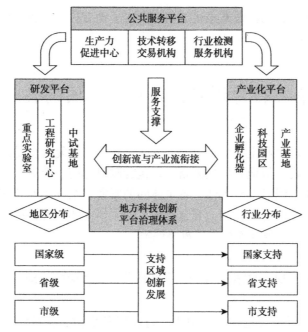

图 3-1　地方科技创新平台治理体系的总体架构

参考孙庆和王宏起《地方科技创新平台体系及运行机制研究》一文的相关研究

　　具体来看，研发平台处于科技创新链条源头始端，在地方科技创新平台治理体系的总体架构中占据基础性地位，由重点实验室、工程研究中心、中试基地组成。产业化平台主要由产业基地、科技园区、企业孵化器组成。生产力促进中心、技术转移交易机构、行业检测服务机构构成公共服务平台（孙庆和王宏起，2010a）。政府在其中发挥调控、监管作用。中介机构提供相应的中介服务。研发平台、产业化平台及公共服务平台在地方科技创新平台治理体系中并不是孤立地存在，三者在推进自身创新活动的同时，也与其他平台保持着密切的联系，对地方科技创新平台创新水平的整体性提升起着共同支撑作用。研发平台、产业化平台和公共服务平台在地方科技创新平台治理体系中按照螺旋式上升、循环往复的规律推进科技创新成果的产生、扩散和应用。科技创新资源一般以研发平台作为最初落脚点。在研发平台经历资源整合、研究开发后，循着利益最大化的路径完成创新成果的产出，紧接着创新成果进入产业化平台实现科技创新成果的产业化。公共服务平台在三大平台中承担协作、维持等角色。政府和中介机构为创新活动提供保障与支撑，促进地方科技创新平台建设的网络化、系统化。地方科技创新平台治理体系作用的发挥不是依赖于某一个平台的独立运作，而是要在畅通的运行机制下实现各平台主体间的有效合作。平台主体也能在科技创新的产学研用融合中提升自身能力，在良好的创新氛围中实现科技创新活动的高效开展。同时，创新环境优化、创新因素集聚进而也促成了地方科技创新平台的可持续发展和治理体系的完善。

第三节　行为逻辑：治理主体间的良性协同

政府主导型、企业主导型、第三方主导型和多主体复合型是地方科技创新平台的主要治理模式。但地方科技创新平台包含政府部门、企业、科研机构、高等院校和科技中介组织等多元主体。各主体间的紧密联系和相互合作形成了具有示范性意义的政产学研合作机制，充分展现了各主体间的良性协同，为地方科技创新平台治理体系的高效运作提供了重要保障。

一、运行机制：依据平台特征采取灵活的协同管理

地方科技创新平台包含研究中心、行业服务机构、科技园区等多种组成成分。其良性运行必须依靠组织保障机制、协同整合机制、创新激励机制等多种机制的协同，从而能够共同克服因系统的复杂性而带来的信息传递障碍、机构利益追求差异化、组织构成区别化难题，最终实现平台内各组成部分的联动发展和资源的整合共享，促进地方科技创新平台治理效能最大化。

1. 组织保障：地方科技创新平台有效治理的依托

以政府部门政策文件和平台建设目标为指向，依托科学的规划和组织机构设计，构建由宏观、中观和微观层面组成的三层次组织机制（孙庆和王宏起，2010a），是实现各部门各主体成功对接的关键条件，同时也是地方科技创新平台治理体系有效治理的重要依托（图3-2）。宏观管理层负责制定地方科技创新平台治理体系发展战略和相关配套政策，统一规划平台的建设路径以及做出重大合作项目决定，一般由政府、企业、科研机构等部门的负责人组成"平台建设委员会"来具体执行相关事务，承担统领和协调沟通功能，是平台顺畅运行的有力支撑。相对应地，地方科技创新平台治理体系的中观管理层面设立了当地政府科技主管部门的职能办公机构——"专门的平台管理部门"。该机构具体管理、监督地方科技创新平台的运行与建设，致力于提升各部门的管理效率。它的主要职责包括宣传落实国家及地方政府的政策，制定平台的中长短期发展规划和年度工作计划，负责重大决策实施前期调研。在重大项目实施过程中担任组织者角色，促进各子平台、子机构的精准衔接以及对主体的工作进行绩效考核等。微观服务

层面企业、科研机构、高等院校和中介机构等部门联合成立平台服务中心，目的是在整合资源基础上实现优化配置，有效实现地方科技创新平台治理体系的总体发展与建设规划。

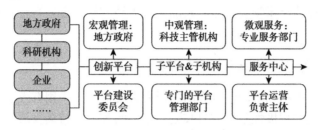

图3-2　地方科技创新平台治理体系的组织结构

2. 协同整合：地方科技创新平台有效治理的关键

组织保障是地方科技创新平台有效治理的重要依托，而地方科技创新平台有效治理的关键则在于各主体间的协同整合。如何构建有效的协同整合机制来促进各平台主体的联动发展，是地方科技创新平台治理体系建设发展过程中必须解决的首要问题。搭建完善的信息交流网络、完善科研项目联合申报机制、搭建政产学研合作平台、加强与国外优秀科研机构的合作等均可作为构建协同整合机制的重要路径。

首先，搭建完善的信息交流网络。完备的信息网络应包含各平台资源发布与共享机制、信息交流与沟通机制、监督与绩效评估机制等。这些机制有助于确保平台治理主体的信息交流与资源的知情权。在地方科技创新平台治理体系建设中，利用信息平台进行数据、资源及意见的有效对接，并赋予平台治理主体一定的监督权和自主权，使参与平台治理的主体既能做到对自身工作负责，也对整个平台治理体系的完善贡献力量。其次，以科研项目的联合申报为契机搭建各平台主体联动发展机制。积极主动申报及承担科研项目不仅是国家及地方政府对地方科技创新平台的期望，也是促进地方科技创新平台治理体系内部各主体联动发展的重要契机。同时，这些与国家和地方科技发展方向、科技计划重点支撑领域紧密关联的，市场前景好、技术含量高、附加值高的科研项目的高质量完成，反过来也将推动地方科技创新平台治理体系创新质量的提升。最后，加强政产学研多部门的联合，促进优质资源的整合。政府部门的资源优势、科技企业的市场敏感度优势、高等院校的人力及智力优势、研发机构的技术优势等均是地方科技创新平台治理体系运作过程中需要充分利用的资源。通过政产学研融合来拓宽科技创新研究与应用的广度与深度。通过共建科技园区或科研基地、联合攻关核心技术、委托开发关键技术及转让技术等形式实现各方优质资源的高效集成，实现协同推动地方科技创新平台治理体系的高质量发展的目标。与此同时，地方科技创新平台治理体系的协同整合还应拓宽视野，将合作放置于国际视野中。通过与国际科技战略联盟、重点实验室、著名科研机构洽谈联合开发的可能性，或引进科技创新领域的学术带头人等形式加速我国地方科技创新平台治理体系的现代化进程。

3. 创新激励：地方科技创新平台有效治理的动力

在组织保障机制和协同整合机制的强有力支撑下，采用有效手段调动各机构及科技工作人员的积极性是地方科技创新平台治理体系持续发展的关键条件。因此，创新激励机制可以成为助推地方科技创新平台治理体系有效运行的动力。激励机制的内容主要包含政策激励机制、产权激励机制、评价激励机制（孙庆和王宏起，2010a）。

第一，政策激励机制。地方科技创新平台治理体系的政策激励机制主要体现在国家及地方政府在财政、税收、土地等方面给予平台构建及各主体的政策支持，也表现为在科技研发和协同创新实践过程中，地方政府给予单位或个人的核心技术突破的奖励，对技术转让、技术咨询、技术培训及技术服务等工作的开展给予的表彰等。这些手段均在一定程度上肯定了地方科技平台各主体及其工作人员的贡献性地位。

第二，产权激励机制。有形资产产权和无形资产产权是产权的两个主要形式。其中，无形资产产权即知识产权的激励对地方科技创新平台治理体系中的各主体及工作人员的激励效果更显著。知识产权的激励主要通过科研人员持股、技术成果参与分配及技术作价入股等具体方式实现。这种激励措施是知识资本在科技创新、科技成果转化及产业化过程中的经济和社会价值的体现，也保障了科技工作人员的合法权益，促进其创新意识的更新和工作效率的提升。

第三，评价激励机制。科技成果的时效性及科技创新竞争的激烈性决定了地方科技创新平台治理体系必须具备严格的评价激励机制，从而实现科技创新项目和科技工作人员的优胜劣汰。科研成果产业化及市场化水平是衡量地方科技创新平台治理体系及科研项目运行效率的重要标尺。同时，科研成果对国家及区域经济发展、科技和社会进步的推动作用则是评价地方科技创新平台治理体系建设水平高低的重要指标。在构建地方科技创新平台治理体系的评价激励机制过程中，政府部门对平台的监测评价发挥着关键的导向作用。通过建立科学合理的绩效考核评价机制，组织相关领域专家及其他利益相关者共同参与评审组织，定期对平台建设进程和发展状况进行监测与评价。针对发现的问题及时纠正并淘汰经济社会效益差、发展前景不好的平台或项目，有助于促进地方科技创新平台治理体系的效益最大化。

二、共享机制：科技资源整合共享的制度保障

科技资源共享机制建设的重要性与必要性早在《2004—2010 年国家科技基础条件平台建设纲要》中被重点提及。2018 年，科技部、财政部印制的《国家科技资源共享服务平台管理办法》中第四条提出国家平台管理遵循合理布局、整合共享、分级分类、动态调整的基本原则，加强能力建设，规范责任主体，促进开放共享。由此，由多元主体构成的科技资源共享平台可以打破传统体制框架的束缚，以现代信息技术手段为支撑实现资源共享、信息传递、能量流动、物质循环与科技成果价值的增值，进而将科技资源共享平台打造成一个极具动态性特征的社会经济复合系统。但这种现实技术情境也给科技资源共享平台的治理体系带来了更高挑战。

1. 全面清理和整合科技资源共享价值链

科技资源共享系统由科技资源、保障措施和服务系统组成。这三大要素在科技资源共享平台中扮演不同角色。科技资源的集聚整合是平台运营与治理的物质基础。保障措施是科技资源共享平台建设的必要条件。服务系统是平台构建与运营的根本目的。对科技资源共享价值链的全面清理和整合，则是要求将三大要素中性质不同、功能各异的科技资源进行分类，同时在明确科技资源共享平台需求的基础上定位自身的功能，寻找自身优势资源在各大要素间的最佳整合路径。通过对科技资源的全面清理和整合，突破原有科技资源运行的"小循环模式"，使得优质资源在"大循环模式"中的作用最大化。

2. 再造科技资源共享的流程

重前期投入、轻过程管理，重前期立项、轻后期成果是传统科技管理体制存在的普遍性弊端。因此，再造共享流程就是要对原有科技资源管理体制中的弊端进行清理，从根本上对科技资源共享的管理机制、投入机制、立项机制等进行彻底改造，降低科技资源共享成本、提升共享质量，促使科技资源共享流程更加柔性化。同时，通过科技资源共享的流程再造，也能够协助各参与方在价值链中寻求准确的定位，明确其参与使命，使其能够更好地融入科技资源共享的协同网络。

3. 建立科技资源共享机制

一方面，在科技资源共享流程再造的基础上建立科技资源共享机制，厘清科

技资源共享协同网络中各主体、各部门自身运行及相互沟通的形式；另一方面，通过组织保障机制、利益引导与协调机制、协同作业机制等制度保障促使科技创新平台能够及时准确地识别影响科技资源共享的因素，奠定科技资源共享平台治理结构设计的基础。

4. 设计科技资源共享的治理体系

从广义上来说，治理体系即指为了实现资源的有效配置，用于制衡组织所有者、经营者与劳动者三大主体间关系的所有机制与制度。科技资源共享机制中政府、企业、科研机构、高等院校、行业协会等均是设计科技资源共享平台治理体系的主体与客体。因此，在科技资源共享机制中对其治理体系进行设计也是为了对各主体之间的利益关系进行制衡，最终确保资源在各主体间的高效配置。

5. 优化组合科技资源共享的政策思路

多数情况下，科技资源共享过程中的主导者是政府，但政府在整合多元主体的利益诉求、明晰科技资源产权归属、协调科技资源共享等方面都面临着极大难题。科技资源共享的政策措施优化组合成为化解这一难题的可能性手段。通过一系列首尾相接的多层次、多区域、多主体政策保障链条确保科技资源共享领域政策体系的协调性与完整性。政策制定也因此更具开放性和反馈性，科技资源共享平台的管理绩效也得以改善。

三、行为互动：多元主体间的良性协作

1. 科技创新平台治理体系中三大部门（三边）及其角色定位

为更好地定位及了解各主体在地方科技创新平台治理体系运行过程中的角色，我国学者许强和杨艳（2010）通过引入生物学领域的三螺旋模型，对科技创新过程中政府、企业、高校和科研院所这三大主要部门的角色定位进行了详细阐述。相较于传统的线性创新模型，三螺旋理论的创新性在于其看到的不是单一主体的突出性作用，同时强调政府、企业、高校和科研院所间信息与资源的分享、交流与沟通。三大主体构成相互作用、互惠互利的多元重叠关系，且在科技创新的不同阶段通过合理的结构安排与制度设计确保这种重叠关系的顺利相处。其共同利益追求在于实现科技资源创新能力的提升以及社会价值的创造。政府在其中主要通过政策法规制定、价值定位引导等为地方科技创新平台治理体系建设营造良好氛围。其中既包含国家层面的政府机关部门，也包括地方性和区域性政府部门。企业在地方科技创新平台治理体系中处于核心地位。高校和科研院所是地方

科技创新平台治理体系的重要知识理论、科技成果、人才培养的产出机构。地方科技创新平台治理体系中科技创新产品的呈现一般历经初期产品构思、产品开发与研制、产品成型及市场化阶段。政府、企业、高校和科研院所在科技创新产品发展的不同阶段的角色定位也不相同（许强和杨艳，2010）（表3-2）。

表3-2　三大部门在创新各阶段的角色定位

创新链		产品构思	产品开发与研制		产品成型及市场化		
			产品研发	研究结果	小试中试	批量生产	商业化
功能要素		信息咨询	解决技术难题，产品设计		试验与检测服务	解决技术问题，提供培训服务	
三大部门角色定位	政府	方向引导，制定优惠政策和激励制度	协调各方活动，提供部分公共资金支持		推动技术成果转移，助力新产品开发和市场化		
	企业	分析市场需求	提供部分资金和设备，全过程参与研发，提高研发实力		进行小试中试直至批量生产		
	高校、科研院所	根据需求确定研发方向	研究部门利用先进的设备和专业研发人员进行技术攻关和创新		对产品样机进行检测或提供试验条件，协助解决商业化过程中的技术和人员培训问题		

首先，在产品构思的创新初期阶段，政府通过举办专家座谈会等形式确定技术研发方向，并制定相应的政策法规和激励制度。企业则充分发挥其敏锐的市场分析能力判断最新的市场需求。高校和科研院所则依据企业发出的市场需求信息确定最终的研发方向。其次，在产品进入开发与研制阶段时，高校和科研院所依托其丰富的知识储备及科技人才资源，成为攻克关键性及共性技术难关的核心力量。企业为这一阶段的科技创新活动提供资金和设备支持。政府则在这一阶段也会给予一定公共资金支持，但组织和协调各方科技创新活动，保证平台高效持续运作仍是其主要任务。当科技创新活动步入最后的产品成型及市场化阶段时，企业将对科技创新研发成果进行小试中试，并对确定投入市场化的科技创新产品进行批量化生产。该过程中可能会遭遇一些技术性难题，这就需要依靠高校和科研院所进行解决。政府在这一阶段主要通过出台各项优惠政策对科技创新成果的推广和应用进行积极引导和鼓励。

2. 科技创新平台多元主体之间高效协调

除了需要对各主体的角色进行明确定位外，地方科技创新平台治理体系多元主体间的良性互动还需通过多种手段对多元主体间的关系加以协调，从而确保科技创新平台治理体系内各主体优势资源的高效发挥及主体间优势资源的互补。

（1）加强信息基础设施建设，加大知识在平台内的快速流动，使知识溢出效应最大化。地方科技创新平台治理体系内的知识形态既包含政策信息、服务信息、创新技术的最新进展等各类显性和隐性知识，同时也包含政府、企业、高校和科研院所等主体在创新过程中频繁互动、深入交流的第三种形态知识。因此，多样化的知识形态要求强有力的信息基础设施作为支撑，如数据库、网络交流平台等，来提升知识在各大主体间流动的速度和交换频率，加快新观念、新思想和新技术的扩散速度，缩短各主体对各类信息的接受和响应时间，提高科技创新成果转化的市场化速度，在知识溢出效应最大化的基础上实现平台创新效率的整体提升。

（2）强调政府对平台建设的引导和协调作用，鼓励多种类型的企业参与平台建设，创新各主体间相互作用的方式。企业的利益取向与高校、科研院所的公益取向促使政府必须扮演引导者和协调者角色。这就需要积极鼓励多种类型的企业参与平台建设，发挥其对平台治理体系建设与发展方向的"市场需求嗅觉"优势。同时，政府可以通过优惠政策和激励制度等激发各主体参与的动力，通过人才流动、合作研究、知识共享等方式创新各主体间互动合作的形式，调节人才、技术、知识等在各主体间的双向及多向有序流动，加快科技创新成果的研发及市场化进程，促进地方科技创新平台治理体系中各主体间的良性互动。

（3）深化地方科技创新平台治理体系的区域合作与国际合作，扩展科技创新平台的视野范围。经济全球化及各国对科技资源的高度重视，迫切要求地方科技创新平台深化国内与国际合作，以此吸收国内国际先进的科技资源及成果，促进各地各国知识资源的流动与合作。地方科技创新平台治理体系的建设与发展是一个开放、包容、多元的系统。通过加强区域和国际合作，其本身基于利益重组的技术转移，既能够提升合作双方创新技术水平，也能够提升科技创新成果的市场价值。总而言之，地方科技创新平台治理体系的建设与发展既要着眼于平台内部多元主体之间的高效协调关系，也要注重平台外部的国内国际交流与合作，提升地方科技创新平台治理体系的整体治理效能。

第四章　国内科技创新平台的治理模式

科技创新平台是科技创新体系的重要组成部分。我国科技创新平台经过多年发展，形成了企业主导、高校主导、校企共建、政府主导四种科技创新平台治理模式。不同的治理模式在科技创新领域优势及效力不同，在满足国家及社会多元需求方面的功能也有差异。随着创新国家战略及经济发展的不断变化，我国科技创新平台也逐渐向标准化、规范化及精细化方向发展。通过解析不同科技创新平台治理模式，归纳各自优势及风险，可为促进我国科技创新稳步提升和平台建设快速发展提供有力指导。

第一节　我国科技创新平台的发展历程

科技创新平台通过集聚整合科技资源、开放共享数据及服务科学研究和技术开发来促进全社会科技创新、提升科技公共服务水平。从中华人民共和国成立初期到现在，我国科技创新平台建设经历了从无到有，从萌芽到蓬勃发展的过程。对我国国内科技创新平台建设历程进行梳理和回顾，总结各个阶段平台建设的实践经验，可为新时代科技创新平台治理体系现代化提供思路和参考。

一、萌芽发展阶段：中华人民共和国成立至改革开放初期

中华人民共和国成立至改革开放初期，"创新平台"的概念尚未出现。在这一阶段虽然我国科技事业经历了曲折的发展，但在科技领域取得的巨大成就为科技创新平台的萌芽提供了合适的土壤，也为科技创新平台的继续发展奠定了基础。

第一阶段是中华人民共和国成立初期。中华人民共和国成立初期，我国科技力量薄弱且发展缓慢，科技人才匮乏。但受第二次世界大战新式军事武器的刺激和第二次工业革命的影响，党和政府认识到科技的重要性，高度重视科技工作的开展，建立了科研机构和科学研究体系，制定出一套科技发展规划，为我国科学技术现代化奠定了基础。中华人民共和国成立初期，党和政府十分注重政治精英决策与科学机构在国家体制层面的协调，重要举措之一便是对全国的科研机构进行了完善（尹璐和满佳，2011）。1956 年成立了国家科学技术委员会，与后成立的中国科学技术协会、地质部、中国气象局等机构共同构成了我国初期的科研机构体系。同年，科学技术规划委员会制定了第一个科学技术发展长远规划，即《1956—1967 年科技发展远景规划》，为科技事业的发展提供了政策支持。

第二阶段是动乱时期。1958 年之后，我国科技事业遭到大规模的政治运动的严重破坏，科技发展与进步曾一再受阻，但仍旧取得了"两弹一星"为代表的一系列重大科技成果。

第三阶段是改革开放初期。这一时期我国科技事业进入蓬勃发展的新时期。1978 年，党中央、国务院召开全国科学大会，恢复科技管理部门、重建科技研究机构。此后，我国的科技建设工作逐步全面恢复。20 世纪 80 年代开始，随着星火计划、火炬计划、国家重点新产品计划和重点科技成果推广计划等一系列科技计划的实施，国内建立了许多能够支撑科技项目实施的产业化基地。在此过程中，科技基础设施、自然资源、科学仪器、科学数据等基础性资源不断增多，为以后科研机构的科研工作积累了大量科技资源。

中华人民共和国成立初期到改革开放初期，科技事业和科研工作的曲折发展，使得国家整体科技条件得到了天翻地覆的改变，国家科技创新实力得到明显的提升，已初步具备了对外服务和共享的基础，也为以后科技创新平台的建设和发展打下了坚实的基础。

二、初步发展阶段：1984~2004 年

改革开放后，我国整体科技创新能力较之以往有更大的发展和进步，但是与国际先进水平相比，仍旧存在很大差距。一方面，科技基础硬件环境建设相对落后，开展科研活动的必要条件不足；另一方面，软环境建设上，科技资源无法实现有效共享，难以实现资源的有效配置与效益的最大化。为了破解科技资源共享困境，合理有效利用现有的科技资源，必须建立起具有公益性、共享性、集成性的科技创新平台。创新平台的概念首先由美国竞争力委员会提出，用此表示创新过程中不可缺少的要素：前沿研究成果与科技人才的可获得性；促进创新理念向

产品、服务和财富转化的财务、法规和资本条件；保障创新者投资回报的知识产权保护措施和市场准入门槛等。创新平台的提出为科技创新的发展提供了新的发展思路和方向。创新平台建设正是为打破以往国内科技工作人员采用"小作坊"式的方法获取和分享有限的科技资源的局面提供了行之有效的方案。通过积极发挥创新平台的优势，采用"大兵团"作战的方式，能够实现国内有限科技资源的有效共享和高效使用。

在科技基础条件平台建设的潮流之下，我国于2002年正式启动实施平台专项计划，科技部组织相关各部门对科技基础条件薄弱等长期困扰科技界的相关问题展开了讨论，提出了建设"科技大平台"的设想（王桂凤和卢凡，2006）。随后组织起草了《关于加强科技基础条件平台建设的意见》。2002年7月，科技部组织成立了"国家科技基础条件平台建设"领导小组及其总体研究组和七个专题研究组，标志着我国国家科技基础平台战略研究工作正式启动。同年9月，科技部、财政部、教育部等部门联合启动了国家科技基础条件平台建设重点领域试点项目。12月，科技部成立专门的研究小组细化"国家科技基础条件平台"的结构模式，研究"国家科技基础条件平台建设实施方案"。

国家层面的重视和大力推动，为科技平台的建设和发展增添了新动力，同时也扫除了障碍。2003年7月，科技部成立了由16个部门组成的"国家科技基础条件平台建设"部际联席会议机制。2004年，科技部、国家发展和改革委员会、教育部、财政部制定的《2004—2010年国家科技基础条件平台建设纲要》为接下来科技基础条件平台的建设重点指明了方向。从改革开放初期至2004年这一时期是我国科技创新平台应势而生并得到初步发展的阶段。在这个过程中得到了国家政策的全力支持，技术创新平台的初期形态已在各地相继出现。上海市成立了上海研发公共服务平台，这类科技创新服务平台的建设为上海市区域经济的发展增添了动力，科技、企业界等对科技资源共建共享的理念越来越认同。浙江、江苏、广东、湖北等各地的科技平台相继涌现，开展不同程度的平台建设工作。这一时期的科技基础条件平台建设的重点关注科技资源的整合和共享，有效地解决了以往资源分散、浪费的问题。

三、快速发展阶段：2004年至今

2004年后，我国的科技基础条件平台取得了较快的发展，科技创新平台建设也得到了初步发展。2005年7月《"十一五"国家科技基础条件平台建设实施意见》发布，经过三年试点，科技部和财政部正式启动了国家科技基础条件平台建设专项，组织实施了38项重点建设任务。这些科技基础条件平台以提高科技创新能力、促进资源整合与共享为主要目标,为科学研究和技术创新提供了强有力的支撑。"十一五"期间,科技部每年都积极对中央大类科技资源进行调查,并从2009 年开始积极推动区域化技术创新服务平台建设。各省区市也开始逐步构建面向企业和产业发展的科技创新资源服务平台,并取得了快速发展和进步。随着科技创新平台建设纳入国家"十二五"规划,科技部制定了《国家"十二五"科学和技术发展计划》,更加重视加强科技创新基地和平台建设。在此期间,《关于开展国家科技基础条件平台认定和绩效考核工作的通知》《国家科技基础条件平台认定指标》等政策文件的陆续出台为规范科技创新平台的运行管理、提高科技平台共享服务水平提供了参考和指导。"十三五"期间,我国科技创新进入大有可为的战略机遇期,科技创新处在更加重要的战略位置,建设更高水平的科技创新基地和平台成为"十三五"时期对国家科技创新规划的重要内容。《中华人民共和国国民经济和社会发展第十四个五年规划和2035 年远景目标纲要》中明确提出要推进科研院所、高等院校和企业科研力量优化配置和资源共享。支持发展新型研究型大学、新型研发机构等新型创新主体,推动投入主体多元化、管理制度现代化、运行机制市场化、用人机制灵活化。支持产业共性基础技术研发等战略为科技创新平台的规范高效治理提供了政策支撑。

第二节　企业主导科技创新平台治理模式

企业作为科技创新平台核心竞争力的载体,也是科技创新平台建立的关键。企业主导的科技创新平台以企业为平台建设、运行的主导力量,其行为模式、运作方式和管理方法根源于市场(钟无涯等,2014),这使得企业主导的科技创新平台在提升科技创新整体效率方面具有显著优势。

一、企业主导科技创新平台的发展概述

1. 企业主导科技创新平台的基本概念

企业主导科技创新平台一般由企业或高校牵头组建,是市场带动型的科技创新平台,主要凭借当地优越条件自发形成。平台牵头的主体在所处行业或地域拥有相对较强实力和较大影响力。企业主导科技创新平台以开展应用研究为主,其研究内容和项目与企业的发展和实际利益息息相关,着重解决企业的实际效益问题。企业作为平台的投资主体,往往自主运营、自主决策,在科研项目的筛选和

评价环节起着关键作用，同时也承担着相应的风险。

具体而言，企业主导的科技创新平台以企业为主体，以政府为推动，以市场为导向，与高校、科研院所合作，集企业、高校、科研院所等多方资源共同建立，为企业科技创新提供从研发到中试再到产业化的一体化技术服务（施利毅和陈秋玲，2017）。在企业为主导模式下，政府也承担着相应职责，包括但不限于出台相关优惠政策和财政支持，营造良好创新环境，为该类平台提供发展机会。

2. 企业主导科技创新平台的运营模式与运行动力

1）企业主导科技创新平台的运营模式

平台的运营主体性质与资源的获取、整合能力关系密切。运营主体的相关特质、规划运营能力和水平也会影响创新平台的成果产出和创新效率。如果说政府主体在掌握整体概况、谋划和聚合全局资源上具有优势，那么企业则在局部和微观层面更具有灵活性和自主性。

如上文所述，企业主导科技创新平台运行模式可分为纯粹的企业运营模式和国企运营模式。国企本身的性质决定了其生产运营受到国家和政府政策的影响比较大。它本质上并没有脱离出政府主导科技创新平台的范畴。政府在其资金投入、人员配备等整体运作过程中起着重要作用，往往通过行政力量解决在运营过程中遇到的难题，其科技成果为社会提供公共服务所使用，是企业主导与政府领导的结合。由于科技型企业大部分属于股份制，其主导的科技平台产出科技成果的出发点是追求更好的经济效益，以逐利为目标。平台的建设规模、人员配备、建设周期等均由企业管理层根据所产出科技成果的市场效益来做出决策。所以，其科技成果通常是面向市场提供有偿服务，从而获得利润，并以市场的需求为导向生产和研发科技产品，产品的盈利状况直接会影响到企业的发展。市场化趋向的运营模式也必定要承担由市场变化带来的风险。企业主导科技创新平台必须对整个企业的发展方向、研发目的、平台运营、平台维护和管理有清晰的认知和把握，具有把握市场动向的敏锐性，才能够有效趋利避害获得预期的经营效益。

2）企业主导科技创新平台的运行动力

企业不同于政府，它以追求经济利润最大化为目标。因为企业做出主导科技创新平台的决策时也是经过利益权衡后得出的。因此，促使其运行的根本动力是提高企业科技创新能力和水平，研发科技产品以实现利润的最大化。

一方面，企业主导科技创新平台是与高校、科研机构及政府组织相互联系的，从交易成本的角度来看，这样的联合有助于减少企业的创新成本和技术研发过程中的不确定性。企业主体在市场信息获取、市场需求定位上存在显著优势，但基础性研究不足、技术科研能力有限、无法及时跟进市场需求阻碍其获得更多发展机会。企业参与科技创新平台的建设，可以利用科研平台为企业提供更多有针对性的帮助。面对瞬息万变的市场需求，技术创新成为企业在市场竞争中取得胜利的关键所在。当企业需要项目形式和技术创新时，自身并不一定有着独立的研发能力和配套资源进行技术攻关，即使可以做到这些也需要耗费太多时间和金钱成本，加重企业管理运营的负担。这种需求就会转化成为企业寻求产学研合作和搭建技术创新平台的动力，从而积极组织并参与平台建设。

另一方面，企业主导科技创新平台进行产学研合作，能够为企业的发展提供有效且丰富的技术资源、高素质的人力资源和优质的教育资源等。与高校和科研机构的合作，也可以为企业提供专业的技术咨询和人员培训，为企业减少成本的同时也提供了宝贵的发展经验，也是促使企业进行科技平台建设的动力所在。

3. 企业主导科技创新平台的运行困境

首先，企业平台基础条件建设还不够完善。科技创新平台虽然经历了蓬勃发展期，但由企业主导的科技创新平台基础条件发展尚不完善，导致很多企业的管理层并没有对科技创新平台发展寄予充分的期待，认为科技创新平台无法给企业带来直接的经济效益，资金的投入可有可无（谭金星，2016）。企业的逐利倾向可能会使得管理层选择放弃对创新平台建设的资金投入，然而平台建设的大部分资金只能从企业投资中获得。供给创新平台所需的仪器设备欠缺、平台原有基础设施难以满足不断变化的科研需求，使得技术创新难以开展，研发试验过程受阻。缺乏行之有效的科研实践，相关的研究工作只能停留在理论层面。技术研发具有系统性，假如将研发失败的科技成果投放到市场上，将会有损企业的整体形象和经济效益。

其次，企业主导科技创新平台人才管理缺乏保障。前面提到以经济效益最大化为目标的企业不够重视科技平台的建设，还体现在对平台人力资源的保障和管理上。大多数企业认为无须为企业的技术研发提供专门的研发团队和专职人员配备，往往是在企业有技术研发需要时临时组建团队，研发结束后人员"四散各处"，导致研发效率低下。另外，企业内从事科技创新平台工作的人员薪资收入相对于其他部门缺乏吸引力，职业发展规划不清楚、前景不明确，导致平台人才得不到充分的人才保障。

最后，管理体制和绩效考核机制也不完善。企业对科技创新平台建设重视不足，导致其无暇顾及科技创新平台的管理和人员考核，管理和考核往往流于形式，未能从科技创新平台技术人员工作的特殊性出发，制定出符合平台管理的考核机制。平台考核机制与科技创新成果出现脱节，科研人员所取得的技术创新成果并不是企业对其进行绩效考核的标准，导致绩效考核不能直接体现在个人的薪资水平上，技术研发工作人员缺乏积极性。

二、企业主导科技创新平台的市场需求匹配优势与局限

产学研合作的技术创新平台为高校和科研机构科研成果的转化提供了良好的机会。以市场需求为导向的企业主导的科技创新平台之所以能够"适销对路"，合理利用高校和科研机构浪费或闲置的科研成果并将其转化为生产力，其原因在于企业主导科技创新平台相对于以政府、高校为主导的创新平台更具有市场化优势，但该类平台在运行与市场需求匹配性上也存在诸多局限性。

1. 市场需求匹配自主性优势

企业主导的科技创新平台自主性强，运营机制机动灵活。首先，企业主导的科技创新平台以企业自主管理和运营为主，政府给予了平台更多自由管理空间，使得创新主体的积极性得以提升，实现研发过程有的放矢，减少不符合企业要求的风险（施利毅和陈秋玲，2017）。企业主体运营的灵活性与管理的市场性均能得到有效发挥，企业可根据市场动向自主开展技术研发工作，选择和设计技术产品，不必听命于政府而生产与市场需求不相符合的产品。其次，企业主导的科技创新平台更具市场敏感性。企业最熟悉市场环境、贴近并适应市场需求，因而其主导的科技创新平台的市场敏感性、连续性更强。产品和技术更新换代极快的某些行业科技创新平台要实现可持续运营，就须以企业为主导。最后，企业主导的科技创新平台延展性和包容性更强，主要体现在其根据市场变化及时调整技术研发进程更加灵活，受其他外部因素影响小，能够将科技成果与市场需求相结合。

2. 市场需求匹配的局限性

不可否认的是，企业对社会资源获取能力有限，聚合社会资源能力较弱，使得平台在对社会资源的获取和利用上存在很大的局限性。作为自负盈亏的营利性组织，企业所做出的决策都存在潜在风险，且这些风险均由企业承担。同时，就科技创新平台自身性质而言，企业主导的科技创新平台运营和发展易受市场价格波动和研发项目竞争的机会成本的约束，同时也会受到市场变化带来的风险的影响。因此，企业主导型平台若要取得较高的经济效益，需要争取其投资和研发项目能够契合市场变化并且科技成果能迅速投入市场并取得回报，但要考虑到平台自身的运营特质，企业主导型平台需要避免对长周期行业和高风险项目的投资。最后，与政府主导型平台主要发挥其公益性、共享性等的社会效益而进行科技产品的研发不同，企业主导型平台所研发的科技成果相对封闭，研发成果的产权最

终由企业所拥有，很多科技成果难以有效推广，使得成果效用发挥不足，长此以往，可能形成某一行业的垄断现象。

三、企业主导科技创新平台治理效能的条件保障

企业是科技创新产业链的关键主体。以科技创新平台为依托，强化企业的主体地位，促进产学研用协同创新是实现国家创新体系整体效能提升的重要途径。

1. 促进创新平台与企业、产业的紧密结合

正确认识科技创新平台在企业和产业发展中的重要地位。一方面，平台的发展要与产业发展紧密结合。面对新形势新要求，产业结构的升级和转变日益变化，创新平台的建设需要紧密贴近产业发展，展开科技研发和创新工作，提高科技体制机制与经济社会发展和国际竞争的要求的适应度。另一方面，创新平台的建设要服务和贴近于企业。鼓励科研人员研究工作与围绕市场需求相结合，鼓励科研人员以知识产权参加企业股份，在调动科研人员科技成果转化积极性的同时构建科研人员与企业的利益共同体。因此，科研成果能够为企业带来颇为丰厚的收益，企业一旦从中获利也必定会加大对科技创新平台的资金投入和支持。

2. 推进平台运营的市场化管理

引入市场化机制是提升平台服务功能的有效手段。鉴于政府的宏观调控功能在技术、人才和资金市场发展方面的关键引导作用，科技创新平台运营阶段也需要与政府部门相协调，通过大量引入社会资本和私人资本，充分调动各方参与科技创新平台管理的积极性。在企业主导下协同合作过程中，发挥政府部门在引导市场发展方面的优势，制定和调整有助于科技成果转化的相关政策，促进科技成果转化与企业技术创新的结合（荣先恒，2012），有效推进科技成果转化为现实生产力。另外，科技创新平台需要明确自身主要职能，以企业为主体对内进行科研生产，对外提供有偿服务，要明确科技创新平台的主要职能与科研、教学等工作领域之间的界限，加强对科研过程与成果的管理，明确企业和市场需求，推进科技创新工作的开展。最后，完善对平台科研人员的绩效考核和激励机制。有效的管理体制和机制能够推动平台创新工作快速发展。适当提高平台技术人员的薪资水平，建立创新成果激励机制，为科研人员提供良好的创新环境，提高技术研发的原动力。

3. 建立企业主导产业技术研发创新的体制机制

创建以企业为主体的科技创新体制，需要企业不断强大和发展自己（谭金星，2016），以创新平台建设为抓手，吸引集聚创新要素，不断完善科技平台创新体系，实现企业由自主创新、合作创新到引进吸收再创新的崭新局面，让创新平台成为企业科技要素的集聚地，在促进平台发展的同时为企业增添活力。

建立企业主导的产业技术研发创新机制体制需要多措并举。在政府及社会各方面支持和帮助下，加大对企业中科技创新力量的重视程度，提升企业的科技创新能力。例如，政府主导建立健全针对企业科技创新的公共服务体系、完善科技创新投融资机制、规范和完善企业自主知识产权管理等。强化企业在科技研发投入、科研组织、成果转化和技术创新决策中的主体作用，鼓励企业积极牵头或参与国家科技项目决策，鼓励企业提升自主科技研发能力。另外，高校和科研院所也要充分发挥人才、技术等创新要素的供给、传播功能。支持企业与高校、科研院所联合组建科技创新平台或联盟，合作攻关基础研究和国家、社会、市场急需的新兴技术，真正实现产学研用一体化。

四、相关案例：上海电气集团中央研究院

上海电气集团是我国最大的装备制造企业之一，其历史可追溯到19世纪末的上海大隆机器厂。上海电气集团旗下拥有控股公司近三百家、上市公司七家，整体规模庞大，集团科技资源分散在各个产业集团和控股公司中，造成科研资源重复投入，带来了巨大的资源浪费和损失。为应对这些问题，提升集团的整体科技创新能力，2004年上海电气集团建立了上海电气集团中央研究院，而后逐步建立起以中央研究院为核心、集团其他科研院所及多个技术中心共同组成的技术创新体系。上海电气集团中央研究院的基本组织结构见图4-1。

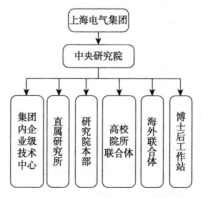

图 4-1　上海电气集团中央研究院的基本组织结构

在上海电气集团的规划安排下，中央研究院的功能主要定位为科技管理中心、产业规划中心、技术资源整合中心和技术研究中心、人才集合中心（翟青等，2016）。首先是科技管理中心。中央研究院负责组织集团下属企业对各自拥有的自主知识产权加以归纳、汇总并在集团内部共享，通过收集、整理、分析下属企业在技术研发方面的数据等材料，为集团高层提供决策建议，同时也基于这些材料对下属企业研发成果进行评价，为集团高层对下属企业的年终考评提供依据。中央研究院起到促进集团知识产权及技术成果在集团内部交流共享的传递纽带作用。其次是产业规划中心。中央研究院负责引入产品、技术规划以及最先进的市场管理方法，组织不同产业板块的下属企业，针对产业发展趋势、市场竞争状况、集团资源使用等进行全方位的综合评价，向集团高层提出业务组合调整的建议与决策支持。再次是技术资源整合中心和技术研究中心。集合集团内研究机构和外部专家、设备等人财物资源，组建进行前瞻性技术领域研究的研发团队、专业研究室及实验室、跨地域的实体研发机构，破解阻碍集团发展的技术难关，为集团下属企业乃至整个产业板块提供技术性问题的解决方案。最后是人才集合中心。作为中央研究院的基本职能，在初期阶段，中央研究院需要面向社会招募知识产权管理、项目管理等领域的专业人才；在较为成熟的阶段，则主要是吸引专业技术型人才及与产业相关的学科带头人参与。这些具有战略意义的中心彼此依赖、相互配合。

第三节　高校主导科技创新平台治理模式

高校作为科技创新平台的前沿阵地，在多方资源供应与匹配方面存在独特优势，是我国科技创新平台发展的主要助推力。高校主导科技创新平台能够为科技创新及成果转化注入源源不断的动力。高校主导下的科技创新平台可以借助学科、人才及技术优势来完善平台治理模式，促进产学研融合双赢新局面。

一、高校主导科技创新平台的发展概述

1. 高校主导科技创新平台的概念

高校主导科技创新平台是地方科技创新平台的重要治理模式。高校主导的科技创新平台是由政府倡导，企业与科研院所紧密合作，并且由科技中介组织和金融机构积极参与的科研战略联盟（于国波等，2007）。科研团队、项目和设备是

该类平台的三大基本构成要素。科研团队作为元创新组织，对于一流学科的建设、一流人才的培养、一流成果的产出具有重要意义。科技人才是高校科技创新平台的核心，由于科研项目本身具有滞后性、高风险性和不可预见性，要求科技创新平台通过信息化手段培养专业化的科技管理人才。

高校主导科技创新平台并不是各参与主体的简单组合，而是政府、高校、企业、金融机构、中介机构和辅助机构积极参与并紧密合作，实现政、产、学、研、用有机结合的高级形式。经济全球化、区域经济一体化以及国家科技强国战略推行为高校主导科技创新平台的发展提供了宏观的外部环境，而现代信息技术的迅猛发展则为这类科技创新平台的运行提供了技术动力支持。

2. 高校主导科技创新平台的运行机制与合作动力

1) 高校主导科技创新平台的运行机制

高校主导科技创新平台合作关系的维系源自各方共同的战略目标和愿景，具有合作主体的开放性、合作关系的平等性、合作目标的战略性、整体利益的互补性等特点。

首先，合作主体之间产权清晰。产权划分方式直接影响了科技创新的组织方式和利益划分。高校主导的科技创新平台以科技成果的产业化目标为导向，按照"产业牵引、技术驱动、利益共享"（于国波等，2007）的原则建立合作创新机制，并建立起经济利益与技术成果共享的分配制度，从而避免了因利益分配和知识产权归属问题而导致的纠纷。

其次，扁平化的组织结构。高校主导科技创新平台的管理实行学术委员会和理事会的管理体制。学术委员会由知名学者、行业专家组成，理事会由参与主体的主要领导组成，重大科研项目则实行首席科学家负责制。在企业、金融机构等主体参与的基础上，科技创新平台向国内外招聘知名科学家和相关专业的优秀人才，以科技项目为载体组成具体的研发团队，形成扁平化的组织结构。扁平化的组织结构有利于知识管理的互动，促进参与主体间信息交流和资源共享，并使各个基层组织各司其职、各负其责，便于平台的自我管理和自我评价。

最后，人性化的人力资源管理。由于高校主导的科技创新平台的参与人员具有流动性强、组成复杂的特点，在人力资源管理方面须兼顾人员的内部激励和外部激励，一方面能者尽其才，另一方面须招贤纳士。在人员积极性调动方面，已逐渐形成政策激励、产权激励和文化激励相结合的激励机制。在政策激励方面，对学科带头人和首席科学家实行人才计划，提高其薪资待遇，对创新团队进行适当的经费倾斜，提高基层科研人员的岗位津贴；在产权激励方面，注重保护科技创新成果取得者的产权，对重大科技创新成果实行重奖制；在文化激励方面，注重学习型、竞争型与合作型相结合的文化平台的建设，打造学科多样、氛围融洽、思想自由的互助合作创新平台。人性化的人力资源管理方式是高校主导科技创新平台人才荟萃的重要原因。

2）高校主导科技创新平台的合作动力

高校主导科技创新平台主体合作的内在动力来自提升研发速度和成果转化率、降低研发风险、拓宽投资渠道及避免过度竞争等方面的诉求。

现代科技研究兼具高度分化和高度综合的双重趋势。几乎所有重大科技创新都需要专业的突破和大规模的合作。高校既是专业化的排头兵，也是知识网络交汇的节点。通过高校主导科技创新平台可实现各参与主体间的资源整合与互补，可以形成研发的"规模效应"。通过高校主导下的科技合作机制，创新过程中不同主体和不同环节的参与者之间实现信息的充分交流，有助于消除参与壁垒以实现资源共享、优势互补。通过高校主导科技创新平台的引领与整合，可实现产业创新、技术创新与知识创新的协同发展，提升科技创新平台的综合研发能力，进而加速技术创新和产业化进程，缩短研发周期，获取竞争优势，实现研发速度和成果转化率的提升。

高科技产业兼具高投入、高收益和高风险三重属性。从基础研究成果到放大试验，再到实现产业化，各个环节都需要充分的资金支持。由于技术研发或创新的高难度、高失败率，以及技术更新换代快等因素，科技创新面临着高风险。因此，前期的基础研究往往会因为前景不明确、风险较大、成本较高而不能有效激发企业、金融机构等主体的参与积极性，需要政府提供资金、政策等多方面的支持，并以高校为主要参与者完成基础研究。在形成基础研究成果之后，仅靠高校难以筹集扩大试验所需的各种资源，此时企业、金融机构等主体的参与即可保证科技研发的持续性，有助于分担风险、推动产业化。同时，企业、金融机构等主体的参与在客观上拓宽了投资渠道。风险投资机制的引入对科技体制的改革起到推动作用，并推动科技观念的转变。

竞争是社会主义市场经济的特征之一，科技领域亦不例外。各个高校之间为了各自的建设和发展存在各种各样的竞争，尤其是来自科研院所企业化改革之后的外部竞争。政、产、学、研、用各主体之间除了领导与合作的关系，也不可避免存在博弈。高校主导科技创新平台的合作机制会对传统的胜负观造成冲击，创新主体在展开合作的过程中将重心聚焦到了科技研发的最终结果，而非个人得失，争取正和博弈和合作共赢。通过高校主导科技创新平台，可将分散到不同参与主体的核心竞争力进行整合，降低交易成本，避免资源的重复投入，形成"1+1>2"的竞争优势，避免因过度竞争产生的内耗对科技创新形成制约。

3. 高校主导科技创新平台面临的发展阻碍

高校主导科技创新平台面临的发展阻碍主要体现在两个方面。第一，个人目标与团队目标的不统一，激励机制和支持措施不足，高校教师及科研人员参与积极性受到影响。多数高校以结果为导向的绩效考核指标强调发表论文数、参与项目数、获得专利数、获奖数及排名等客观指标，对科技创新平台参与人员的实际贡献关注不够，不利于资源的最优配置，在一定程度上影响了高校教师和科研人员的积极性。在现行的高校考核要求和人事管理制度下，高校教师及科研人员参与科技创新平台工作，但依然隶属于原有单位，参与平台相关工作对于他们在原岗位上的业绩考评和职称评定并无太大帮助，而且参与科技创新平台的相关规定和激励机制同样缺乏，没有针对性的支持措施，参与积极性难以被调动起来，高校教师及相关科研人员很难拿出充足的时间精力投入平台工作，这也导致了平台人才引进和培养力度不够，高层次的人才资源、科研团队和学术带头人更是不足。第二，平台合作主体间的交流不够充分，不利于参与主体间的合力形成。高校与企业、金融机构之间，以及高校与高校之间，乃至不同研究团队之间的交流不够充分，阻碍了参与主体间合力的形成，不利于资源共享和知识互补。具体而言，地方企业和高校的合作大多为较低层次的线性合作模式，企业与高校之间的多层次、多高校参与的联合攻关较少。平台发展过程中运营成本也在上升，稳定的经费支持对平台来说格外重要，但金融机构为高校科技创新平台提供的资金保障不足。高校与高校、高校与科研院所之间的合作度不高、融合度不深，大多未能建立起学科集群和技术创新联盟。不同科研团队之间的交流不充分，对外开放度不够，科技资源分散在不同研究团队手中，资源共享机制的不健全导致部分团队资源短缺且投入不足，以及资源闲置甚至浪费等现象并存。

二、高校主导科技创新平台的高校资源优势

1. 人才资源

高校汇聚了众多专家学者，各个专业领域的人才梯度分明。高校的科技人才不仅掌握了大量高精尖的知识技能，而且还关注着本领域的发展前沿和动向，是科技创新平台最重要的人才资源宝库。充分利用高校的人力资源，是高校主导科技创新平台实现科技发展和创新的必由之路。首先，应进一步加强人才队伍建设。高校主导科技创新平台的建设涉及高校科技资源的共享，实验设备等高技术含量资源的共享须通过高素质的人才方能实现。重视战略性科学家或大师级学者的引进，并在此基础上搭建科研团队，注重团队协作，组建"大师+团队"的人

才队伍是高校科技平台建设的关键。其次，要结合高校科技创新平台的实际情况，建立合理的人才培训机制。高校科技创新平台的运行与维护以及深入发展需要专业的人才，这些人才既要有扎实的理论基础和过硬的实践能力，同时还要具备一定的管理能力，因此须建立合理的人才培训机制以保障科技创新平台建设和发展的人才需求。

2. 信息资源

高校拥有比较系统的科技信息资源，主要包括纸质资源、数据库资源、电子网络资源等。高校科技信息资源共享主要包括科技信息系统管理、科技信息获取、科技信息发布及科技信息服务等内容。其中，科技信息系统管理包括科技信息系统的开发、运行与维护；科技信息获取包括教学信息资源、科技创新资源的获取以及科技查新与评估；科技信息发布包括科技政策与法规、科研项目与设备相关信息，以及科技领域发展新动态的发布；科技信息服务主要包括科技信息定制、科技信息传递、科技信息交流以及数据库运行与维护等内容。

科技信息资源共享是实现科技创新资源整合和优化配置的重要条件。高校主导科技创新平台可从如下三方面促进高校科技信息的共享。第一，建设和完善科技信息资源共享合作协调机制。高校科技信息共享过程中的参与者成分复杂、涉及面广，因此必须建立相应的共享合作协调机制以协调各方利益，并对科技信息资源共享的宏观发展方向进行把控。高校科技信息共享合作协调机制的构建可从政策法规的健全、组织协调机构的建立、参与者利益的保障三个方面来实现。第二，建立和完善高校科技信息资源共享效率的评估机制和评价指标。高校科技信息资源共享涉及从科研经费的投入到科技成果产出的各个方面，如何对科技信息资源共享的效果进行评价，以及侧重对哪些方面进行评价，须构建和完善相应的评估机制和评价指标，通过评估可以发现信息资源共享中存在的问题，并倒逼共享机制和共享效果的完善。第三，建立科技信息资源共享安全防范机制。高校科技信息往往具有前沿性和机密性，部分科技信息资源限于小范围内共享，因此须建立相应的安全防范机制对科技信息系统进行防护。同时，由于计算机黑客、病毒的入侵等安全隐患的存在，还需加强跟踪检测技术、防火墙技术、病毒防护技术、加密技术等的应用，以保障高校科技信息资源的安全。

3. 共享实验平台

共享实验平台是提升高校主导科技创新平台科技创新能力的重要措施（陈兆夏等，2012）。高校实验平台的共享目的在于整合科技平台的资源、优化科技平台的管理机制。科技资源共享是高校主导科技创新平台的基本特征。通过实验平台的共享可实现科技创新主体间的共赢，因此须彻底转变传统的竞争观，竞争中充满合作，在合作中实现竞争，争取科技体系的整体效益最大化。与此同时，须进一步创新实验平台资源共享的机制体制，通过机制和体制上的改进和创新来打破学科之间、部门之间、团队之间的人为障碍，通过统筹规划、科学高效的管理和运行机制来实现人才培养、学科建设、资源共享和科技创新之间的有机统一。

三、高校与科技创新平台之间的治理契合度

1. 加强科技协同创新

从高校科技创新的实践层面来看，高校与科技创新平台的协同既表现为相互合作，又不仅限于合作，因为科技创新平台受到高校的主导，且协同主体有着各自不同的利益诉求，容易使个体理性凌驾于群体理性之上，造成零和博弈现象。因此，在高校主导下，高校与科技创新平台间的协同在实现资源互惠共享、整体效益最大的同时，还需从宏观层面实现"沟通-协调-合作"的良性互动，以提升高校主导科技创新平台的协同创新效果。

沟通是实现高校主导科技创新平台协同创新的先决条件。知识转移是沟通的重要内容（刘志迎和单洁含，2013），广泛地、多层次地吸收知识是高校主导科技创新平台突破核心技术、保持思想创新、适应发展需求的有效路径。沟通是高校主导科技创新平台各主体打破信息不对称，对彼此形成客观认知，达成合作共识的必要过程。

协调是高校科技创新平台协同创新的关键环节。高校主导科技创新平台的协同创新是以高校、企业、政府、金融机构为主的参与主体在特定需求的指引下进行的科技攻关的创造性活动，具有协作性、原创性和需求导向性特征（徐魁鸿，2015）。在此过程中，高校、政府、企业、金融机构等参与主体应精诚合作、各司其职、各负其责，保障科技创新的顺利进行。

合作是高校科技创新平台协同创新的重要基础。高校、政府、企业、金融机构在各自目标的指引下，履行各自职能：高校在准确把握宏观方向的前提下，通过组织相关科研人员，从事科研活动；政府通过科技政策、立法、财政等政府工具和手段，为协同创新营造适宜的外部环境；企业借助其市场信息和资金、设备等方面的优势条件，积极参与和配合科技创新活动；金融机构在科技创新活动中的作用则主要是提供资金支持。各参与主体在一定时间和空间内必须实现项目的有效对接，从而在分工协作、风险共担、利益共享基础上实现科技协同创新。

2. 高校与科技创新平台相互促进

高校主导的科技平台在基础研究、高新技术开发和国家重大科技计划方面扮演了重要角色，是国家科技创新的生力军（王晴和杭雪花，2010）。因此，高校主导的科技平台在加强协同创新的同时，还需强化原始创新和自主创新能力，以人才和学科优势为基础构建科技创新平台，以此吸引更多更高水平人才并提升学科建设水平，使高校发展与科技创新平台建设相互促进。

科研团队是科技创新实践的载体和基本运行单元，组建高水平的科技创新团队是实现高校发展与科技创新平台建设良性互动的基础。加大对科技创新团队人力、财力和物力的支持，并对资源进行优化配置，使有限的科技资源实现效益的最大化。加大高校主导的科研平台建设力度，可从科研经费的配置与使用、科技平台学术委员会的组建、科技交流与人才引进等方面来实现，并给予相应的政策支持。此外，高校须结合自身特点，组建适合自身实际情况的科技创新团队。以提高科研水平和科技创新能力为目标的团队应定位为研究型，以服务于地方经济和企业发展为宗旨的团队则可定位为应用型。

加大学科交叉融合力度是实现高校与科技创新平台建设相互促进的关键。当代科技创新对学科交叉融合与知识集成的依赖程度越来越高，但高校科技平台的建设容易受到高校科技创新规模小、科技资源和科技人才分散等的制约，各个团队之间的资源封锁已成为平台发展的阻碍。因此，高校须对有限的科技资源进行目标统一的系统性整合，然后进行优化配置，避免资源浪费和平台内耗，并以科技平台的发展为首要目标，积极促进学科间的交叉渗透和相互交流，建立与科技平台相适应的运行、合作与共享机制。

科技创新能力的提升是高校与科技创新平台相互促进的前提。为实现这一目标，高校须构建完善的科技创新机制。为此，高校须在学科建设、绩效考核、科学研究、职称评聘方面采取相关措施。通过完善创新投融资机制，建立科学的评价体系，建立和完善团队协作机制，建立目标管理和政策保障机制等，提升高校科技创新能力，实现高校和科技平台的创新机制的优化，进而促进科技创新平台的发展。

四、相关案例：华中科技大学无锡研究院

华中科技大学无锡研究院（以下简称无锡研究院）是一家以企业化管理模式运作的独立事业法人单位，由华中科技大学机械科学与工程学院和无锡市人民政府于2012年联合共建，位于无锡市惠山区。无锡研究院机构定位明确，主要特色在于"技术立院"，聚焦"卡脖子"技术，解决行业痛点，引领产业升级（丁珊

和李进仪，2018）。无锡研究院借助华中科技大学的优势学科力量，引入科研领域内的最新成果、先进的研究设备资源，以及高素质、高质量人才队伍，不仅取得了一系列自主创新的科研成果，还为当地企业提供科技服务，孵化投资企业，帮助当地企业增加产值累计达两亿元。无锡市地方政府主要是在引导、政策、资金和建设产学研交流机制上为无锡研究院提供重要支持，但在无锡研究院的运作管理方面保留了其自主权，地方政府只负责考核奖助发放。在日常治理中，无锡研究院与地方企业合作进行技术创新并提供技术支持、人员培训、企业运营等方面的服务，为当地孵化培育更多创新型企业，成果转化与推广则由当地企业负责。特别是在创新高端复合型人才的教育培训上，无锡研究院面向当地社会提供高层管理者及专业技术人员教育培训项目，形成了"学习型研发、工程化训练、专业化培训"的人才培养模式。无锡研究院实现理事会领导下的院长负责制，理事会由华中科技大学、无锡市人民政府及惠山区人民政府三方组成，其组织架构图见图4-2。

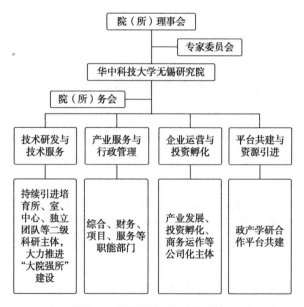

图 4-2　无锡研究院组织架构图

　　作为高校主导科技创新平台的典型案例，无锡研究院的运作经验可为其他同类型的科技创新平台发展提供经验借鉴。首先，无锡研究院是华中科技大学和无锡市惠山区人民政府联合创建的科技创新平台，但华中科技大学发挥主导作用，当地政府的角色是监督者和支持者。由于华中科技大学与当地政府具有较高的资源互补性，在合作过程中融合度较高。其次，由政府推动的扶持机制为无锡研究院的落地和发展提供了有力支持，尤其是无锡研究院运行初期，来自当地政府的各种扶持措施格外重要。在无锡研究院运行初期，地方政府提供优惠的场地，后期还会减免无锡研究院的税收，同时，地方政府积极主动为区域产业和无锡研究院之间的合作对接"牵线搭桥"。当然，地方政府也会外派官员，以理事会成员的身份，管理和监督无锡研究院的运作，不过其程度不会影响高校对于无锡研究院管理运行的主导地位。最后，无锡研究院具有明确的重点研究方向和领域，即基于自身学科优势，针对无锡市惠山区的战略性产业展开科研，为区域战略性产业的发展提供技术支撑。

第四节　校企共建科技创新平台治理模式

校企共建科技创新平台凭借高校与企业间的供需匹配优势，为科技创新的持续、稳定及应用提供了直接与间接的不竭动力。协调、灵活的校企共建科技创新平台在结构体系内部与外部协同整合，增强发展动力，减弱运行阻力，能够有效地加速协同创新的进程。

一、校企共建科技创新平台发展概述

1. 校企共建科技创新平台概念

"校企共建创新平台"的概念可从"校企共建"和"创新平台"两个方面来理解（马艳秋，2009）。"校"是指具备一定科研实力的高等院校，"企"是指具有一定规模的科技型创新企业。"校企合作"的提法相对"校企共建"更为普遍，校企合作的形式主要有共同承担课题、共建重点实验室、共建联合研发中心、共建工程（技术）研究中心、共建区域合作研究院、共建技术开发中心、合作技术开发等。

按照合作关系紧密程度，校企合作可划分为松散型合作和紧密型合作。其中，松散型合作中校企双方没有固定的合作场所和稳定的合作关系，紧密型合作多以科研项目、课题为依托，能够形成稳固的合作关系，具有共担风险、共享利益的合作机制。校企共建科技创新平台具备"基础研究→应用研究→科技创新"的创新链，是一种紧密型的校企合作形式。因此，校企共建科技创新平台可理解为：校企双方基于共同的目标，在优势互补、资源共享、风险共担的前提下，以科研实体为依托，通过系统内部以及系统与环境之间的交流互动，最终实现科技创新的一种科技平台治理模式。校企共建科技创新平台中，校企双方均为独立的法人组织，地位对等，以合作共赢、共同发展为目标。

2. 校企共建科技创新平台结构分析

校企共建科技创新平台的主体可从系统外部和系统内部两个层面进行划分。系统外部，校企共建科技创新平台是优化高校与企业创新资源配置，提升创新能力的一种治理模式，因而其主体除了高校和企业，还包括提供规制、营造宏观环境的政府，参与投资、提供金融支持的金融机构，提供需求、形成外部激励的市场，以及提供技术、信息、资源的其他辅助机构，如其他相关高校、企业等。系统内部，校企共建科技创新平台的建设是高校和企业取长补短、资源共享，促进科技创新的一种治理模式，因而其主体包括高校方面的教师、研究生及其组成的科研团队，企业方面的企业家、研发人员、管理人员等。为更加直观地比较校企共建科技创新平台的内外部主体，绘制校企共建科技创新平台内外部结构图，见图 4-3。

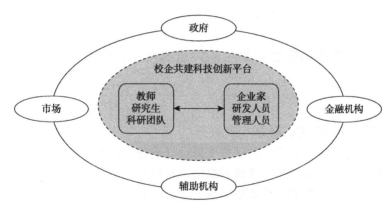

图 4-3 校企共建科技创新平台内外部结构图

3. 校企共建科技创新平台的功能

校企共建科技创新平台的功能主要为整合创新资源、降低创新风险、提升创新能力、调控创新主体关系等。

（1）整合创新资源。资源整合既是校企共建科技创新平台运行的过程，也是其运行的结果，其既包括对科技创新平台内部既有资源的再组合，也包括对科技创新平台外部科技资源的内化。通过科技资源的转化、转移和流动，优化配置科技资源，发挥科技资源在科技创新平台内外部的协同响应作用。

（2）降低创新风险。科技创新活动具有高投入性和高不确定性，因而具有较高风险，与此同时，科技成果的转化和产品的市场化也具有较高风险。高校与企业进行合作，高校可通过企业的信息和资源，降低其科技创新过程中面临的风险。高校与企业共建科技创新平台，则使两者的合作关系制度化、稳定化，消除了合作关系不稳定带来的风险。

（3）提升创新能力。科技创新既是校企共建科技创新平台的主要功能，也是其运行目标。高校和企业由于功能管理理念的差异，长期以来是相对独立的关系，导致高校的科研成果转化率较低，而企业的创新能力不足。校企合作的科技创新平台不仅充分整合了高校和企业的资源，提高了各自的资源利用率，而且对高校而言，提高了高校科技成果转化率，对企业而言，增强了企业的综合竞争力。高校和企业的紧密联系，推动了产学研合作，提升了科技创新效率。

（4）调控创新主体关系。科技合作创新在市场和技术方面存在的不确定性往往会导致"市场失灵"和"系统失灵"等问题（马艳秋，2009）。通过校企合作构建科技创新平台的治理模式，能够有效协调高校和企业等各个参与主体之间的合作关系，提高管理效率。通过强调取长补短、资源共享、互惠互利、合作共赢来实现管理理念的创新，一定程度上可以降低"市场失灵"和"系统失灵"发生的概率，发挥校企共建科技创新平台的调控功能。

二、校企共建科技创新平台的促进机制：增强运行动力

1. 增强平台系统运行的内部动力

1）增强高校科技创新动力

第一，保证高校持续稳定的经费支持。高校拥有从事基础研究的大部分科技资源和科研力量，但高校作为非营利机构，其自身并不产生经济效益，因此经费来源成为高校科技创新能力的重要影响因素。为满足从事科技创新活动所需的经费需求，高校应积极主动地拓展其经费来源，尤其在校企合作过程中，须积极利用企业积极辅助机构的资金优势，借助持续稳定的经费支持来增强自身科技创新动力。

第二，增强高校科技实力。首先，须注重高素质科技人才的培养。在校企合作科技创新过程中，高校传统模式培养的科研人员具有很强的学术能力，但由于缺乏实践经验，难以满足企业对应用型人才的需求，故而高校须以校企合作为契机，提升科研人员的实践水平，培养高素质的综合型科技创新人才。其次，须转换学科设置思路。高校的学科设置具有高度分化的特点，而企业则更多地需要综合型的科技成果，因此要求高校的学科建设在高度分化的基础上转向综合，重新定位学科设置的思路，并对学科建设进行调整，以适应校企合作科技创新对跨学科知识和人才的需求。最后，须开阔科技创新视野。校企合作科技创新过程对高校的实践能力提出了更高的要求，高校须注重对科技前沿和科技成果应用前景的

把握，借助校企合作充分接触和了解市场，提升科技创新的有效性。

第三，提高科技成果转化能力。高校具有雄厚的科技创新能力和高效率的科研产出，但如果科技成果不能应用于实践，那么这种无效的科技创新活动将是对科技资源的一种浪费，也会打击高校科研人员的科研热情和积极性。因此，高校应在校企共建科技创新平台发展过程中积极了解企业对科技成果的需求，提升科技成果的转化能力，提高校企合作的契合度。

2）增强企业科技创新动力

创新是企业获得竞争优势的重要路径，但目前我国企业创新依然存在研发投入力度不够、创新能力待提升等问题，尤其是在资金需求大、人员要求高的科技创新方面。由此，企业在高校共建科技创新平台过程中，须提升其科技创新动力，进而增强科技创新能力以适应市场需求。首先，企业须充分利用高校科技资源优势。高校拥有信息、技术、人才和学科基础知识方面的优势，因而具有协调和解决重大技术问题的优势，校企合作过程中企业应积极利用高校在科技资源方面的优势，促进校企资源共享。其次，企业应积极了解技术前沿。企业的科技创新活动更多是以市场需求为导向的短期创新，缺乏可持续性，校企合作的科技创新实践中，企业必须具备前瞻性发展战略，积极了解并把握技术前沿，形成长远的竞争力。

分担高校科技创新风险。第一，降低高校科技创新实践的不确定性。高校的科技创新活动，尤其是前期的基础研究具有较大的不确定性，降低风险是高校寻求校企合作的重要动因，因此企业应积极与高校共享相关信息和资源，降低高校科技创新实践的不确定性。第二，降低高校研发成本，营利性决定了企业对利润的追逐，而降低成本是获得更多利润的重要途径，企业可在追求利润最大化的同时降低高校的研发成本，促进科技创新的校企合作。第三，缩短高校研发周期，在校企共建科技创新平台中企业可充分利用高校的创新资源，结合自身的优势资源，促进双方科技创新资源的优化配置，由此缩短从基础研究到成果转化的研发周期。

2. 增强平台系统运行的外部动力

1）加大政府方面的支持

政府在校企共建科技创新平台过程中起着营造外部环境的作用。在平台建设前期，政府须通过制定相关政策、制定和完善相关规章制度，为高校和企业的合作营造适宜的氛围，引导二者走向合作。在平台建设过程中，政府须进一步对校企合作进行规范，并对合作中出现的矛盾和冲突进行调解。

2）充分发挥市场的拉动作用

科技创新成果的应用和转化是科技创新活动的最终目的。现有的市场需求和未来的潜在需求、市场的激烈竞争，以及消费者对科技创新成果的认可，均为科技创新平台科技创新活动的动力。校企共建科技创新平台过程中，需要充分发挥市场的拉动作用，以此促进校企的深度合作。

3）充分发挥金融机构和辅助机构的支持作用

金融机构可以为校企共建科技创新平台的发展提供资金支持。辅助机构可以有效促进校企双方合作。金融机构方面，可通过进一步健全信用担保体系，降低科技企业信贷成本和门槛，开展创业投资联动，创新银行服务，扩展间接融资渠道等方式服务于校企共建科技创新平台的建设。辅助机构方面，可通过建立培训机构、交流机构、咨询机构、信息机构、评估机构等方式，促进校企双方的理解、沟通与合作，并依托信息、技术、管理、人才等方面的相对优势，为校企共建科技创新平台提供各种服务，拉动科技创新平台的发展。

三、校企共建科技创新平台的协调机制：减少运行阻力

1. 减小平台系统运行的内部阻力

1）减小思想观念的阻力

近年来，随着社会经济的发展和科技需求的增长，高校和企业对于共建科技创新平台进行合作创新的科技平台治理模式的重视程度均有所提高。但校企合作创新过程中依然存在思想观念方面的阻力。高校方面，现有的绩效评估体系多数将科技成果，尤其是论文的数量和学术水平放在首位，而对科技成果的转化效率、科技成果的经济价值、科技创新的有效性重视不够，并且与企业合作的积极性有待提高。企业方面，仍以科技创新成果，尤其是技术引进为主，而忽视了对成果的消化与再创新，并且对提升自身科研实力的重视程度有所欠缺。因此，校企合作科技创新平台建设过程中，校企双方首先应积极转变各自的思想观念，减少思想观念方面的阻力。

2）减小沟通的阻力

高校与企业的沟通阻力主要来自两个方面。一是高校与企业的定位与价值取向的差异，导致双方在科技创新合作过程中关注的侧重点不同，进而产生沟通障碍。二是高校与企业间的人员流动性不足，校企共建科技创新平台过程中，虽然高校与企业之间不可避免会存在联系，但往往是个人层面的、非正式的、非常态化的交流，校企之间的沟通障碍不利于建立正式的、稳定的战略伙伴关系。

3）消除利益分配的阻力

校企共建科技创新平台的利益分配既包括科技创新合作带来的直接收益的分配，也包括产权、专利、商标等知识产权的归属问题，以及无形资产的分配问

题。由于高校和企业的定位与价值取向存在差异，利益分配过程中彼此的认定标准必定会存在差异甚至是冲突，对科技平台的发展形成阻碍。此外，校企共建科技创新平台的科技资源主要由校企双方提供并进行共享，校企双方所提供的资源本身就存在价值不对等，双方的资源价值折合标准不同，加之资源分配时难以避免不均衡问题，导致双方科技创新合作中容易产生利益分歧。因此，消除校企双方科技创新合作过程中利益分配方面的阻力，对于校企共建科技创新平台的发展至关重要。

2. 减小平台系统运行的外部阻力

1）减小规制阻力

公平、有序的科技环境和产业环境是校企合作科技创新的基本前提。政府作为宏观科技环境的营造者，需要制定相关政策、法规，促进科技资源配置的合理化，保护高校和企业的利益，激发其积极性，进而推动校企共建科技创新平台的发展。但政府的参与须遵循适度原则，如果规制过多，会影响校企共建科技创新平台的自由发展，使之丧失应有的活力和积极性。

2）减小市场阻力

市场通过需求和竞争对校企共建科技创新平台的发展形成拉动作用，但市场可能会出现市场失灵与信息不对称，不能实现科技资源在科技创新平台之间的有效配置，提高交易成本，形成不良偏好，最终阻碍科技创新平台的发展。因此，政府应积极参与市场运行，规范市场行为，减小甚至消除市场阻力，实现科技资源的有效配置。

3）减小融资阻力

目前，金融机构在科技创新活动方面的融资大多用于科技成果转化和应用研究方面，而对前期基础研究融资很少，甚至部分金融机构限制对前期基础研究提供贷款，故而金融机构的投资无法成为科技创新活动的主要经费来源，一定程度上对校企共建科技创新平台的发展形成了制约。由于企业具有营利性，企业性质的科技创新风险相对较小，在校企共建科技创新平台过程中金融机构应适当提高对基础研究的融资比例，以风险投资的形式为校企共建科技创新平台的发展提供资金支持。

四、相关案例：浙江大学创新技术研究院

浙江大学创新技术研究院（以下简称创新院）于 2012 年 9 月成立，是一所由浙江大学圆正控股集团有限公司控股，多家民营企业和上市公司参股的具备现代

企业制度的新型企业，是校企共建科技创新平台的典型代表。除了高校和企业，杭州市也与创新院合作成立了杭州市工业技术研究院。创新院的设立旨在孵化和培育区域性高新技术产业、引入研究型和管理型人才、引进国内外高水平项目、研发新兴产业适用技术、提升成果转化率[①]。创新院成立后，通过多方位规划布局重点发展领域，积极与多主体进行合作研发，不断完善现代企业化的管理制度，逐渐形成了由浙江大学主导的校企协同科技创新平台治理模式，并在管理体制和运行机制等方面展现出了显著优势，对其他校企共建型科技创新平台的发展具有较大启发性（图4-4）。

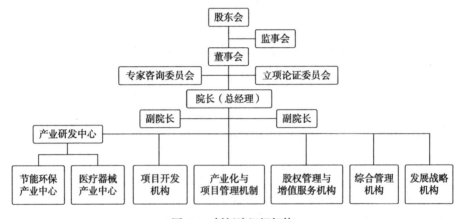

图 4-4　创新院组织架构

首先，现代企业制度是创新院高效运行的重要保障。以制度化管理为基础的现代企业制度有助于优化创新院的资源配置、扩大生产规模、实现生产效益最大化，能够做到产权明晰、权责分明。创新院实行的权力架构是股东会、董事会下的院长负责制，立项论证委员会与专家咨询委员会的职能和职权相对独立，产业研发中心的设立与企业产业发展需求具有较高契合度，下设管理机构使得创新的产业化发展和资本化增值得以实现。

其次，科学化和程序化的治理机制为产学研用的高度融合奠定了基础。创新院以区域产业发展与重点科研领域为着力点，通过设立专门的机构或部门，从技术引进到产品研发，再到科研成果的市场化和产业化来推进科技创新（图4-5）。其产品研发独立性较高，产业化实施力度较大，且高新技术企业的孵化与分离以产业的成熟为前提。在此过程中，来自创新院的技术及管理团队为孵化培育高新科技企业提供持续有效的发展支持。通过这种科研成果转化运行机制，从技术产出的创新源头开始，历经研发成果的项目制管理和市场化运作，直

---

① 浙大创新院杭州市工研院. 创新院简介. http://www.zjuiti.com/about.aspx?cid=1.

到最终的产业化发展，形成了一种全流程的科学治理模式。

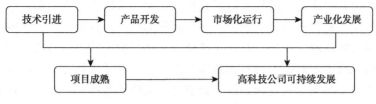

图 4-5　创新院运行流程图

最后，创新院采用具备前瞻性的人力资源及人事管理制度，为其可持续发展提供了坚实的人才支持。人力资源是组织可持续发展的第一要素，科技人才和管理人才是科技创新平台项目管理、成果产出与转化的实施主体。建立现代化的人力资源及人事管理制度对于形成稳定高效的人才队伍极为重要。创新院充分利用浙江大学的人才优势，制定了健全的人才梯队建设体系，灵活制定人才引进政策，采用多样化的聘任渠道，形成了具备扎实的专业技能、丰富的工作经验的创新创业团队。

第五节　政府主导科技创新平台治理模式

科技创新既是一种经济行为，也是国家战略实现的重要保证。为规避市场失灵，弥补纯市场行为存在的诸多弊端，政府的政策引导和倾斜在构建科技创新平台方面起着重要的保障作用。政府主导模式不仅能够提供大量资金及政策优惠，还能够根据时代发展需求对科技创新的发展方向进行调整，聚合高校、科研院所和企业三方力量，推进科技创新全方位协同发展。

一、政府主导科技创新平台的发展概述

1. 政府主导科技创新平台概况

政府主导科技创新平台是指采用政府主导型运营模式的科技创新平台，其中政府主体包括行政机构、事业单位及全资国企三类。按政府的层级可分为中央级科技创新平台和地方级科技创新平台。前者侧重于宏观和全局性科技创新发展，强调平台的行业覆盖范围与行业统领作用；后者主要为区域科技发展服务，推动区域科技创新效率的提升以及打造区域科创品牌，增强区域影响力，加快区域经济高质量发展。

政府在聚合行政资源和商业资源上具有显著的效率优势，有利于减小科技创新平台发展过程中所面临的行政阻碍和资金压力。政府主导科技创新平台的发展规划较为坚实，资金投入较为稳定，平台运营的行政风险较低，且平台在发展初期具有较高效率。通常来说，政府主导科技创新平台的信息传递机制的管理者多具有行政编制或事业编制，具有行政体系的特色，其运营资金来源以政府财政预算为主，平台发展规划具有社会性、公益性和战略性等特点。此外，在多元主体合作中，政府引导高等院校、科研院所、行业协会等更具优势。政府主导的科技创新平台能够降低技术研发的市场和经济风险，但也存在市场化不足和决策滞后的局限。既有公益导向又有经济导向，也会因市场导向不足而影响企业参与积极性。此外，政府主导科技创新平台要素敏感性不高、运营目标分散化，也会影响其科技创新效率。

政府主导科技创新平台在解决全局性和战略性的产业共性技术问题方面具有效率优势，适于提供前沿科技咨询服务、产业科技研发服务等。在激烈的区域竞争态势下，政府主导科技创新平台已成为区域特色产业发展的重要引擎。虽然政府主导科技创新平台在建设和运营初期具有竞争优势，但在发展后期也存在诸多弊端，须逐步转向企业主导，将政府角色转化为战略引导和宏观调控。

2. 政府主导科技创新平台的意义

政策与市场的相互作用是科技平台的重要运行机制，因而即便政府缺位，科技创新平台也能正常运转，但我国不同地区的科技创新往往自成系统（闫凌州，2005），相互之间联动较少，难以形成合力，而这一障碍仅靠科技市场的自由发展无法逾越。政府的适度干预不仅可以大幅缩短科技平台的建设周期，而且有利于科技平台的可持续发展。

政府的主导可以清除科技市场分割的障碍。统一的市场是科技平台资源流动的媒介，但行政区划的隔离在一定程度上制约了科技资源的自由流动。因此，科技规划的制定还需加强对区域科技创新平台的宏观调控与引导，并尽力应对资源配置的市场失灵问题。在科技创新合作区域合作过程中，企业主体往往更关注科技创新带来的直接收益，而对知识产权、潜在收益、应用前景等关注不够，导致其对科技创新的应用开发过程支持力度远大于对周期长、见效慢、投资大的基础研究的支持力度，进而导致科技平台的可持续发展能力减弱。因此，政府有必要参与科技资源的配置，运用"看得见的手"来实现科技资源的有效集成和优化配置。

3. 政府对科技创新平台的干预

（1）协调作用。科技创新的复杂性及其对于经济发展的重要性决定了政府必须对科技创新活动进行干预。在科技创新系统中，只有在高校、科研院所、企业等创新主体与政府、金融机构和辅助机构之间实现良性互动的前提下，才能提升创新效率。在发达国家，前期基础研究通常由高校或科研院所完成。战略性技术攻关通常由政府组织完成，而应用性试验研究通常由创新型企业完成。政府必须对高校、科研院所、创新型企业之间的合作进行协调和管理。在我国，政府对科技创新活动进行干预的目的是提升创新效率，并取得战略性科技成果。创新主体在合作过程中由于组织结构、运行机制及价值认同的差异，不可避免会存在合作障碍，因此需要政府在科技创新过程中发挥其调控作用，尤其是在一些意义重大的、战略性技术创新过程中。

（2）激励作用。政府可通过自身的公共权威制定相关科技标准、专利归属与转让、资产确认与折旧、税收规则等方面的政策，以及提供财政补贴、科技资源等方式来激励科技创新，拉动科技创新平台向前发展。同时，政府亦可根据科技发展的实际情况和未来需要，设计更加行之有效的激励机制，保障科技创新体系能够与时俱进，科技创新平台能够稳步健康发展，科技竞争力能够得到综合提升。

（3）服务作用。科技创新平台的建设离不开中介组织的辅助和提供的服务，这些中介组织既是科技创新网络的组成部分，也是科技要素的重要载体，对科技创新平台的发展起到联结、沟通和协调作用，并为其提供相应服务。但是，中介组织往往涉及社会经济的众多行业和领域，组织之间不可避免会存在竞争甚至利益冲突，并且也可能存在与平台上其他主体之间的合作积极性不高、合作能力有限的问题。因此，政府需要对这些中介组织进行组织和协调，促成多元主体间的合作，协调多元主体间的利益冲突，从而实现中介组织服务于科技创新平台建设的目的。

（4）保障作用。政府的完善的法律、法规和政策是科技创新活动正常、有序、高效开展的重要保障。政府可运用行政或法律手段保护科技创新主体的正当权益，借助科学健全的法律体系维护科技创新正常秩序，借助相关政策健全市场机制、规范市场运行。

二、政府主导、多方主体参与的协同治理模式

1. 政府主导协同治理的内涵

政府主导、多方主体参与的协同创新治理模式下，政府处于主导地位，对科

技创新起着引导、协调、激励、服务和保障的作用。高校、企业和科研院所作为科技创新主体，因共同目标而对科技创新施加影响，形成较为紧密的合作关系（图4-6）。

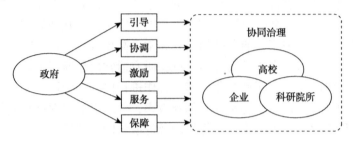

图4-6　政府主导协同治理模式

虽然高校、科研院所和企业是科技创新的主体，但其行为仍需要加以引导。政府作为科技创新的主导者，对科技创新过程起着引导作用（韩晗，2017）。例如，科技创新前期，政府以增强国家科技创新能力、发展社会经济、增强国家综合实力为目标，结合国家的实际情况进行科技规划，运用政府工具引导高校、科研院所和企业参与实现国家科技战略。在科技创新初期，政府激发协同主体的创新动力和合作动力，促进科技创新平台建设，对创新主体在合作过程中因组织结构、运行机制及价值认同的差异而产生的矛盾进行协调。在科技创新中后期，政府需要制定和完善相应的评价体系，并通过颁布政策、制定法规来规范和约束主体的行为，履行监督职能，并通过完善知识产权体系保障合作主体的正当权益。

2. 政府主导协同治理路径分析

（1）营造良好的协同创新环境。首先，政府应积极引导高校、科研院所和企业构建科技创新平台，对科技创新进行协同治理。例如，由政府牵头在企业成立博士后流动站或者工程技术中心（韩晗，2017），或以高校和科研院所为载体成立产业孵化中心和成果转化中心。同时，政府还应出台配套政策，鼓励高校和科研院所以科技成果为依托，建设科技园区，支持科技创业，为高科技企业的孵化营造良好的环境，促进科技创新协同治理。

（2）完善评价与监督机制。近年来，政府已经设立了科技项目评估机构对产学研协同创新科技成果评判标准进行规范（韩晗，2017）。目前，我国的科技评价缺少关于科技创新协同治理的指标，政府对科技创新协同治理干预的不确定性较大，科技创新评价和监督机制有待进一步完善。

（3）完善利益协调和分配机制。由于科技创新协同治理的主体彼此独立，组织结构、运行模式和价值认同的差异会导致科技创新的风险分担和利益分配出现矛盾。一方面，需要政府运用其公权力来引导和设立科技创新协同治理相关的协调机构，调动社会团体参与科技创新协同治理前期的项目选择、资金投入和中后期合作模式的应用以及利益矛盾的化解，促进科技成果的转化，保证科技创新协同治理的顺利进行。另一方面，政府应协助高校、科研院所和企业对科技政策进行解读，在科技创新协同治理过程中建立和完善利益的协调与分配机制。

三、资源整合：发挥政府主导的特点与优势

政府主导科技创新协同治理模式既是对市场需求的回应，也满足了科技创新平台建设和运行的内在需求。科技资源的整合体现了政府主导科技创新协同治理模式的具体内涵和治理逻辑，它要求充分发挥政府主导的特点与优势，利用科技资源的分散性、可替代性和差异性，实现科技资源的整合、优化配置和价值提升。

首先，充分发挥政府在科技资源配置中的宏观调控作用。科技创新体系要求以高校、科研院所和企业为主的创新主体与政府、金融机构、中介机构等非主体之间实现良性互动，而科技创新协同治理则进一步要求政策、制度和环境相互协调，创新主体间的人才、技术、资金、设备等相互协调，实现科技资源的合理配置和有效集成（李星洲等，2006）。科技资源的配置主要依赖市场机制和政府的宏观调控，运用市场机制配置科技资源具有灵活、高效等优点。政府可通过科技政策的制定和执行来对科技创新资源配置进行管理和规范，破除不合理的配置模式并建立适合实际情况的新模式。同时，政府可借助自身的资源优势和信息优势，通过一系列的激励措施和调节机制来弥补科技资源配置的市场失灵。此外，政府还可借助科技发展战略和科技创新项目，直接引导并参与科技资源的配置。

其次，积极搭建中介平台，整合科技资源。科技中介机构在科技创新协同治理中通过为高校、科研院所、企业等科技创新主体构建科技信息网络、提供技术支撑服务、搭建风险投资平台等方式，为其提供专业化服务，发挥中介作用（蓝晓霞和刘宝存，2013）。科技信息网络可通过加强信息资源开发、成立信息咨询中介、完善信息服务网络、搭建数据共享平台等方式整合科技资源；技术服务机构可通过在企业之间以及企业与高校和科研院所之间建立联系，帮助企业吸收和消化科技成果，提升企业参与科技创新协同治理的积极性。风险投资机构则可通过金融支持和贷款担保等方式，为高校和科研院所提供开展基础研究所需的风险资金及其他金融服务，助力孵化科技衍生企业并推动科技成果转化。

四、相关案例：广东华南新药创制中心

广东华南新药创制有限公司成立于 2008 年 10 月，由广东省人民政府主导，多家高校、科研院所和企业参与。为从事新药研制和提供公共服务，该公司出资成立了广东华南新药创制中心。广东华南新药创制中心承担着国家科技重大专项"华南综合性新药研究大平台"建设的重任，在由国务院批准的《珠江三角洲地区（2008—2020 年）》中被列为重点建设的三大科技创新平台之一。广东华南新药创制中心在政府大力支持下，集聚政府、行业、企业、项目等各方资源优势，与多家科研机构、高等院校、医药企业合作成立研究中心和实验室，承接和转移新药成果及项目，促进新药研发项目落地。广东华南新药创制中心通过创新的企业化运作机制，以项目服务和带动平台，在为新药创制提供组织和服务的同时探索新的新药创制模式，通过加快新药创制的项目化运作和市场化（傅和亮，2011）发展来促进区域医药技术转化和产业化，最终实现项目、平台、企业与区域产业的融合发展。作为政府主导、多主体参与的协同治理模式，其带来的启发主要体现在以下三个方面。

一是突破体制瓶颈、获得政府大力支持为广东华南新药创制中心的持续发展创造了良好的前提条件。一方面，在科技体制改革深化的导向下，政府鼓励和支持社会化新型科技创新平台的发展，同时为平台发展做好有利政策和制度的供给；另一方面，新型科技创新平台紧密依托各级政府及相关部门，在主动回应区域发展需要的同时积极响应政府宏观政策导向。在本案例中，广东华南新药创制中心由广东省人民政府主导创立，并由广东省不同领域的主管机构作为其大部分理事单位，如广东省科学技术厅、广东省卫生厅等，由此保证其在目标、组织、文化和风险控制等方面的协同性。

二是科学化的治理架构增强了科技创新平台发展的可持续性。理事会领导下主任负责制是新型科技创新平台常采用的管理架构（图 4-7）。具体到广东华南新药创制中心的案例中，平台的治理架构纳入了部分政府部门并将其设为理事单位。除此之外，骨干企业、高等院校及科研机构也是平台理事会成员之一，从而形成了来自"三方系统"（政府系统、企业系统和科研系统）的共同治理结构。该治理结构有助于充分发挥政府系统、企业系统和科研系统各自的优势资源，通过聚集"三方系统"的优势要素来对新药研发到专业服务各阶段的全产业链条形成覆盖。

三是企业化运作模式为科技创新平台的发展注入了持续动力。广东华南新药创制中心在管理方面，在建设专业化管理团队的基础上对"平台、项目、人才互动"的制度进行了落实，让平台服务项目运作，借助项目带动平台发展。同时，

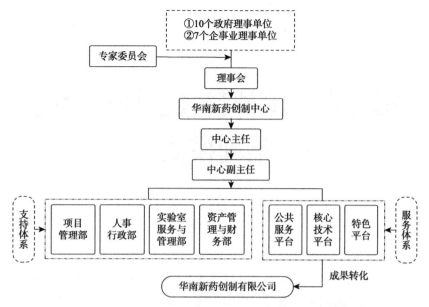

图 4-7　广东华南新药创制中心组织架构与管理体制框架图

通过强化人力资源管理，构建有利于项目运营和人才发展的"创造的环境"，使人力资本成为平台可持续发展的根本保障，进而为新药创制提供专业化的解决方案，为研发成果市场化、产业化提供全方位的专业服务。在运作机制方面，各主体在政府的统一安排下"分工协作""各司其职"，并彼此保持良好的合作关系。政府部门负责提供项目经费支持及业务指导，为广东华南新药创制中心的发展提供坚实的基础保障。广东华南新药创制中心通过与医药企业和研发机构合作，整合优势资源、集聚医药项目，并以技术平台和项目作为合作的基础，在推动项目运转的同时也促进了平台发展，实现了双赢。

第五章 国外科技创新平台的治理模式

自创新平台概念被美国提出后，一些发达国家结合本国的实际情况，纷纷开始创新平台的规划和建设，形成独具特色的科技创新平台，对推动协同创新和国家科技实力的提升起到十分重要的作用。他山之石，可以攻玉。美国、欧洲、日本、韩国、新加坡等发达国家或地区采取的不同类型的科技创新平台治理模式来推动资源优化配置和协同创新的做法可以为推动我国地方科技创新平台治理体系建设提供一定的参考。

第一节 美国：多元治理模式并存

美国是全世界最早开展创新平台试验的国家之一，并取得了显著成果，其通过协同创新推动了高校、科研机构和高新技术企业的高质量发展，提升了科技竞争力。经过长期发展，特别是第二次世界大战后到21世纪初的几十年间，美国在经济和科技领域都展现了独一无二的强大生命力。如今的美国走在世界科技发展前沿，且不断引领新的技术突破和应用。这与美国联邦政府推动产学研协同创新的政策（武学超，2017）密不可分。2021年1月，美国总统科技顾问委员会又提出构建多部门参与、多元投资、公私共建、市场化运营的未来产业研究所。该研究所具有独特的组织模式和管理机制，来促进基础与应用研究转向新技术产业化的创新链全流程整合，从而推进交叉领域创新，促进创新效率提高，形成一些具有代表性的协同创新平台和协同创新治理模式。

一、大学科技园区模式

成立大学科技园区是美国高校参与协同创新平台的重要模式。大学科技园区由大学与政府、企业等组织共同组建，由大学主导深度参与，利用大学的科技和人才优势促进科技成果转化。在协同创新过程中，各方作为不同的创新主体，借助大学科技园提供的信息、资源交流和综合服务的平台与协同管理机制，实现协同创新（姜昱汐和胡晓庆，2011）。大学科技园区模式根据主导主体不同分为三种不同的形式。

1. 大学主导建立的科技园区

1951 年以斯坦福大学为依托建立的硅谷科技园（原名为斯坦福工业园区）是世界上首个由大学创办的科技园，该科技园位于美国加利福尼亚州帕罗奥图的科技园区。硅谷科技园宣称是世界首个以科技为主轴的事业园区，以及首个由大学成立的自有工业园区，且在硅谷的创建中扮演着关键角色。该科技园是由科研实力、资金实力雄厚的大学主导，与当地的企业、政府配合组建的协同创新平台。目前该科技园由斯坦福管理公司负责营运，仍是惠普、特斯拉、SAP（思爱普）等知名企业总部的所在地。

2. 企业主导建立的科技园区

美国较为典型的企业主导的科技园当属"波士顿 128 号公路创新走廊"。该科技园是由区内企业主导建立，附近大学和政府积极参与成立的协同创新平台。由于波士顿 128 号公路与哈佛大学、麻省理工学院相连，很多高科技公司聚集在波士顿 128 号公路的周边，波士顿 128 号公路因此也被称为"美国的高科技公路"。这条高科技公路的发展源于企业家精神的传统与大学系统的独特结合。

第二次世界大战之后，美国政府为了对抗苏联，在军事科技领域投入了大量资金，麻省理工学院和很多波士顿 128 号公路附近的公司是这些项目的承接方。这一时期，波士顿 128 号公路附近的公司爆发出强大的生命力，如电子计算机、通信、半导体等技术创新，创造了美国高科技产业的繁荣。但 20 世纪 80 年代以来，波士顿 128 号公路周边发展放缓，主要原因是军事研发及采购的投入资金减少。21 世纪以来，波士顿 128 号公路地区再度焕发生机，形成一个以电子软件、生物医疗和物联网为主要产业的高科技园区。如今波士顿 128 号公路聚集了 TripAdvisor（猫途鹰）、EMC（易安信）等知名企业。

3. 政府主导建立的科研园区

北卡三角研究园是政府主导的科技园区的典型代表。北卡三角研究园由位于北卡罗来纳州的三所大学（北卡州立大学、杜克大学和北卡大学）参与组建，是美国最负盛名的高科技研究和开发中心之一。1951 年，北卡州政府希望改进提升州内以农业为主的产业结构来应对市场竞争的加剧，州政府联合三所大学和地方的商业机构建立北卡三角研究园。三所大学的地理位置形成一个三角形的包围地带，因此在这个区域的科技园区被称为北卡三角研究园。北卡三角研究园是北卡州政府顶层设计、全面规划、政策倾斜、资金支持、监督管理、全程参与建设而成的科技园区。北卡三角研究园被设计成一个由州政府直接管理的高新区，之后又在区域内制定了特殊的税收优惠政策，同时在行政审批和制度上为区域内的企业和个人提供更多便利条件。北卡三角研究园是一个典型的政府主导的协同创新平台，是全球科学研究中心的新兴领导力量。园区汇聚了全球诸多大公司，如国际商用机器公司、联想集团等，扮演着重要运营地点乃至全球总部的关键角色。

美国各种类型的科技园区的成功，离不开大学、政府、机构在知识、人才等方面的互动，以及市场化运作和政府支持的融合与良好外部环境的助力。

二、合作研究中心模式

20 世纪 70 年代，美国政府为促进大学、科研机构和产业界的合作提出了"产业/大学合作研究中心"（Industrial/University Cooperative Research Center，I/UCRC）模式，随后逐渐拓展为"州/产业/大学合作研究中心"（State/Industry/University Cooperative Research Center，S/I/UCRC）模式（武学超，2012）。该模式已在美国被证明是卓有成效的创新模式，可以为我国建立促进协同创新的平台和治理模式提供有益的经验借鉴。

该时期，美国国家科学基金会为了提高研发经费使用效率，降低联邦政府投资比例，启动了"实验研发激励计划"。通过该计划，美国国家科学基金会发现只有以大学为基地的研发联盟的协同模式效果最好，因此提出了"产业/大学合作研究中心"模式，并予以推广。

1989 年，美国国家州长协会、州科学与技术委员会和国家科学基金会成立工作组，为建立更加紧密的伙伴关系和政府服务，进一步探索州政府与联邦政府以及大学的协同模式，同时也希望通过协同创新造福地方经济，让国家、地方、企业、大学都能从中获益，因此提出新的"州/产业/大学合作研究中心"模式。这种模式更加突出地方经济和产业的结合，促进研发成果的转化和扩散。

合作研究中心旨在发展工业界、学术界和政府之间的长期合作关系。美国国家科学基金会建立这些合作伙伴关系以促进共性技术研究，通过研究和教育的整合来提高研究和工程能力，并促进技术转让。借助合作研究中心模式可以构建发展工业界、学术界和政府之间的长期合作伙伴关系，提升美国整体科技竞争力。

为保障合作研究的开展，美国相继制定了一系列促进协同创新的法律法规。例如，1958 年通过的《中小企业投资法案》，为中小企业带来资金支持的同时在税收、金融等方面也提供了诸多便利。1980 年颁布的《拜杜法》明确规定了由政府资助的科研项目成果的知识产权归大学所有，允许大学、非营利性机构和企业拥有、转让和使用这些知识产权。之后出台的《斯蒂文斯—韦德勒技术创新法案》《小企业技术创新进步法》等系列法案对合作研究的专利授权使用、成果归属、技术转移等都做了明确规定，促进了诸如小企业技术转移研究计划、合作研究中心计划、先进技术计划等一批合作研究计划的落地，推动了一系列产学研协同创新计划的开展。通过合作研究中心模式推动协同创新，美国较好地处理了政府、企业和大学三者之间的关系。

美国的合作研究中心模式的成功经验包含以下方面。首先，充分利用自身的优势，创新发展模式。其次，充分利用宏观的社会环境、政府的大力支持，与多方主体之间保持了良好的合作关系。一是政府注重建立创业型大学，培养出更多的创新创业人才，促进学生开展具有商用价值的科研活动并直接参与创办高科技企业，使创新创业促进经济和社会发展。二是正确处理大学、企业（产业）和政府的关系，促进三者良性互动。三是高校与企业协同实行市场导向，以市场的需求协调企业与高校的研发活动。四是美国政府完备的法律和政策支持体系，为高校协同创新提供了良好的制度环境，同时政府为高校科研提供了强有力的资金支持。

三、美国国家实验室

美国国家实验室是美国政府主导和资助的科研机构，约有 720 所。第二次世界大战以来，美国国家实验室一直是美国科技创新的领导力量，目前已经形成规模庞大、分工明确、相互配合、素质一流的研究体系。美国国家实验室旨在提升国家科技实力，抢占科技制高点，是体现国家意志、导向国家战略目标的多机构协同、多学科交叉、多层级合作的研究实体。美国国家实验室既是基础研发的重要基地，也是高端人才培养的摇篮；既是高水平学术交流的舞台，也是国际竞争中的利器。

美国国家实验室隶属于美国能源部、国防部、航空航天部、卫生与公共服务部、商务部、农业部等多个政府部门。这些国家实验室正在解决当代的重大科学问题。从应对气候变化到发现宇宙的起源，以及开发特种仪器和设施。它们通过多学科结合的方法解决大规模、错综复杂的研究问题，其重点任务是将基础科学转化为创新动力。美国国家实验室的战略目标主要体现在：从事自然科学领域的基础性研究工作，如物理、数学等；完成政府职能相关的研究工作，如国家标准、统计、民生等；承担需要长期投入和资金需求量大的多学科交叉的系统研究，如航空航天；通过与高校、科研院所的合作，培养科研人才和工程人才；促进企业与企业间、企业与大学间的合作，发挥各自优势协同开发；从事没有经济效益的或公益类的研究工作，如环保、扶贫等。

美国非常重视国家实验室的经费支持（图 5-1），并综合考虑国家实验室对国家长远发展、安全发展的重要性。国家实验室年度经费总额约占整个联邦政府研究与开发经费总额的1/3。国家实验室共承担了美国全部基础研究的18%，应用研究的16%和技术开发的13%[1]。

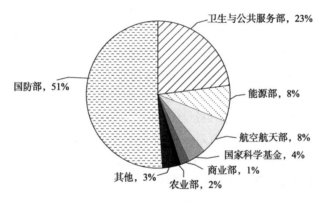

图 5-1　2013 年度美国国家实验室预算分布

美国政府对国家实验室的管理主要有三种模式：国有国营、国有民营和民营民营。国有国营实验室一般由政府各部门出资设立、支持并直接进行管理，属于联邦政府职能部门下设直属机构，其管理团队和雇员均是政府人员，这类国家实验室主要从事保密性或敏感性的研究工作。例如，商务部下属的国家标准和技术研究院（National Institute of Standards and Technology，NIST）、卫生与公共服务部下属的国立卫生研究院（National Institutes of Health，NIH）、农业部下属的农业研究局（Agricultural Research Service，ARS）等均属国有国营模式。国有民营实验室主要由政府出资，从属联邦政府部门，但也通过委托授权等方式让大学、企业或非营利机构进行管理。政府的职能是为实验室制定目标、进行监督和考

---

① 据美国国家科学基金会的数据统计。

核，一般对实验室内部运营不进行具体干预。由于这种模式的灵活性和便利性，国有民营管理模式为目前美国多数国家实验室采用。民有民营实验室主要由大学、企业或非营利性机构联合成立，政府资助其中的一部分研究，由运营方直接管理，负责制定目标并进行监督和考核，此类实验室受政府约束较少。

美国国家实验室设有董事会以及一些专门委员会，如运作管理委员会、学术与咨询委员会、监督委员会等，其组织结构类似于企业。在实验室内部会成立研究中心或科学部等学术机构从事具体研究工作，另外还会设立相关职能和支持部门。

国家实验室由董事会负责和决策，其运行机制也类似于公司管理。董事会由政府、企业、大学、运营方等共同委派成立，政府往往起到核心主导作用，实验室主任往往由政府选派。实验室主任不仅需要拥有良好的学术能力，还需要拥有组织协调能力、创新能力、社会活动能力、筹资能力等综合能力。相较于传统大学，国家实验室的用人机制更加灵活，呈现出分层次、多样性、针对性等特征，面向不同地区、领域、岗位实行各具特色的差异化用人政策，打破传统体制对科研人员的束缚，创新激励机制，调动人才积极性和创造性，发挥人才作用。

美国政府也通过各种手段保障国家实验室的成果能最大限度地发挥其价值、造福大众。一是国家实验室的科研资源也开放给其他的科研人员和机构，促进美国总体科技水平的发展和科研资源的高效利用。二是美国国家实验室把技术转移作为其重要使命，政府成立了专注于技术转移的联邦实验室联盟，实现了在全国范围内将各个国家实验室技术成果与市场主体的互动联系。三是美国国家实验室历来重视与大学、研究机构、产业界开展合作，通过多方参与，凝聚优秀人才，合作解决学术前沿问题与经济社会发展问题。四是美国政府和美国国家实验室都鼓励建立良性竞争机制，通过竞争可以优化资源配置，激发主体活力，提高科技创新能力和研究水平、节约成本、促进整个国家实验室体系实现最优效果。国家实验室的经费除了来自政府拨款外，还可以通过为产业界提供技术开发与咨询来获得企业的经费支持，国家实验室不同的团队间也会有竞争机制，这不仅可以激发创新活力，也使得最好的项目与最合适的团队进行匹配。五是制定并推广同行评议制度。同行评议制度一方面可以对研究成果进行公平公正公开的评价，提高研究质量促进良性竞争，另一方面也是政府对国家实验室考核和评价的手段，有利于加强监管，提高效率。评议一般由政府部门设立的相对独立的评审委员会负责，通常采用预期同行评议和后期成果评议的方式。前者对项目可行性、竞争性、先进性等进行评议，通过竞争评议从一批研究建议书中挑选最优项目进行立项；后者主要在项目实施中或完成后，对研究项目的产出效果和执行效率等进行评估。

第二节　欧洲：政府引导+多元主体协同治理

为了提升整体创新能力和核心竞争力，2003 年，欧盟委员会提出建立创新平台，而后制定了欧洲创新计划及相关行动方案，并将创新平台建设与法律、经济、教育等领域相结合，制定了系列促进政策。科技园是欧洲创新平台的典型形式。欧洲的科技园起步较早，科技园内各项机制体制运行也较为完善。政府对平台建设发挥引导或主导作用，高校、企业、科研机构与金融机构等多元主体共同参与其中，市场化多主体的特色也十分明显。德国、英国、法国等建立了世界著名的科技园，并形成了独特的治理方式。

一、德国：慕尼黑高科技工业园+政府主导+企业化运作

20 世纪 80 年代以来，德国联邦政府通过发起众多协同创新计划来尝试打破高校和研究机构间条块分割的局面，并通过推动政府、高校、国立研究机构、企业之间的协同互动来缓解经费紧张、提升竞争优势。21 世纪初，进一步提出开展更多实质性合作、加强产学研协同。其中慕尼黑高科技工业园是德国政府、科研机构、高校与企业协同治理模式的典型。

1. 慕尼黑高科技工业园概况

慕尼黑是巴伐利亚州的州府和德国第三大城市，也是德国的主要金融城市和德国乃至欧洲的高新技术中心。慕尼黑高科技工业园于 1984 年由慕尼黑市政府与慕尼黑商会共同投资创立，并成为德国重点发展的高新技术创业园区。园区与高科技企业的发展形势相适应，因而得到了企业界的广泛认可，园区面积不断得到拓展。该园区建设的产业领域以工业、激光技术、生物技术等为主，作为全国高新技术产业的孵化基地，高新企业在这里能够快速掌握信息技术的发展状态。通常来说，一个新企业或新领域刚进入德国时，首先需要进行试验，在成功之后，再向其他地区移植。例如，慕尼黑生态科技园、信息产业科技园等，均经历了这一发展历程。

2. 慕尼黑高科技工业园的治理策略

1）政府直接参与大学科技园建设

为推动慕尼黑高科技工业园的快速发展，德国政府相继颁布了诸多有利于科

技创新的政策。慕尼黑市成立了专门的管理招商中心来服务园区企业，以推动高科技工业园区的发展。人员管理方面，该中心配备主要的管理人员 5 名，其余员工实行聘用制。在对内管理上，该中心实行现代化企业制度，采取目标管理方式，每年保证有 10 个以上公司入驻园区，且入住科技孵化楼的公司不低于80%。对外监管方面，该管理中心对监管会负责，需要每隔两年向监管会汇报运作状况。

为吸引更多的高新技术公司进驻园区，德国政府在大力建设相关机构的同时，不断加强对科技园区的管理，尽可能地减少租金，并陆续出台了一系列税收优惠政策。不仅如此，随着慕尼黑市土地价格的不断上涨，为扶持传统产业的发展，政府还运用了降低地价的方式，免费为这些产业工作人员提供培训。此外，每年会向园区管理招商中心发放25万欧元补助用于对企业员工的培训。这些政策措施极大地促进了高科技企业的创新。

2）政府以提高就业率为目的孵化创新企业

对于慕尼黑高科技工业园而言，孵化企业、增加就业机会是其重要职能。根据相关统计数据，企业在入园之后的孵化成功率达 90%以上（陈万里，2010），而入园企业通常拥有尖端且市场前景广阔的研究成果。园区管理部门通常会发布一些新科研成果与项目，邀请企业参加各类展览会，为企业提供交流、学习的平台。在这一领域，德国科技园与孵化器联合会同样起到了至关重要的作用，其不仅将更多优质服务提供给广大会员，且在企业与科研院所之间建立起了良好的合作关系。

纵观慕尼黑高科技工业园的数十年发展可知，德国政府的高新技术园区政策的确提高了德国的就业率。越来越多的新企业在园区内得以成功孵化，给失业人口带来了诸多的就业机会和就业岗位。

3）政府依托大学大力发展产学研模式

大学科技园的主要优势在于以学科优势显著、科技水平高的研究型大学为依托。目前，国际知名大学科技园均依托于著名大学，而是否拥有一流科技园也成为判断大学办学水平的重要标准。作为科技园创建的基础，一流大学是最初倡导建立科技园的提议者甚至主导者。大学不仅是培育科研人才的主要场所，也是创造科研成果的重要基地。因此，德国政府强调，政府投建的大学必须与企业进行合作，以期有效促进产学研的融合。例如，慕尼黑高科技工业园在发展过程中，得到了当地多所大学院校提供的人才支持。通过与这些教学研究机构的合作，不仅促进了企业的研发，而且有效提高了科研成果的转化率。目前，慕尼黑的诸多研究机构、从属于弗劳恩霍夫应用研究促进协会的十多个研究所与研究部均坐落在慕尼黑市的周边。

4）高科技产业与传统产业并重，实现均衡发展

为吸引更多高新技术企业入驻园区，慕尼黑市政府颁布了诸多相关的优惠政策，如降低房屋租金及公司在园区内的注册门槛等。此外，政府还明确提到，企业入驻孵化大楼之后，前期孵化的种子期公司完成科技成果转化后需移到专业科技园进行产业化开发。同时，慕尼黑市政府专门出台了降低地价的政策来促进传统产业的进一步发展。此外，为尽可能降低传统产业在调整期间的风险，政府为其工作人员提供免费的相关培训。

5）借助风险投资促进知识创新

通过风险投资，能够有效促进知识经济的发展。根据高新技术产业化现状可知，如果风险投资发展状况比较好，则说明风险投资机制相对完善，同时也说明高新技术的产业化水平达到较高层次；反之则说明高新技术的产业化受阻。德国政府出台的一系列与风险投资相关的投资融资、资本市场、税收优惠等政策，极大促进了德国风险投资的发展。风险投资政策体系的完善，加快了科技创新"资金链""金融链""科技链"的融合建设，同样为慕尼黑高科技工业园企业和园区本身的发展注入了活力和动力。

二、英国：剑桥科技园+多元主体协同共建

1. 英国剑桥科技园发展概况

英国剑桥科技园坐落在世界各国公认的核心技术中心——英国东南部地区的剑桥郡。该园区也是欧洲地区重要的商业中心，聚集人口达上百万，成立了百余所大学与研究中心，外资公司达 4 700 家。这些公司主要活动在世界高新科技领域，并产出了引人注目的研究成果。据统计，在整个英国的国内生产总值中，该地区占据的比重达 15.8%。研发支出在该地区生产总值中所占的比重为 3.4%，其研发资金投入量占英国研发投资总额的 26%。久负盛名的剑桥大学也坐落于此，是该地区研究活动的核心。依托东南部优越的区位条件，剑桥科技园成为集技术、经济、商业于一体的综合性发展平台，并且形成了独特的经济形态，极大增加了海外各国的投资。

近三十年来，剑桥科技园为社会创造了大量工作岗位。相关数据表明，其每年度能够提供就业岗位达 5 000 个。园区生产总值平均每年增长 6.3%，远远高于英国的 3.4%。

剑桥科技园的经济发展创造了"剑桥现象"。这并非暂时现象，凭借这种独具一格的经济增长方式，剑桥地区的发展实现了可持续性，令其拥有"硅沼"的美誉，逐步成长为英国新经济体系中的关键组成部分。这一园区的形成以世界知

名大学和优势专业为依托，人口和人才资源的集聚、产业结构的变迁以及优越的地理位置对剑桥科技园的成功都产生了重要的影响。

2. 剑桥科技园蓬勃发展的原因

（1）剑桥大学的大力支持及优势依托。截至2020年10月，剑桥大学共孕育了121个诺贝尔奖项，在物理学、生物学、计算机科学等方面拥有突出的优势，这为剑桥科技园内高新技术的发展创造了有利条件。事实上，剑桥大学本身就极为重视科技成果的转化，这使得产、学、研三方面能够有效结合起来。园区内相当一部分高新技术企业由剑桥大学内各院系创办，如西普数据公司是从计算机实验室分离而出的，分光小系统公司则是从卡文迪许实验室分离而出的。公司内部多数员工来自剑桥大学，这令园内企业与剑桥大学联系紧密，约90%的企业都和剑桥大学内的各个学科直接对接，赋予园区强大的生命力。

（2）政府合同支持的促进作用。英国国防部、国营公司、国民保健署等多个部门与园区内企业达成合作，有效促进了园区的发展。

（3）风险资金聚集为高新企业发展提供资金支持。剑桥园区汇集了全英国约25%的风险资本，是欧洲高端要素最集中的地区，约吸纳了英国25%的风险投资与欧洲8%的风险投资（张国安，2009）。这些风险投资极大地拓宽了高科技创新、创业者的资金来源。

三、法国：索菲亚科技园+多元主体交叉协作

1. 索菲亚科技园发展概况

索菲亚科技园（创建于1969年，全称"索菲亚·安得波利国际智慧、科学与技术园"）位于法国南部里维埃拉地区，是欧洲最大的科技园区。该地区拥有法国规模最大的港口——马赛，全球最知名的电影胜地——戛纳，风光无限的海边旅游小城——尼斯，闻名全球的赌城——摩纳哥，古罗马帝国的遗址——尼姆。选择这一处建设园区的主要原因：一是滨海省位于蓝色海岸地带，为全球旅游胜地，科技园区的出现极大地推动当地经济结构的有效改善；二是其拥有完善的交通设施，靠近尼斯国际机场，并且和戛纳、格拉斯的距离也非常近，这给企业投资创造了有利条件。与美国的硅谷等高科技园区不一样，索菲亚科技园并不是基于高校、科研机构而建立的，它是从零开始发展的。这一园区以信息技术与生命科学产业为重点发展高科技产业，并且高度重视高端产业活动，如高科技研发、技术咨询、技术培训等，使得该园区成长为法国高新企业培育、高科技研讨的中心，被誉为法国硅谷。

索菲亚科技园历经 50 多年的发展，国际化水平达到了法国之最，园区汇集了数十个国家的 1 000 多家高新技术企业及研发机构，园区内的科研人员超过 3 万人（沙德春，2016）。索菲亚科技园作为首个技术科技园区，人口达 100 万，年营业额达到 44 亿欧元，园区内科研机构、管理服务机构、学术机构、大学学院、大型企业等随处可见，是欧洲最为关键的技术枢纽。

2. 索菲亚科技园的成功做法

（1）科研培训机构为索菲亚科技园的发展提供了智力支持。科技研发是索菲亚科技园的主要功能，园区构成以研发机构、技术型公司、科技创业企业、企业孵化器等为主。在成立之初，园区并无显著的科技优势，入驻的主要有巴黎矿业学校、电信学校、尼斯地区商会、法国石油研究院及诸多私企。随着园区的发展，计算机科学研究所、欧洲技术研究所等机构先后成立。索菲亚科技园以研发为主，入驻企业主要是研发机构、技术型公司、科技创业企业、企业孵化器等。园区通过扶持多元化的科研培训机构为众多研发机构、企业等主体提供智力支持和完善的咨询服务。2013 年 3 月，园区内科研培训机构已经占据总机构数量的 3.17%，所提供的就业岗位达 3 000 个。

（2）基金会及风险投资为园区内企业发展提供资金支持。在发展过程中，索菲亚科技园内出现了一大批发展潜力巨大、创业速度快且效果好的中小型高新技术企业。对于这些企业而言，其创办的核心问题就是资金不足。幼苗企业拥有广阔的发展前景，因此当地政府除了给予这些企业强有力的技术支持之外，还从人才培育、企业孵化等方面给予帮助，最关键的是为这部分企业解决资金方面的困难。为提高创新性，园区推出首个早期的阶段性基金，并建立首个孵化器与俱乐部。1984 年由拉菲特参议员创建的索菲亚基金会为园区发展提供了重要支持。该机构的主要职能是提高园区的创新能力，成为国家认可的公立机构，拉菲特参议员为这一机构的主席。园内还设置了很多其他科技基金会，为园区内新科技项目、新企业等提供资金支持。一般来说，能够获得资金支持的企业需要达到一定规模，其员工人数需要超过 60 人。风险资金也是索菲亚科技园的重要发展方向，1997 年园区举办了首届风险资金大会并建立了省级投资公司，此后多个以个人投资为主的区域性风险资本公司陆续集聚，风险资金的集聚与到来为中小企业的成长提供了有利条件。

（3）索菲亚-安蒂波利斯接待中心提供后勤服务。通过该服务中心能够将全面的后勤支持服务提供给入驻企业及相关机构。该服务中心主要包括以下职能：租赁办公场地；为客户提供多种不同的服务场地；信息的传递，包括收发信件、电话总机服务等；文件的整理工作，包括归档、打字、印制等；专利、商务、法律等咨询类服务；行政类、财务会计类等服务。同时，对接投资者与财政部门等来衔接企业与政府、投资机构的关系。

第三节　东亚：政府主导+多元主体联合+产学研融合

日本、韩国、新加坡是走在亚洲地区经济、科技发展前列的发达国家。相对而言，日本、韩国、新加坡的经济、政治体制和政府治理方式不同于欧美地区，"强政府弱社会"是政府治理的突出特点。随着世界范围内科技园区建设风潮的兴起，这些发达国家也纷纷在政府主导下建设起了自己国家的高科技发展园区。

一、日本：科学工业园+政府主管+多主体混合管理型

20 世纪 90 年代后日本科技创新范式发生了巨大转变。日本政府先后制定了一系列政策和法律强化基础研究和应用研究、推动科技管理体制变革、促进科技成果转化、加强产学研合作。经过 30 多年实践，日本通过建立新型协同创新载体，完善协同创新治理体系，基本形成了独具特色的"科学城和高新技术园"产学研合作模式。

1. 筑波科学城简介

筑波科学城是日本政府在 20 世纪 60 年代建立的科学工业园区，科学城建设之时，日本发展战略开始"两个转变"：从贸易向技术转变，从应用研究向基础研究转变。同时，政府开始在宏观政策层面和微观执行层面对高科技产业加以引导与支持。1974 年开始，日本政府将大量科研人才和机构迁移至科学城，形成教育和学术一体化的科技中心。1984 年，日本政府颁布了《高技术工业及地域开发促进法》，形成了传统产业转为高技术产业的发展基地。此外，日本政府还通过举办筑波世界博览会，提升了筑波的国际影响力，并按照现代化标准建设筑波科学城，科学规划科研和教育机构、住宅、商业、娱乐、文化、学校、交通、公园等各种公共设施的建设布局，实现宜居、宜业、宜人的目标。

2. 筑波科学城治理方面采取的有效做法

筑波科学城建设过程中遇到过基础设施、法律法规、交通、环境等诸多问题，通过采取科学的治理措施取得了较好的治理效果，主要包括：一是因地制宜地选择项目。筑波科学城根据日本国内外环境及自身优势，选取生命科学、机械

制造、电子软件、化工、材料科学、高能物理等作为重点研发领域，取得了较大成就。二是完善法律法规和制定相关政策。日本既有专门针对高新技术园区科技创新的法律，也有与高新技术园区经济社会相关的法律法规，辅以土地利用、财政税收、信贷等方面的政策优惠，保障了科学城的顺利发展。三是采取统一领导、分工协作的管理体系。筑波科学城建设由"科学城推进本部"统一领导，公共设施建设和土地开发则由住宅和城市开发集团负责；科研和教育机构的建设由建设部负责；道路交通、文化娱乐和商业服务设施的建设管理则由筑波新城开发公司负责。四是高标准开展基础设施建设。新建的高新技术园区多数存在城市功能不足，尤其是生活配套功能的缺乏，可能会直接阻碍科学城的发展，筑波科技城同样如此。为了防止这样的局面发生，政府便对通信、管网、交通、水电等基础设施提前做好高标准严要求的顶层规划。五是统筹协调人口、资源、环境的可持续发展。筑波科学城建成之初，政府通过政策吸引科研机构及人才迁入，而当机构重叠和人员冗余时，又控制流入和流出，力求保持平衡。另外，政府还对各类资源的开发利用实施严格管理，在环境保护上做出严苛要求，从而保证了科学城的可持续发展。

3. 筑波科学城的治理启示

在相关政策支持下，筑波科学城的研发成果取得了较大增量，但与同一时期美国硅谷相比，日本筑波科学城仍存在较大差距。事实上，筑波科学城的巨额投资主要依靠日本政府行政力量的推动，在其长达30年的建设周期内，日本政府在其建设上曾花费政府财政预算研究经费的40%。因此，20世纪90年代，日本政府实行了"新筑波计划"，将科学城的角色和功能定位为"科学技术中枢城市、更广域范围都市圈内的核心城市和生态、生活、模范城市"，进一步从科学城的运行机制和日常管理制度等方面进行改进，并加强科学城的对外交流、扩大开放。此外，政府对科学城的城市配套措施进行了完善，让科学城更加舒适宜居。

日本政府通过"自上而下"的行政主导力量适时对科学城做出调整规划，是筑波科学城在短时间内取得巨大成效的重要条件之一。但必须注意的是，政府必须适时地在园区后续发展中缓慢退出，让园区真正成为自我发展自我约束的独立园区。

二、韩国：大德科技园+政府管理型

1. 大德科技园的发展简介

韩国大德科技园起步于20世纪70年代初期，是仿效美国、日本等国家建立起来的产学研一体化的高科技园区，目前已成为亚洲最大的产学研一体化园区，大大提升了韩国经济发展的速度和质量。

2. 大德科技园的治理实践

（1）强有力的政府支持。为克服部门间的条块分割，更好汇聚资源，园区的计划制订和基础设施建设由政府负责。政府主导科技创新是韩国科技体制改革的显著特征。韩国政府通过完善科技创新法规，构建科技创新机制，加大科技创新投入等（陈天荣，2008）来构建完善的科技创新体系。在科技园治理领域，20世纪80年代初，韩国政府对园区管理体制进行了改革，将园内科学技术院、各部厅所属研究所和科学技术大学划归科学技术部管辖。此外，韩国政府在税收、资金政策优惠等方面给予科技园强有力支持。

（2）完善的基础设施服务。大德科技园在发展过程中，坚持高水平建设基础设施，既有自然环境的保护保持，也有现代化休闲娱乐场所的充分供给，还有国家科学博物馆，以及便于国际交流的科学文化中心。日趋完善的配套设施为研究人员提供了舒适的工作和生活环境，大大便利了研究人员生活与研究活动的开展。

（3）健全的科技成果转化体系。伴随着园区内日益增长的科技服务需求而来的是科技中介服务机构的蓬勃发展。这些科技中介机构主要提供经营管理、风险投融资、知识产权、人才培训及国际化经营等各个方面的服务，共同构成了科技创新链条上的重要环节，为解决科技与经济脱节问题的"最后一公里"，推动科技成果转化提供了强大的助力。

（4）优良的创新创业环境。首先，园区内有专业化的培育机构为科技企业孵化提供从专利技术到辅导培训的一条龙服务。其次，入驻园区的企业不仅可以得到创业启动基金，还有员工招聘、设施设备及组织培训等一系列补贴。最后，韩国政府还建立了相应的科技金融机构，满足高科技企业的风险融资需求。此外还扩大开放，鼓励外商自由化投资，大幅放宽投资行业及相关领域的准入限制。

（5）多元化的人才培养模式。园区内形成了一套全面的高素质专家培训体系，旨在培养高科技产业研究开发的带头人，塑造依靠科技驱动发展的内在力量。此外，科技园中各类研究所还定期开办科学技术前沿讲座和研讨班，旨在实现整个科研人才队伍的与时俱进，共同发展。

（6）独特的发展道路。大德科技园内既有国家资助的研究机构，也有民间企业研究所。其对民间企业研究所的吸纳较为重视，且近年来民间企业研究所呈现出数量愈来愈多的态势，极大助力了科技成果转化。同时，大德科技园还积极吸引外国企业进驻园区，面向所有投资者采取一视同仁的政策，吸引了大量发达国家高科技企业入驻，大幅提升了园区的国际化水平，而且也为韩国与国际高科技交流带来便利和良好前景。

总而言之，大德科技园在推动科技成果转化方面成效显著，促进了技术信息和研究设施之间的交流、提高了研究开发效率、扩大了研究成果，也最便捷地促进了产业聚集效应的实现。

三、新加坡：新加坡科技园+政府主导+科学理事会管理型

1. 新加坡科技政策转变为科技园建设提供了可能性

20 世纪 80 年代中期，新加坡经济经历了第一次衰退，国际竞争力逐渐受到挑战，促使其提出高科技产业兴国的发展战略。由此，高新技术的科研、开发、利用等一系列围绕新兴工业的创造活动相继展开，具体涉及电子信息技术、人工智能、微电子学、生命科学、激光光学及通信技术等。新加坡政府第一次明确提出"把科研与开发作为 80 年代发展的优先领域之一"，为实现这个目标，通过规划引导和政策支持，将知识密集型产业打造成为推动经济发展的新引擎（张雯，2017），使得新加坡的研发实力、国家竞争力和影响力极大提升。

2. 新加坡科技园发展概况

新加坡科技园始建于1979年，毗邻新加坡国立大学。该园区旨在鼓励国内外投资者研究和开发新技术、新产品和新工艺，并注重吸收跨国公司把研发活动转移到新加坡。该园区从1984年开发至今，已成为负有盛名的科学园区，是东南亚地区从事研发的理想之地。园区主要开展生物科技、微电子学、机器人等方面的科技研发。新加坡科技园内的主要研究机构和大专院校、国家机构、公共研究机构与新加坡的科技创业社区紧密相联。园区内有 300 多家跨国企业、本地企业和国家机构。

政府为引进投资提供了诸多优惠，包括入园启动资助、土地租金及税收减免等。园区内不仅有科技中介服务机构提供专业化的技术咨询服务，还有来自新加坡科学委员会、新加坡标准与工业研究局等一些政府资助机构的全方位服务。更为重要的是，科技园明确规定，外国投资者可以选择邀请新加坡本国科研人员加入，开展联合研发等多种合作形式，但合作成果必须首先在新加坡应用。

3. 政府为推动科研与开发采取的措施

（1）制定税收奖励办法，包括削减科研与开发费用的税额、科研与开发储金缓期纳税，公司利润可抽出 20%作为科研与开发储金，如三年内用完则可免税

（邹大挺等，1992），科研与开发业务比例较大则可享受较长的免税休假等。

（2）开发基础结构。主要是建立各种作为科研开发中心的实体，大力鼓励大学与企业之间协作共生，推进产学研合作。

（3）政府主导建立若干专业中心。例如，新加坡国立大学的系统科学学院和分子与细胞生物学院、新加坡标准与工业研究所等。

（4）政府提供研发经费。政府通过新加坡科学理事会的科研与开发援助计划对研发提供资助。另外，还制订产品发展援助计划提供经费以鼓励地方公司开发新产品。

（5）由政府任命组成科学理事会。科学理事会的主要功能是作为政府部门、大学、企业以及其他相关机构之间的信息交流中介和沟通协调中心，主要通过采取各种形式的活动来鼓励协作，如学术专题研讨会、日常管理座谈会、交流互访、资源共享，以及各种娱乐社交活动。

第四节　发达国家科技创新平台的治理经验总结

一、强有力的法律保障和政策引导

由于协同创新的过程涉及多种多样不同性质的参与主体和利益相关方，为保障各方利益和合作关系，需要通过强有力的法律保障和政策引导来为产学研协同体系提供坚实的合作基础，从而促进协同创新平台提升合作水平和竞争力。

为了保障合作研究的开展，美国在不同历史时期出台制定了一系列促进协同创新的法律法规来保障合作创新的开展和实施。这些法律和政策为美国的科技创新发展提供了坚实保障。东亚各国也高度重视法律保障与政策扶持，如日本筑波科学城就配置了完善的法规，具体包括针对高新技术园区的专门性法律和与高科技园区相关领域的法律政策。《筑波科学园都市建设法》对"以研究学园地区为基础的建设计划及周围开发地区整备计划的事业实施"等进行了详细的说明。除此之外，其借助立法等方式，综合实施优惠政策，从房地产租赁、信贷、税收、设备折旧等多方面给予优惠，从而推动整个科学城区更加健康发展。

一方面，政府应借助政策和制度的"政"能量，为多元协同共建新型研发机构的发展与产学研转化营造良好的宏观环境，从推动产学研合作、促进科技体制创新和提升国家创新能力着手，完善知识产权保护、税收、专利许可、利益分配和责任划分等方面的法律规定。另一方面，中央政府应加强对国家科技创新的宏观调控，制定长远规划；各区域政府应根据本区经济、教育和产业的实际情况制定符合本区域需求和国家创新驱动发展战略的科技政策。

二、创新科技管理的体制和机制

发达国家在推动协同创新过程中，建立了比较完善的管理体制机制，较好地处理了政府、企业和大学三者间的关系。

第一，"因地因时因事"制宜，在共建新型研发机构中实行企业化管理，破除高校和科研单位的事业管理体制和运行机制的掣肘。科研机构的发展内容、运行模式、目标定位和文化氛围与大学、企业均有所不同，其具备的创新与冒险、竞争与合作、奋进与不怕失败的精神，以及社会和市场需求的敏锐感知和高效治理模式，能够促进新型研发平台创新效率的提升。

第二，推动高校内部及学校之间的资源共享，为产学研合作提供知识和人才基础。一方面是高校内部的资源共享。利用高校内学科优势和科研资源，通过教师之间、学科之间、院系之间的资源共享与协同，促进不同学科专业之间、不同科研团队之间的融合，合作成为科研共同体。另一方面是高校之间的创新协同。不同高校间要充分发挥各自特色和优势，通过跨学校交流平台，通过资源共享、互聘师资、共同承担科研项目、共同培养人才等方式实现协同合作。

第三，实行市场化运作的创新科研机构组织形式。随着科技创新对我国经济社会发展影响的日益加深，许多高校、科研机构、政府科技部门、企业等多元主体共建的科技创新平台采取市场化运作模式，并获得了蓬勃发展。

在各国具体实践中，各国政府、企业、高校、中介等主体根据自身特点设计了有利于协同创新的协同机制，包括设计交叉多元的组织结构、构建市场化导向的管理模式、建立合适的人员激励、约束考核机制等。这些区别于传统的体制和机制是赋予发达国家协同创新平台生机活力的重要因素。

三、"产学研用"融合的多元化治理模式

科技创新的组织和管理应以满足社会发展需求和实现国家战略目标为宗旨，多元主体间的协同是基于新时代、新形势、新问题、新目标的必然要求。对于科技创新而言，科技成果的根本价值是贡献社会和造福人类，因此科技创新必须面向社会、面对市场、服务群众。

协同创新的核心是促进产学研用的融合，通过政府、企业、大学、中介的紧密配合和优势互补，形成"1+1>2"的效果。发达国家在多年的协同创新实践中，因地制宜、顺应形势形成了多种多样的治理模式。大学产业园模式是围绕大

学建立的促进科技成果转化的产业园区；企业孵化器模式是以中小初创企业为服务对象，提供发展所需各种要素，培育有竞争力的企业的协同模式；合作研究中心是大学、企业、政府共同成立发挥各自优势促进创新成果转化的平台；契约合作研究是企业与大学间以契约形式针对具体任务达成的研究合作模式；咨询协议模式是大学科研人员以个人身份为企业提供技术咨询服务；技术入股合作是企业以股权交易方式交换大学拥有的知识产权使用权从而促进产业化的合作模式；技术授权模式是大学将其知识产权授权给企业使用来合作；大学衍生企业模式是学校自己将技术创新以企业形式逐渐分离并推动产业化；等等。这些多元化的治理模式可以很好地适应不同场景和需求，为产学研用协同创新提供多样化解决方案。

四、完善的金融支持和中介服务体系

在协同创新平台中，科技中介和金融机构也是促进创新创业和科技成果转化的重要环节。发达国家的中介机构体系非常完善，各种各样的中介机构、咨询机构为高科技企业提供人力资源管理、风险管理项目融资、知识产权管理等多方面的专业服务，不仅满足企业持续增长的科技服务需求，也促使科技和经济密切联系起来，使得科技成果顺利实现产业转化，并为产业部门的技术开发创造必要的条件。另外，金融机构，特别是风险投资基金对促进初创企业发展、技术产品化起到了至关重要的作用。发达国家的经验表明，风险投资机制相对完善的地方风险投资发展得较好，对应高新技术产业化水平也就高，反之产业化发展则面临较大阻力。金融机构配合政府财政税收政策，对于协同创新起到巨大的推动作用。中介服务机构是连接高校、企业和政府的纽带，对于产学研协作具有重要的促进作用。通过创建权威中介服务机构，并加强政策引导、资金支持和监管服务，可以有效推动高校、研究机构与企业间的创新协同度，构建服务于区域发展和国家战略的创新联盟。

第六章　地方科技创新平台治理的
个案分析

伴随着创新驱动发展战略纵向深入实施，打造区域性科技创新高地，搭建地方性、公共性、服务性科技创新平台成为地方政府施政的重点项目。在平台搭建过程中，地方政府选择与区域内著名高等院校合作，紧密依托高校，以政产学研用融合为导向，致力于实现科技创新要素资源集聚、服务区域企业创新发展、推动区域产业结构优化升级、提升区域创新型经济发展的功能。本书在厘清地方科技创新治理要素基础、逻辑意蕴、国内外代表性科技创新平台治理模式的基础上，选择高校主导型地方科技创新平台——华中科技大学鄂州工业技术研究院（以下简称鄂州工业技术研究院）为案例，剖析其治理模式，以期探索我国地方科技创新服务平台治理的有效做法、现实问题和治理启示。

第一节　鄂州工业技术研究院的发展概况

依托华中科技大学而建立的鄂州工业技术研究院在成立之初就承载着促进科技创新和服务经济发展的基本职能。之所以选择鄂州工业技术研究院为研究样本，是因为该平台的成立标志着鄂州市与华中科技大学实现全方位、深层次合作，为高校促进地方经济和科技创新发展开创了新的合作模式。鄂州工业技术研究院成立与发展过程中对平台治理的组织架构、体系设计和机制安排的探索，采取的有益做法，以及面临的障碍能为新兴地方科技创新平台的发展带来一定思考。

一、鄂州工业技术研究院的发展演变

地方科技创新平台是在国家经济社会发展转型、各领域全面深化改革、区域

产业结构优化升级、科技创新引领发展的大背景下，地方政府、高等院校、企业等主体突破传统活动的边界、科技创新管理体制的壁垒、融合协作而诞生的新型科技研发与服务载体。为积极响应国家发展战略以及现实区域经济发展转型需求，鄂州市人民政府从区域发展规划、加快科技创新成果产业化进程、促进政产学研用融合等着手，集中关键力量打造区域性科技创新服务平台，培育区域经济发展新动能。鄂州工业技术研究院在政府强有力的支持和引导下建立并获得较快发展。

2016 年 4 月，鄂州市与华中科技大学深层次、全方位合作成立的鄂州工业技术研究院正式揭牌并投入使用。双方在人才培养、科技创新、成果转化等方面开展广泛合作，充分利用学校人才、科研优势，创新体制机制，通过产学研结合和区域创新体系建设，提升双方的自主创新意识，打造科技创新的新高地。建立至今，鄂州工业技术研究院经历了准备阶段和稳步发展阶段两个阶段。

一是准备阶段（2016 年 4 月至 2016 年 10 月）。在鄂州市人民政府和相关部门、华中科技大学的鼎力合作和强有力支持下，该阶段完成法定注册手续、科研和基础工作设施完善、基本组织框架搭建、部门设置和管理服务人员岗位配备、各项基本制度设立等工作并实现平台初步运转。鄂州市人民政府通过财政资源、土地资源、现代化办公场所、工业厂房（企业孵化器）、完善的配套服务设施和服务等为科研人员、科研项目开展创造了优越的外在环境。除此之外，鄂州市人民政府还出台多项政策引导和促进科研项目落户平台、科技成果转化于鄂州。华中科技大学则在人才支持、科研团队和项目引进、服务平台设置和管理上充分发挥自身的资源优势，助力鄂州工业技术迅速走上发展正轨。

二是稳步发展阶段（2016 年 10 月至今）。准备工作完成后，鄂州工业技术研究院开始稳步发展，步入承担科技研发和科技服务功能的轨道。这种稳步发展主要体现在伴随着各项管理和服务制度的完善，不仅成功引入数十个科研项目和团队，在科研产出上也实现了合作双方的预期目标。依据最初发展规划并融合鄂州市优势产业以及华中科技大学优势科研资源，数个公共科研服务和专业技术研发平台（中心）搭建完成，建立了科技企业孵化器和创投公司，丰富了科技研发成果产出类别，加快科研成果转化进程。已入驻项目方面，截至 2021 年底，鄂州工业技术研究院引进项目总数 67 个，待入驻评审项目 9 项。项目领域包含光电芯片、大数据、人工智能、生物医药、智能装备、大健康等，均为具有成熟技术和强大创新能力的团队。成立至今，鄂州工业技术研究院已获批十余项国家级、省级、市级科技研发和成果转化平台。

二、鄂州工业技术研究院的发展成果

鄂州工业技术研究院成立至今，在鄂州市人民政府和华中科技大学等相关机构的密切协作下，集合了政府、高校和区域市场主体的联合优势，使得研究院在以下各方面都获得良性进展。

第一，人才资源集聚。科研项目落地和科研人才团队入驻是科技创新成果创造、产出、转化和应用的源头。鄂州工业技术研究院在鄂州市人民政府提供的有利科研环境和科研条件下，不断加大人才引进、培养和管理力度，优秀创新人才引进和科研人员培养工作再上新台阶，吸引了一大批优质创新创业团队。入驻科研项目由专业领域专家学者作为项目负责人，团队成员主要由高校青年教师、博硕研究生组成，高素质的科研团队为科研成果产出提供了人才保障。目前，鄂州工业技术研究院聚集了包括院士等不同层次的科研人才。截至2020年，鄂州工业技术研究院引进院士 4 名、国家杰出青年科学基金人才 6 名、国家优秀青年科学基金人才 5 名、青年拔尖人才 4 名、教育部新世纪优秀人才 17 名等。人才培养方面，累计培养科研人员近 700 人，其中博士研究生 208 人，占全院科研人员的 31%，硕士研究生 279 人，占全院科研人员的 41%。培养企业高端人才 20 人、产业化人才 160 余人。

第二，科研成果产出。鄂州工业技术研究院充分发挥政策优势和平台的扩散效应，将华中科技大学的科研成果作为转化源头，以研究院技术应用研究和工程化平台为动力，提供完备的平台和充分的科研自主权，在理论应用、技术应用研究方面取得系列成果。知识产权方面，鄂州工业技术研究院高度重视知识产权保护，通过把专利产权的管理、专利奖惩、专利工作的考核等内容列入专利管理制度，提高了团队的自主创新能力和核心竞争力。2017 年科研成果申报知识产权 107 项，其中实用新型 5 件，发明专利 99 件，PCT 3 件。2018 年，鄂州工业技术研究院年度新申请知识产权 133 件，至此，鄂州工业技术研究院知识产权总数达到 240 件（其中实用新型 10 件，发明专利 227 件，PCT 3 件）。2019 年度新申请知识产权 173 件，知识产权累计达 413 件，居湖北省科研单位知识产权数量前列，占鄂州市 2019 年发明专利申请总量超过 10%。2021 年，新增申报知识产权 104 件，新增发明专利授权 62 件，高价值知识产权培育体系日益健全。据湖北省知识产权局发布的消息，2021 年上半年鄂州工业技术研究院发明授权总量占鄂州市总量的 27.6%，有效促进了鄂州市万人发明拥有量指标提升。重点（重大）研发项目方面，除与华中科技大学、湖北省内其他高校协作的科研项目外，2017 年鄂州工业技术研究院获批"十三五"国家重点研发计划项目 1 项，开展横向课题 1 项。2018 年，鄂州工业技术研究院获批"十三五"国家重点研发计划项目 1 项。部分团队经过攻坚克难，在太阳能电池应用、新型材料研究、生物显微成像技术、生物大数据等研发上取得显著进展，而理论研究方面部分科研团队在国内外顶级期刊发表出影响力较大的学术论文成果。

第三，搭建省级孵化器、众创空间。鄂州工业技术研究院始终以推进成果转化高地为着眼点，积极建设科技企业孵化器，提升地方科技创新平台推动科技成果转化的效率。创立伊始，其就将建立以生物医药、电子信息、智能制造为主要产业的综合性孵化器纳入鄂州工业技术研究院科技创新体系建设框架之中。经过完善鄂州工业技术研究院管理体系，搭建各类科技服务平台，衔接创业资本等多元措施，梧桐湖科技企业孵化器成功入选为省级科技企业孵化器，从而助力加快孵化科研项目的企业化、市场化运行，服务区域高新技术企业和产业转型需求，打造国际性科技创新产业园。此外，在"大众创业、万众创新"政策引领下，鄂州工业技术研究院打造了专业性省级众创空间——梧桐湖众创空间，并秉持专业、创造、共享、共赢的发展理念，研发新技术、创造新产品、孵化新企业、培育新产业，以专业的创业培育模式和共性技术服务平台促进科研团队和科技企业发展。鄂州工业技术研究院大力推动科技创新和成果转化工作，截至2020年，鄂州工业技术研究院在平台、孵化器、在孵科技企业获得多项国家级、省级、市级项目支持（表6-1）。梧桐湖众创空间服务项目（孵化高新企业）共计62项，涵盖生命健康、光电子器件、清洁能源、大数据、智能装备、电子信息和新材料7大领域，着力推动有前瞻性的科技成果产业化，为区域实体经济提供新的增长点。

表6-1　鄂州工业技术研究院获得项目支持清单

序号	平台名称	批准单位
1	国家级科技企业孵化器	科学技术部
2	湖北省科技企业孵化器	省科学技术厅
3	湖北省产业技术研究院	省科学技术厅
4	湖北省众创空间	省科学技术厅
5	湖北省人才创新创业平台	省委组织部、省科学技术厅、省人力资源和社会保障厅、省教育厅
6	湖北省技术转移示范机构	省科学技术厅
7	湖北省省级小型微型企业创新示范基地	省经济和信息化厅
8	中央引导地方科技发展专项	省财政厅
9	李德群院士专家工作站	省科学技术协会
10	赵国屏院士专家工作站	省科学技术协会
11	湖北省高校院所知识产权推进工程	省知识产权局
12	湖北省3A科技企业孵化器	省科学技术厅
13	湖北省技术转移机构绩效评价后补贴	省科学技术厅
14	新鄂州人·优秀伯乐	市委人才工作领导小组办公室
15	"我选湖北"鄂州市大学生实习实训基地	市人力资源和社会保障局

第四，搭建公共服务平台和专业技术平台。科技企业孵化器和众创空间建设是推动科技成果转化终端服务的必要条件，而科技成果的研发、转化、应用需要链条式的系统服务，这需要高质量的研发和服务平台以及配套政策的支持。鄂州工业技术研究院围绕既定服务项目，搭建了各类公共服务平台、联合高校和企业共建专业技术创新平台、研发中心等，为创新创业团队提供专业服务。同时，鄂州工业技术研究院紧密结合互联网时代下大数据技术、智能技术、半导体等国家发展需求的重点领域，打造出具有针对性、专业性和先进性的服务平台。

第五，科技成果转化的配套服务。科技研发是基础，科研成果转化和应用则是目的，打通创新创业链条，孵化科研项目走向市场，则是解决科技创新"最后一公里"问题的关键一环。鄂州工业技术研究院实行全周期生命管理孵化体系，通过各种软硬件设施的配备搭建高质量成果转化平台，包括人员管理、资产管理、知识产权管理、市场拓展、外部资源整合在内的全方位服务，从而加速了科技成果转化进程。一是搭建专业论坛会议平台，为研究人员提供交流学术、分享经验的平台。2021年，成功举办湖北省"联百校 转千果"科创大走廊系列活动鄂州工业技术研究院专场活动，组织举办知识产权培训。二是在科技企业孵化期间，通过与专门的天使投资人、创投公司、其他科技企业孵化机构合作，为解决新创企业的投资融资难题提供资源帮扶。三是通过积极抓住路演机会，组织在孵企业和项目团队参加湖北省重大科技成果推介会、各类专业博览会与专业论坛、创新创业大赛等活动，让鄂州工业技术研究院的企业和项目走上更高更远的平台。2021年，举办高新技术企业培训、投融资交流、项目路演等创新创业服务活动二十余次，助力新创企业走上发展正轨。此外，鄂州工业技术研究院与东科创星合作创办CEO（chief executive officer，首席执行官）特训班，助力创新创业团队和初创企业尽快掌握现代化企业管理模式，来加快科技成果转化的进程。

第二节　鄂州工业技术研究院治理中的主体互动

地方科技创新平台的参与主体主要包括高校或科研院所、地方政府、企业等，主体多元及主体间互动是该类新型研发创新载体的内生性特征。

根据三螺旋理论所述，地方科技创新平台治理体系中各参与主体间既有共同的利益取向，也有难以避免的主体博弈。它们既是功能各异的组织实体，也存在打破边界的协同创新行动，良性互动、追求共同利益始终是各参与主体的主要行动逻辑。就鄂州工业技术研究院而言，影响其建设、运转及治理的参与主体主要有鄂州市人民政府及其附属（派出）机构、华中科技大学、企业等。在鄂州工业技术研究院的具体治理实践中，各主体因扮演的角色和功能不同而展现出不同的要素集聚和参与路径。

一、地方科技创新平台治理主体互动的基础理论

三螺旋理论是继国家创新系统之后新出现的理论模型（方卫华，2003），学术界用来分析协同创新主体间互动的重要理论。三螺旋概念最初应用于生物学领域，后阿姆斯特丹科技学院的罗伊特·雷德斯多夫教授和纽约州立大学的亨利·埃茨科威兹教授对其进行了拓展，提出政、产、学三螺旋理论，用以分析政府、产业、大学在知识经济背景下的新型互动关系。三螺旋理论的精髓在于，尽管政府、产业和大学是存在多方面差异的异质主体，但三者基于知识经济的共同背景却存在着某些共同利益，如加快经济发展、培养优秀人才、提升社会福利等。因此，三螺旋理论才有可能在组织结构、沟通方式、运行模式等方面实现创新，从而成为政府、产业、大学之间的互动理论基础。

三螺旋理论认为，要素循环是主体互动关系的主要表现形式，并通过主体内循环和主体间循环两种途径实现创新发展。首先，无论是政府、产业还是大学，都有其组织机构、人员组成、知识结构、信息流转、运行机制等固有"资产"，正是这些"资产"的内部循环流动支撑起各主体的组建、运转和发展，进而成为社会结构中不可缺失的一环。其次，各主体因社会分工不同而逐渐积累出不同的要素资源优势，通过主体间要素沟通循环达成平台搭建、项目合作、网络构造，避免成为信息孤岛。地方科技创新平台治理的主要参与主体政府部门、大学或科研院所和企业，不仅各自具有差异化要素资源，而且通过不同形式投入新型研发机构中以实现要素层面的聚集、循环。地方科技创新平台的治理模式从构思到落地，各类产学研合作项目从立项到结项，各种规章制度从制定到实施，等等，都是以要素循环为行动主导的主体互动表现。

根据三螺旋理论，政府、产业、大学三位一体协同创新机制包括创新主体的自反机制、创新过程的非线性机制和创新组织的集成机制（邹波等，2013）。其中，创新主体的自反机制是指政府、产业和大学各自的组织边界是开放性的，组织功能是具有弹性的，它们能够根据创新发展规律和外界环境变化对各自的组织边界和功能做出适时调整。其前提在于，各创新主体的功能不再局限于自身已有范围，而是适当延伸或改变。例如，政府应从行政指令式的管制转变为服务导向型的引导；大学要更加注重科学研究和成果转化的适应性和实用性、人才教育和培养的针对性和实践性；市场化的企业抛弃短期利益追求，转向长期战略下的技术含量和人才储备。新型研发机构是在政府、大学或科研院所、企业等多方合力

作用下形成的，各主体均在新组织新目标的引导下做出功能调整，尤其是在国际国内复杂局势下，政府部门更加注重以科技创新驱动区域经济高质量发展，企业部门掌握核心技术的需求愈加迫切。创新过程的非线性机制是相对于传统创新的线性机制而言的，伴随着创新复杂性日渐增强发展而来。在三螺旋模式下，政府、产业、大学通过要素资源聚集、功能自反、组织创新等途径，实现包括科学研究、转移转化、市场终端等在内的非线性协同创新。在地方科技创新平台治理中，科学研究得到有效转移转化，不断促进区域经济发展，市场反馈也在持续调整和促进科学研究。创新组织的集成机制指的是在政府、产业、大学三者交叉重叠的部分所形成的组织结构，如孵化器、技术转移办公室、生产力促进中心、科技园等。显然，地方科技创新平台就是这样一种混合型组织。

二、鄂州工业技术研究院治理中的主体互动实践

1. 多元平台要素集聚

伴随着国家对科技创新发展的重视，以及从顶层设计层面对科技创新体制的改革，各地方政府结合本区域发展实际，纷纷致力于科技创新平台建设。这种新型科技研发和服务载体承载了地方政府整合和优化配置科技创新资源、完善科技创新体系、推动区域经济社会转型发展的重要功能。在这种战略背景和职能定位下，鄂州市人民政府结合梧桐湖新区建设和打造梧桐湖生态科技城，以及推动区域创新型经济发展的战略导向，联合华中科技大学建立了鄂州工业技术研究院。也就是说，作为新型研发和服务载体的科技创新平台是地方政府公共政策的产物，更是地方政府主导和政策支持下，联合了众多科技创新链条上的主体、突破传统体制机制的闭锁而建成的，是地方多元个体联盟运作、多元要素集聚的结果。鄂州工业技术研究院正是地方发展战略、科技创新公共政策推动下多元主体协同共建、科技创新要素集聚的呈现载体。

在鄂州工业技术研究院建立过程中，区域科技发展战略是科技创新平台形成的根本动力。地方政府公共政策和财政支持是推动科技创新平台平稳和有效运行的关键动力。伴随着各项配套公共政策和平台治理体系架构初步搭建，地方科技创新平台逐渐成为多种科技要素资源集聚的场域。这种要素的集聚以地方政府、高等院校、高科技企业、中介服务组织及相关合作组织等主体为基础，要素资源的有效整合和优化配置以多元主体的角色明确、功能到位、良性协作为前提条件（图 6-1）。

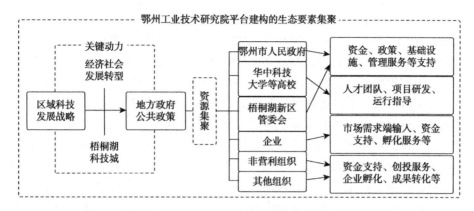

图 6-1 鄂州工业技术研究院平台建构过程中的生态要素集聚

2. 主体要素的互动实践

首先，地方科技创新平台是地方政府公共政策倡导和支持的产物。地方政府在科技创新平台建立和发展过程中扮演着主导者角色。但值得注意的是主导者并非主要管理者，这种主导是指在该平台长远发展的战略定位、科学战略规划制定的引导者，是平台建设的组织者和平台发展的核心支持者。地方政府厘清政府与市场的边界，承担了平台发展的宏观调控和间接管理、保障服务职能。就鄂州工业技术研究院而言，鄂州市人民政府是鄂州工业技术研究院设立的重要指导者和组织者，主要承担对鄂州工业技术研究院提供资金拨款、基础设施建设、科技人才培养和团队引进、科技成果转化和企业孵化器、补贴和税收优惠、金融服务等相关政策支持方面的责任，这些政策支持是鄂州工业技术研究院能够顺利建成、稳步发展的根本保障。反过来，鄂州工业技术研究院亦是推动区域科技创新体系完善、产学研用有效结合、区域经济转型的发动机。梧桐湖新区管委会统属地方政府序列，承担了为鄂州工业技术研究院提供后勤服务的职责。值得注意的是，鄂州市人民政府主要发挥政策支持、规划引导、沟通协调等支撑性作用，并不参与到鄂州工业技术研究院日常管理中，因此，其与华中科技大学和鄂州工业技术研究院的互动行为更多集中在组建期间。事实上，鄂州工业技术研究院组建阶段，鄂州市人民政府领导足够重视，资金投入有保障，鄂州工业技术研究院可以快速建立并平稳运行。但是，等到组建期结束进入日常运转阶段，由于缺乏固定资金投入，同时鄂州工业技术研究院自身未能形成较好的"自我造血"功能，可持续发展问题显现出来。这也启示着相关政府部门应基于鄂州工业技术研究院发展不同阶段所展现的不同特点，适时给予适应性支撑政策。

其次，地方政府联合高校共建地方科技创新平台是国内新兴科技研发和服务载体建设的重要途径。高校是我国科技创新体系的关键组成部分，亦是科技创新成果产生的重要源头，集聚人才和多种科研资源优势。鄂州工业技术研究院是典型的地方政府主导下，依托华中科技大学丰富的科技创新资源和重大科技成果产出能力而建立的区域性科技创新载体。华中科技大学在鄂州工业技术研究院建立和发展过程中扮演核心支持者角色，为鄂州工业技术研究院提供科研人才团队支持、科研项目入驻、平台运行管理的制度指导等方面的服务。

　　最后，企业和非营利社团等主体的差异性导致其角色功能也呈现出异质性，这源于地方科技创新平台的混合性角色定位：集研发机构和服务平台于一体。鄂州工业技术研究院以建设"差异化的，具有引领示范和辐射带动作用的科技创新高地和科技创新、高端产业孵化和高端人才供给的平台"为目标。科技创新高地必然意味着高科技研发水平，高端产业孵化必然要求高新科技企业和相关中介服务机构等集群的形成，高端人才供给必然意味着鄂州工业技术研究院要成为高新人才培养平台。在这种目标定位下，成熟的高新技术企业和入驻孵化器企业将科技研发市场的需求订单链入鄂州工业技术研究院研发系统，并主要以企业研发团队直接入驻平台、企业以市场契约形式和鄂州工业技术研究院合作开展项目、企业接受鄂州工业技术研究院的孵化培训和服务指导、企业人才的定制式培养等形式完成。同时，由科研项目转化为初孵高新技术企业则扮演着科技成果转化和孵化进入市场的服务需求角色。非营利社团是将社会资本嵌入平台生态系统的重要组织，意味着通过非营利社团可以为平台运行和发展提供更多的社会资金、社会关系等资源支持。科技企业孵化和高新技术发展需要法律咨询、财务管理、知识产权等企业管理服务的支撑，由此，平台中的中介服务组织成为入驻企业、科研项目成果孵化的重要支持者。鄂州工业技术研究院在治理过程中，通过营造优越科研环境，提供科研项目研发、高新技术企业合作、打造高端科技企业孵化器和众创空间以及其他配套服务等推动创新链条上供给端与需求端的衔接，并尝试通过链接金融链、资本链来完善平台的服务体系。

第三节　鄂州工业技术研究院的治理生态结构

　　组织治理模式是治理体系、治理结构、治理机制和相关制度安排科学合理、运行高效的综合体现。对于地方科技创新服务平台的治理而言，囿于其科技创新平台研发和技术服务的公益属性，它们既不同于传统事业单位的管理模式，也有别于企业化运营管理，正如所谓的"四不像"，是事业单位但又不同于传统事业单位的治理模式，不是企业但在创新链与产业链的衔接过程中也以市场为导向、重视产出和效益。鄂州工业技术研究院于2016年6月正式成为事业单位法人。在管理模式上除了具有事业单位管理特征外，在治理体系、组织架构和治理机制方面的制度安排亦突破了传统事业单位的管理方式，紧密依托科技成果转化的整个链条，实行灵活而不失实效的运作形式。

一、集成平台模块下的多功能属性系统搭建

从目的和功能视角看，地方科技创新平台是集聚科技创新要素、优化配置科技创新资源的载体。从平台搭建和运行的内在机理视角看，地方科技创新平台是一个跨系统资源流动、模块化资源集成、多功能资源效应发挥的复杂生态系统。该系统致力于推动科技研发、知识和技术成果传递、产业转型升级、经济社会高质量发展，实现地方政府、高校、企业等多元主体利益在平台发展过程中的兼顾，这种共赢结果的达成需要以科学合理的治理体系为基础支撑。

地方科技创新平台是集合了多种要素和主体的复杂生态系统。这个生态实质上跨越了政府系统、教育系统、金融系统、社会系统和市场系统的边界，将政策流、知识流、资本流、服务流、产业流等流动性要素有效聚拢，降低科技成果转化成本，形成科技创新成果产出的网络效应。图 6-2 是地方科技创新平台内部和外部系统交互作用和相互衔接的运行逻辑。

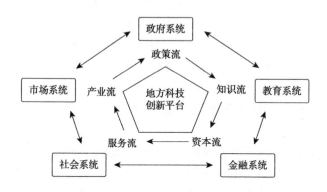

图 6-2　地方科技创新平台的内外部系统运行逻辑

首先，外部开放式链接循环系统。该系统由政府系统、教育系统、金融系统、社会系统、市场系统构成，这一系统聚拢了地方科技创新平台外部核心要素，系统内的主体要素和资源要素构成了创新链的供给端、需求端、渠道端。创新链并非直线式或封闭式，而是随着科技创新产品需求和供给端的需求而向外部延伸、拓展至创新链条外的主体、组织、要素。要素聚拢是外部开放式链接循环系统的表征，而多元主体要素在角色担当、功能定位、关系结构方面的差异是其

能够有效协同的内在机理要求。由鄂州工业技术研究院建立和发展中各个构成主体所扮演的角色和功能异质性可知，功能互补性、职责分工对地方科技创新平台高效运行意义重大。虽然各主体角色和追求价值具有差异性，但这并不妨碍其相互调和及协同共进。如果从平台模式的价值逻辑和创新链的发展规律上看，地方科技创新平台处于科技创新价值产生和价值传递的核心位置。鄂州工业技术研究院汇集了教育系统的优质资源，科技研发和成果产出是其重要使命，以此形成创新链供给端。政府系统、金融系统、社会系统则扮演推动科技成果持续产出和供给的推动者、渠道创造者角色。市场系统既是科技成果的需求端，亦是科技成果转化的重要载体。鄂州工业技术研究院将创新链的供给端、需求端连接起来，并强化供需平衡的中间服务环节，降低供需两端的交易成本，推动科技成果迅速转化和实现供需两方的互利共赢。

其次，内部多源流要素的交互系统。地方科技创新平台的高效运行是外部开放式链接循环系统和内部跨域多源流要素融合交互作用的结果。外部主体系统有效嵌入以内部要素的有效流动为前提，内部要素的有效流动又是外部主体功能价值实现的目的。内外部循环系统通过多源流要素的集聚和交互反应保证地方科技创新平台各个治理单元的健康运作，进而促进科技创新系统的持续演进。具体说来，各系统联合织就了依托地方科技创新平台的知识资源集聚、科研价值生产和科技服务价值传递的网络。多元组织是此网络的关键节点，而政策流、知识流、资本流、服务流、产业流等网络节点质量是其价值产生的主要抓手，政策流是撬动其他多源流的根本力量。这些多源流能否有效衔接、精准交互、稳定循环直接决定了平台生态网络结构的平稳性和高效性。

二、多系统平台衔接下的治理体系架构

地方科技创新平台内外部系统的良性运作、科技创新链上多环节的有效融合离不开科学的顶层设计以及治理架构的依托。只有设计合理的治理架构，并依据科技成果转化规律，搭建链条化的平台子系统，推动外部系统主体良性协作、内部多源流要素有效融合，才有可能实现地方科技创新平台治理效益的最大化。本书通过考察鄂州工业技术研究院，归纳出其治理架构、治理体系的内在运作特征、制度和保障机制。

1. 基于委员会管理架构的"五链融合"式治理体系

现代化的组织治理架构是地方科技创新平台有效治理的基本保障。鄂州工业技术研究院在治理架构（图6-3）设计上，实行管理委员会领导下的院长负责

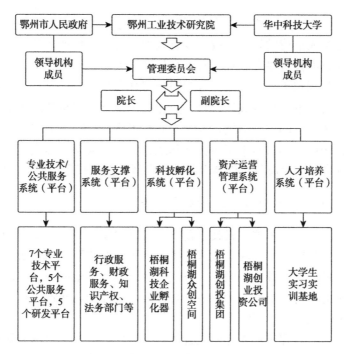

图 6-3　鄂州工业技术研究院的治理架构

制。管理委员会由鄂州市人民政府委派的成员、华中科技大学委派的成员联合组成，这保证了政策流、知识流在顶层设计上的有效衔接与协同，也有助于保证科技创新平台运作的高效化。在围绕鄂州工业技术研究院所形成的创新网络中，分别设立了专业技术/公共服务系统（平台）、服务支撑系统（平台）、科技孵化系统（平台）、资产运营管理系统（平台）、人才培养系统（平台）。这五大系统分别对应创新链、服务链、产业链、资本链、人才链，是推动科技创新成果高效转化必不可少的条件。通过将科技创新成果转化路径上的各个链条置于专门的平台上，配备职能部门和专业平台（机构），形成权责清晰、职能明确、分工协作、有效协同的治理格局。具体看来，依据国家重点科技领域发展战略、区域发展要求和鄂州工业技术研究院的发展规划，设立涵盖新技术、新能源、医药、生物、人工智能、大数据、知识产权服务等特色的专业技术平台和公共服务平台、专门研发中心，以便推动创新链资源的开放共享和优化配置。服务支撑平台是创新链、知识链、产业链、资本链、人才链高效运转的重要保障部门，为科研项目开展、人才团队建设、梧桐湖科技企业孵化器和资产管理平台的稳定运行提供不可或缺的服务支持。梧桐湖科技企业孵化器和省级梧桐湖众创空间按照"创业导师+专业孵化+天使投资"的运营方式，为在孵企业提供包括政策优惠、财政扶持、风险投资、人才培育、国内外交流、信息技术设备支持等全方位的孵化扶持。鄂州工业技术研究院成立了全资子公司——梧桐湖创投集团作为资产管理平台，运作事业法人形成的知识产权、专有技术和推进新型产品的市场化。资产管理平台积极与政府投资平台、社会资本合作建立天使投资基金，为初创企业提供资金服务，并与鄂州市昌达资产经营有限公司联合成立梧桐湖创业投资公司，孵化可产业化项目，推动科技成果转化、企业孵化培育。高科技人才培养是科研团队后备人才梯队建设的重要措施，鄂州工业技术研究院在大力建设科技成果转化高地的同时，积极创建大学生实习实训基地，为鄂州大学生提供实习实训机会，帮助学生提升自我，适应科技创新引领社会发展的新时代职业能力需求。

2. 依托科研项目载体的治理保障机制供给

科学化的治理架构是地方科技创新平台可持续发展的关键要素，而完善的运行机制和制度供给则是平台功能发挥的主要抓手。鄂州工业技术研究院不断探索和完善人事管理、项目评审和跟踪服务、财务管理和金融服务、绩效考核、知识产权保护、利益分配等制度，为科研项目开展、人才团队建设、科技企业孵化和科技成果顺利转化提供机制保障。

首先，项目入驻评审和人才团队管理机制。优质科研项目落地和人才团队的入驻是实现平台科研成果产出、转化的首要步骤。鄂州工业技术研究院全面规范项目入驻和管理，实行由来自学校、鄂州市人民政府组织部和科技局、鄂州工业技术研究院的代表，以及高新企业、风险投资集团聘请专家和技术人才联合组成的评审委员会管理机制。委员会结合区域高新产业发展重点、政府发展规划和市场发展需求，重视项目推进可行性与项目成果转化可能性较大的应用性项目。鄂州工业技术研究院承接华中科技大学的科研项目是项目入驻的基本形式，人才团队的引进也是以项目评定为载体。华中科技大学各个院系以及鄂州工业技术研究院根据自身发展需求推荐的项目，通过评审机制来考核项目是否可以入驻，确定入驻后采取"专家导师负责制"的人才团队管理机制。鄂州工业技术研究院通过提供完善的服务而不干涉项目运作的管理路径，来保证科研项目的稳步进行。

其次，财务管理制度、金融服务和知识产权保护。鄂州工业技术研究院通过制定规范化的财务管理流程，降低科研人员和科技成果转化在资金使用方面的风险成本和时间成本，助力财政资金的优化配置、保证平衡收支、提高资金运用和监管效率，促进资金使用经济和社会效益的最大化。在金融服务机制方面，依托梧桐湖创投集团撬动政府资本、社会资本联合建立天使投资基金，为在孵企业提供资金服务。在知识产权保护和推动产品市场化方面，鄂州工业技术研究院依托该资产管理平台推动知识产权、专有技术保护与产品市场化，并在职能部门中专门设置相应岗位以及专业工作人员为科研团队、初创企业提供服务。

最后，绩效考核和成果分配机制。绩效考核分为管理服务团队人员的考核和对项目团队的考核两部分。对鄂州工业技术研究院管理服务团队的考核实行部门职责分工基础上的目标考核制，采取年度考核和季度考核形式。鄂州工业技术研究院对项目团队的考核主要依据鄂州市人民政府与华中科技大学的战略规划和合作协议，对平台建设、公共科技服务活动开展、科研团队产出的知识产权数量等进行考核。对科研产出一项，根据项目合同约定的职责和义务，明确项目团队季度、年度进度和任务目标进行项目团队监管考核。对成果分配机制而言，则参照华中科技大学的科研项目成果转化分配机制施行。值得注意的是，科技研发属于高投入、高风险的活动，相应的风险防控机制也不可或缺。鄂州工业技术研究院在项目退出、风险防范方面保持包容和开放，允许合理范围内的"创新失败"。

第四节　鄂州工业技术研究院的治理启示

鄂州工业技术研究院通过"营造环境、搭建平台、完善体系、建立机制"重新定义了"从科学、技术、产业到最终实现经济价值的创新价值链过程"（苟尤钊和林菲，2015），其生态治理结构、治理体系和治理机制安排，所采取的管理措施，面临的困境等都足以为其他地方科技创新平台的治理带来借鉴。

一、鄂州工业技术研究院治理中的有益做法

1. 将平台融入区域发展战略规划之中

地方科技创新平台是地方政府为了推动科技资源集聚和区域经济社会转型发展而采取的重要施政措施，这就决定了地方科技创新平台要服务于区域经济社会发展的战略目标。地方政府在平台建立和发展中也扮演"经济人"和"利益相关者"角色，只有在符合政府治理需求的前提下，平台才能够获得政府的支持，这也是地方科技创新平台能够稳定运行的基本前提。鄂州工业技术研究院的设立基于鄂州市建立梧桐湖生态科技城、打造科技创新高地、推动高新产业发展等战略目标，承载着促进鄂州市区域经济社会向创新驱动发展模式转型的使命。在此战略目标和发展规划引领下，鄂州工业技术研究院对治理架构、治理体系进行布局和完善，以发挥好自身的功能。

2. 突破传统体制约束以实现平台可持续发展

地方科技创新平台的迅猛发展是现实经济社会发展和我国科技体制深化改革综合作用的成果。不合理的体制机制会导致科技创新领域内部结构"孤立化"、科技研发系统和市场应用系统断裂，而我国近年来着力实施以市场为导向，产学研用协同创新的科技体制改革战略，正是将科技创新平台推至"台前"，衔接科技研发与市场应用系统的核心推动力。在这个关键位置和节点上，地方科技创新平台通过将科研系统、市场系统、教育系统、社会系统和服务系统聚合，助力科技创新资源有效配置、产学研用的充分融合。鄂州工业技术研究院在鄂州市人民政府、华中科技大学等高校、区域高新技术企业和服务企业之间起着衔接作用，联通了科研体系、教育体系、市场应用体系，将市场机制引入科技创新系统之中，有助于加快科研项目成果的转化，推动区域科技研发活力迸发和科技创新服务效率提升。

3. 科学布局以实现创新链、资本链和产业链的协同

地方科技创新平台是集合科技创新链条中科技研发、人才培养、企业孵化、科技成果转化服务功能的有机体，有机体性能的高低取决于这些功能是否能够充分具备。鄂州工业技术研究院从建立之初就明确了这些功能和使命，并在平台发展中超前规划、合理布局，包括搭建各种专业科技和研发中心、公共服务平台以承接华中科技大学等高校科技研发项目、培养优质科技人才，打造现代化科技企业孵化器和科技创新产业园、众创空间来促进创新资源聚集和合理配置。此外，鄂州工业技术研究院联合企业成立创业投资公司，孵化可产业化项目，有效推动科技成果转化、企业孵化培育，实现科技创新供给链、资本链、产业链的有效衔接。

二、鄂州工业技术研究院运行中面临的困境

1. 配套政策滞后和外部环境仍需优化

科技创新成果转化需要高新技术产业集聚作为基础支撑。相较于浙江、广东等东南沿海发达地区较为完善的高科技产业体系和科技创新体系，鄂州市仍存在高新技术产业基础不够扎实和科技创新体系不够完善、高科技人才与科研项目等科技资源的集聚度不高等影响科技成果转化的外部环境问题，这些问题也直接影响到鄂州工业技术研究院的治理效益产出。这就需要地方政府结合区域经济社会发展特征和发展需求，在区域产业发展上做好规划，强化高新技术产业基

础建设。

目前，地方政府在基础设施配备、财政资助等方面对鄂州工业技术研究院支持力度较大，但配套政策措施仍存在一定的滞后性：科技创新人才引进和留住政策、税收优惠政策、投资融资等金融支持政策、知识产权保护和利益分配等相关政策的指导不够明晰，具体政策实施细则有待完善。此外，鄂州工业技术研究院事业单位体制导致社会资本的融入受到一定制约，这些科技创新链条的衍生问题都直接影响鄂州工业技术研究院发展外部环境的优化和科技成果转化的效率，这尤其需要引起重视。在鄂州工业技术研究院的建设和治理上，地方政府对鄂州工业技术研究院运行的支持方式有待完善，仍需要充分发挥其资源整合、对外关系连接和展示平台搭建等方面的支持，且须强化对鄂州工业技术研究院科技成果转化的政策激励。

2. 平台治理能力仍有待提升

平台治理能力受制于体制机制的完善程度和治理模式的现代化水平。鄂州工业技术研究院属于独立法人事业单位，行政上隶属于地方政府，实行"不定机构级别、不定人员编制"的管理设计。鄂州工业技术研究院实行委员会领导下院长负责制，科研项目管理上主要实行高校院系团队教师负责制，院长和团队教师均来自高校。这种工作机制虽然能够保证高校教师专业优势的充分发挥，但高校教师兼顾多重身份，导致客观上难以保证平台治理和科研团队的高效性。在鄂州工业技术研究院内部治理的制度供给和机制保障方面，现行科研项目评审机制对项目跟踪管理、结项后的市场化情况把握的有效性不足。动力和激励机制方面，良好的科研团队建设和科研产出均需要动力支持，健全的激励机制尤其关键，而目前鄂州工业技术研究院内部仍然缺少科学的利益分配机制和成果转化激励制度。绩效考核和监管机制方面，科研产出同样需要通过绩效考核来实现监管和调控，但目前完善的科研项目考核指标体系尚未建立，相应的考核机制实施也有待优化。知识产权保护和科技成果转化方面，在科技成果转化和知识产权保护机制的创建和服务制度完善方面尚有较大优化空间。上述综合事业单位管理体制桎梏和机制供给的缺位，也间接造成了鄂州工业技术研究院资源配置、科技成果转化率不高，进而影响鄂州工业技术研究院治理能力和治理水平的提升。

3. "产"与"研"衔接顺畅性有待提升

优化科技资源配置，推动科技研发与市场需求的有效对接是搭建地方科技创新平台的直接目的。地方科技创新平台也只有推动"产"与"研"的对接才能实现区域产业结构优化升级。地方科技创新平台可以通过两条路径推动"产"与

"研"衔接。一是通过成为连接科研成果供给端（高校）、科研成果需求方（市场企业主体）的桥梁纽带，推动科研成果的供需匹配。二是通过科研成果产出和直接孵化项目成为高新企业，进入市场提高科技成果转化效率。但就鄂州工业技术研究院科研项目的参与主体来看，一方面，企业与鄂州工业技术研究院合作的水平较低，其原因可能是企业需求主体对学校的认可度更高，更愿意直接与高校进行横向项目合作；另一方面，承接和孵化高校的科研项目是鄂州工业技术研究院主要项目申请、运作方式，在此过程中，一些企业已经被排除在合作对象之外。再者，科研项目真正孵化为高新企业的比重较低，说明部分科研项目转化的成功率有待提升。此外，中介服务组织、社会非营利组织是创新链、产业链、资本链上重要的市场主体，但鄂州工业技术研究院在推动科技成果转化过程中与这些市场主体、社会主体的合作范围、合作水平都仍需提升。

三、鄂州工业技术研究院的治理经验归纳

1. 平台要定位于服务区域发展战略和完善科技创新体系

地方科技创新平台一般由政府主导或政府牵头，联合多元主体设立，在一定程度上是地方政府公共政策和制度支持的产物。地方政府期望通过构建科技创新平台引进和整合科技创新资源，实现区域科技产业发展和产业结构优化升级，进而实现区域经济社会的快速发展。因此，地方政府通常在平台建立和发展的初期给予资金支持、政策保障和资源倾斜，从宏观发展上保证平台治理的人才团队、科研项目、科技服务机构、孵化器和产业园配套等均以集聚内外部创新资源，激活多元主体的内外部动力，服务区域内高新企业、行业和产业需求，实现科技成果的市场化和产业化为基本要求，以实现区域发展战略和发展规划、经济社会发展需求为前提。此外，科技体制改革为地方科技创新平台的建设和发展创造了体制机制创新的机遇，科技体制改革重在构建更加完善的现代化国家创新体系，那么地方科技创新平台自然应该成为区域科技创新体系建设的重要主体。因此，地方科技创新平台不能脱离区域科技创新集群和系统而孤立发展。

2. 地方政府要强化政策供给和环境塑造，强化产学研用的协同效应

无论政府主导、高校主导还是多元主体协作共建的科技创新平台，地方政府政策和资源支持的力度、领域、方向都直接影响平台科技成果产出和成果转化效率，关系到平台能否实现"自我造血，独立生存，持续发展"。因此，地方政府要强化政策精细化供给和优良环境塑造。一方面，要求在传统的资金、场地支持方式外，制定一套能够保障研发机构稳定、健康与高效运行的扶持政策，并强化

平台运营中的资源整合支持。另一方面，要鼓励平台根据现实需求突破旧有制度的束缚，创新投融资渠道，为自身可持续发展和科研成果及时转化提供更厚实的资金支持。此外，科技创新平台能够"自我造血"和发展壮大，才能够真正满足推动科技成果转化、服务区域经济社会发展转型的需要，地方政府必须从长远规划、着眼全局，在政策供给中以多元利益主体兼顾为基础，以市场需求为导向，以资源整合和强化服务为抓手，将科技创新转化"最后一环"的企业主体真正纳入鄂州工业技术研究院的创新体系中，切勿将地方科技创新平台建设作为"政绩工程"而缺少长效化、长远化的治理策略。

总之，创新链、产业链、资本链"三链融合"已经成为科技创新平台推动产学研用有效结合的有力抓手。地方政府在科技创新的环境塑造和政策供给上，要以"三链融合"为驱动，重视产学研价值链上的整体再造，推动平台成为科技成果转化、市场化、产业化的重要载体和桥梁，强化金融市场、资本市场与高新产业的融合效应。

3. 探索建立兼顾公益性与市场性的平台治理模式

地方科技创新平台具有公益性和市场性双重属性，构建结构合理、权责明确、机制健全、产权明晰的现代化治理模式对提高平台产出效率、服务区域高新企业发展和区域产业结构优化升级，进而实现平台的公益性服务和市场化服务功能至关重要。这种现代化治理模式要求突破传统行政管理体制机制的桎梏，实现产学研联合协作中多元主体协同治理，因而实施公益性服务目标主导下的市场化、企业化运作模式是可选之策。国内外较为成功的科技创新平台案例都充分体现了市场化导向、企业化运作、多元主体有效协作的治理模式对平台发展的重要性。

首先，运用现代化企业治理架构，为平台"自我造血"能力积累创造基础条件。政府对平台的"输血"是有限度的，使得科技创新平台最终必须面对市场。平台在发展规划和治理体系上，须突破传统体制障碍，重视引入社会资本、企业主体进入平台，实行市场化管理、强化股权管理，兼顾政府、高校、企业资本的角色，以市场化方式提高"产"与"研"的对接效率和公益性服务效益的溢出。

其次，完善平台内部治理机制。人才管理和服务机制、项目评审和考核机制、利益分配和激励机制、风险监管和退出机制等，都是影响科技成果转化效率的关键要素。因此，地方科技创新平台要以产学研用相结合，以"产"与"研"有效衔接为制度建设的着力点，秉持先进的管理和服务理念，以区域行业和产业发展需求为基础进行服务机构的合理布局，重视科研团队的绩效管理、激励管理，实行"人才、项目、平台、产出"互动管理制度，也要建立风险防范和项目退出机制，避免科研资源的浪费。

第七章　地方科技创新平台治理效能评价体系

　　评估地方科技创新平台的治理效能是检验其治理能力、各项产出以及服务区域经济社会发展效果的重要手段。为进一步提升地方科技创新平台的治理效能，激发地方科技创新平台的创新活力和创新产出，须结合区域发展和平台治理的实际情况构建相应的评价指标体系对其治理效能进行科学的评价。地方科技创新平台治理效能评价体系包含评价指标体系和评价方法体系两大模块。鉴于科技创新平台治理具备动态性、过程性、开放性等特征，为确保评价结果的系统性、科学性并兼顾评价指标体系的外部有效性，构建评价指标体系时需遵循科学性、系统性、前瞻性等基本原则。科学适用的评价方法是保证平台治理效能评价结果可信有效的关键条件，在选择评价方法时须充分结合评价主体、评价要素、评价对象和评价目标的实际情况，并选取与之相适应的参照系。

第一节　评价指标的设计

　　为确保地方科技创新平台治理效能评价质量，需要对评价对象进行综合全面的考察。要求在构建评价指标体系过程中采用定性指标和定量指标兼顾的思路，将地方科技创新平台及行业相关的客观数据与专家认知偏好的主观数据有机结合。基于此，本章拟根据"二元综合评价"的思路（图 7-1）来构建地方科技创新平台的治理效能评价指标体系。

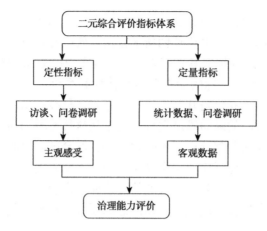

图 7-1　二元综合评价指标体系思路图

一、评价指标建构的原则

科技创新平台的治理体系是综合性系统工程。科技创新主体、创新要素、创新环境、创新对象、创新投入、创新成果等是该系统工程的核心要素。这些要素相互关联、交互作用，共同促成了平台的运行。治理效能评价指标及指标体系的制定标准是开展地方科技创新平台治理效能评价的关键机制，即设置科学合理、严谨实用的评价指标是达到预期评价目标的重要保证和评估地方科技创新平台治理效能的关键步骤。因为这不仅关系到评价工作是否能够实现预期工作目标，实际评估出地方科技创新平台的治理效率、效果，更关系到能否为促进平台治理效能提升提出更有价值的对策建议。因此，在设计地方科技创新治理效能评价指标体系时应遵循如下基本原则。

（1）系统性原则。指标构建的系统性原则要求将评价对象视为整体的系统，从系统的视角出发对各个要素及其相互关系进行协调。地方科技创新平台及其治理体系具有较高的复杂性，科技创新平台的运行需要政府、科技创新主体、科技创新支持机构多个部门和组织共同协作，这对科技创新平台治理效能提出了较高要求。因此，科技创新平台治理效能的评价指标不仅需要涵盖人员、设备、资金等实体指标，也要涵盖科技创新生态网络、科技创新协同体系等抽象内容。科技创新治理效能评价指标的构建还要兼顾过程与要素的全面性。

（2）代表性原则。指标是衡量目标的参数，任何评价指标体系都不可能将评价对象完整地呈现出来。不同科技领域的科技创新行为彼此之间既存在相似之处，也存在较大的差异，甚至每个领域都具有很高的特殊性，因此地方科技创新平台的治理内容对于不同科技领域和不同治理主体而言具有较大差异。构建科技创新平台治理效能评价指标时，要尽可能对问题进行简约化，抽取各领域科技创新治理的共同点。同时，考察科技创新平台治理效能时若将全部要素作为指标既无必要也不现实，因此须提取具有代表性的元素作为指标构建的依据。

（3）动态性原则。指标的动态性是整体性和系统性得以体现的重要媒介。作为客观存在的事物，变化是其基本属性。首先，科技创新活动本身具有很强的动态性，不论是从时间的纵向维度划分，还是从科技领域的横向维度划分，科技创新体系及科技创新实践都处在不断变化之中，既会随着时间和周围的环境发生变化而呈现出非线性变化规律，也会转化乃至引发出其他事件。其次，科技创新的治理具有很强的动态性，各个阶段的管理主体、内容、目标和手段均有差异，并且需要根据事态发展及时调整，若以静态的思维应对科技创新治理无异于刻舟求剑。

（4）科学性原则。科技创新平台治理效能评价指标体系的构建旨在对现有治理效能进行评价以发现存在的短板，并对后续补短板、锻长板起指导作用，因此指标体系的科学性至关重要。这里所说的科学性至少应包括两个方面的含义：一是动态与静态相结合，评价指标体系构建遵循动态性原则并不意味着所有指标都是动态指标，不管科技如何发展，科技创新的本质属性和基本特征不会改变，因此科学的指标体系需要将动态指标与静态指标相结合；二是主观指标与客观指标相结合，科技创新活动是遵循客观规律的主观行为，既要充分掌握科技创新的总体趋势、发展规律和相关信息，又要随机应变充分发挥决策者的主观能动性。

（5）可行性原则。可行性原则即可操作性原则，科技创新平台治理效能评价归根结底是为了辅助决策、提升治理能力和优化治理体系，所以评价指标必须具有较强的可行性。指标既不能过于粗略，也不能过于具体，既要提取代表性和关键性的指标要素，也要尽可能简化操作步骤和降低评价成本。在此基础上，还要最大限度保证评价结果的科学性和应用价值。

二、评价指标的内容

在鄂州工业技术研究院个案分析的基础上，根据已有研究文献和专家意见，从治理主体、治理过程、治理效益和治理环境四个方面构建地方科技创新平台治理效能评价指标体系。将该指标体系运用于鄂州工业技术研究院的治理效能考察中，以便进一步验证地方科技创新平台治理效能评价指标体系的合理性和科学性。其中，治理主体从政府支持度、科研机构融合度、企业参与度、科研人员认可度四个方面来考察。治理过程从机制运营、资源嵌入、组织发展、文化氛围四个方面来度量。治理效益包括科研产出、成果转化、成本管控三个二级指标。治理环境包括基础科研环境、外部支持环境、内部协同环境。进一步对这些方面的考察内容进行分解和细化，得到地方科技创新平台治理效能评价指标体系，如表 7-1 所示。

表 7-1 地方科技创新平台治理效能评价指标体系

一级指标	二级指标	三级指标
治理主体	政府支持度	财政投入总额
	科研机构融合度	科研资源投入量
	企业参与度	合作企业数量
	科研人员认可度	服务满意度
治理过程	机制运营	管理制度健全度
		资源整合畅通度
		绩效评估机制合理性
	资源嵌入	高层次人才占比
		研发资金投入量
		设施资产总额
	组织发展	科研管理流程合理性
		科研服务全面性
	文化氛围	机构愿景认可度
		激励文化渗透度
		人员相处融洽度
治理效益	科研产出	专利申请数量
		论文发表数量
	成果转化	孵化企业数量（含在孵企业）
		成果转化率
		技术交易总额
	成本管控	管理费用占总支出比重
		项目支出占总收入比重
治理环境	基础科研环境	人均实验室面积
		人均研发投入额
	外部支持环境	政府政策重视程度
		市场资金投入金额

一级指标	二级指标	三级指标
治理环境	内部协同环境	政校企合作融洽度
		收入分配合理度
		风险分担公平度

三、评价指标的释义

1. 治理主体指标

地方科技创新平台的治理主体是治理效能实现的能动要素，更是该评价指标体系设计要考察的核心行为对象。一般而言，无论对于何种类型的地方科技创新平台，地方政府和高校科研机构均是平台治理和发展的核心主体，两者在协同共建共治过程中扮演着不同的角色，并各自承担着相应的工作任务，两者的支持与相互配合对平台治理效能提升至关重要。同时，平台外部市场中的高新企业和科研团队（人员）是平台治理与发展的另外两个重要主体。这两大主体是否能够有效参与并产出、转化科技成果对发挥地方科技创新平台的治理效能也十分关键。

（1）政府支持度。本书将政府支持度作为测量治理主体的二级指标，该指标为量化指标。一般而言，在当前的地方科技创新平台建构与治理中，地方政府通常是发起方、牵头方、组织方和支持方。尤其是在平台发展的初中期，政府提供财政资金支持是其能够生产、实现良好治理与可持续发展的根本性资源"输血"渠道，因而以地方政府对平台治理投入的财政资金总额作为衡量政府即核心主体对平台治理的支持度。

（2）科研机构融合度。一般而言，高校和科研院所是地方科技创新平台治理与发展的直接负责主体。高校或科研院所直接负责日常平台的运营和管理，在运营机制和管理制度方面，平台基本是参照高校的运营管理制度而开展活动的。尤其对于高校主导型的地方科技创新平台来说，高校在平台治理架构的组成、领导团队的组建、平台日常运营管理、科研团队的入驻、创新人才的引进、科研项目申请与高新企业孵化等方面发挥核心作用。平台管理团队对地方主管部门、牵头高校负责。因此，本书以科研机构的资源投入量作为衡量高校或科研机构与平台治理的融合度的指标。

（3）企业参与度。高新企业是科技创新成果转化、产生实际经济效益和生产价值的"终端推手"，是解决科技创新链条"最后一公里"的关键一环。不仅如此，高新企业一般具有较为雄厚的财力资源和高新人才资源。因此，高新企业的高度参与对平台治理效能的获取与提升至关重要，故本书以高新企业合作数量作为衡量平台治理主体效能的重要指标。

（4）科研人员认可度。地方科技创新平台中的科研人员既是开展科技研发，创造出平台治理效益的能动主体，也是平台运营机制与管理制度的接收方，更是改善平台治理环境和优化治理效能的重要主体。因此，地方科技创新平台的运营机制、管理制度、治理环境等是否能够得到科研人员的认可和满意，也是衡量平台治理效能的重要指标之一。

2. 治理过程指标

治理主体是地方科技创新平台发展的能动主体要素，而主体要素要充分发挥协同治理的积极性，产生平台治理效能，须凭借良好的治理过程作为实现目标的抓手。基于地方科技创新平台日常的运营视角，可以观测其管理的制度设计、科研资源配置、开展科研的服务与组织文化环境来评价治理过程。因此，主要从机制运营、资源嵌入、组织发展和文化氛围四个方面来评价平台的治理过程。

（1）机制运营。科学的运行机制是地方科技创新平台有序稳定发展的基本条件，也是实现科研资源充分整合、促进科研成果迸发的基本保证。平台管理制度是运行机制发挥作用的依托。日常管理制度越健全越完善，就越有可能为平台治理效能的实现提供基础支撑。因此，本书选择管理制度健全度作为评价地方科技创新平台治理过程的指标。科技研发、科技成果转化等活动的特殊性决定了合理的绩效评估机制是激发科研人员科研潜力与能力、解决其职业发展等的基本条件。同时，也是促进管理服务人员提高工作效率与质量，推动科技创新平台有效治理的关键机制。因此，本书选择绩效评估机制的合理性作为评价平台治理过程的指标。地方科技创新平台本身是政产学研用相互融合的产物，平台治理过程中实现资源的畅通整合是推动协同创新成果迸发的关键要素，故本书同时选择资源整合畅通度作为评价平台治理过程的指标。

（2）资源嵌入。人才、物力、财力资源的嵌入是任何组织发展的基本要素。科研人才、科技研发和服务的基础设施、产学研融合的资金保障是保证科技创新活动有序开展和平台取得治理效益的决定性条件。本书基于"人力、财力、物力"视角来界定评价平台治理过程中的资源嵌入度。科研人才是第一资源，合理的研发人员规模与构成比例对实现科技成果产出至关重要，因此本书选择高层次人才（指具有博士学位或副高级职称及以上，或科研成果突出的其他类人才）占总科研人员的比例来衡量高层次人才嵌入度。平台有序而稳定的运作需要大量的资金投入。其中，科研投入是所有投入的重中之重，与科研机构的基本目标和效益产出息息相关，故本书选择研发资金投入量作为衡量资源嵌入程度的指标。科技研发和服务的基础设施为科研人员和科研项目开展提供了基础的研发环境和各类硬件条件支持，故而以设施资产总额作为评价资源嵌入度的指标。

（3）组织发展。组织发展主要是从地方科技创新平台本身运作过程的主观认可视角来考察相关治理主体对组织日常管理、服务过程的印象与评价。项目管理流程、日常科研服务提供的全面与否是直接关系到组织可持续发展的两大条件。一方面，简约、合理、顺畅、规范的科研管理流程是科研项目顺利进行、科研人员高效开展科研工作的重要条件，故本书从日常工作流程视角出发，选择科研管理流程合理性来评价平台治理过程。另一方面，平台的管理和服务人员能否在其职务范围内做好本职工作，为科研工作提供更全面的服务，也是影响科研工作和组织良好运转的重要因素，因而本书选择科研服务全面性作为评价治理过程的又一指标。

（4）文化氛围。组织文化建设和给员工创造出的文化氛围是影响组织效益产出的关键要素。本书主要从组织文化机构愿景认可度、激励文化渗透度、人员相处融洽度来衡量平台的文化氛围。一方面，对不同于传统科研机构的地方科技创新平台来说，以科研项目为载体而开展科研活动的研发人才，只有充分认同平台发展的基本愿景，同时将共同愿景内化为科研动力和实际行动，将实现个人目标与组织目标一体化才有可能更高效地完成科研任务，产出科研成果，故本书以机构愿景认可度作为衡量组织文化氛围的指标。另一方面，激励性的组织文化是影响员工价值感、获得感、认同感的关键外部因素。良好的激励文化对"留得住""用得好"科研人员至关重要，故选择文化渗透度作为衡量组织文化氛围的另一指标。此外，组织发展基于良好的文化积淀会使组织成员更好地感受到工作的愉悦感和幸福感，有助于组织成员在和谐向上的氛围中从事科研活动，故以人员相处融洽度作为衡量文化氛围的具体指标。

3. 治理效益指标

地方科技创新平台是不同于传统高校或科研院所的新型研发载体。获得科研产出是其存在和发展的基本价值，更是评价地方科技创新平台治理效益的关键指标。科研产出是其平台治理效益的最显著衡量标准。这里的治理效益主要是指多元治理主体，在产学研用协同创新的导向指引下，整合创新资源，鼎力合作，协同治理实现各类资源的高效配置，从而达到平台治理目标的结果。在此，主要从科研产出、成果转化、成本管控三项指标来考察平台的治理效益。

（1）科研产出。作为区域性的地方科技创新平台，其最终的落脚点还是要放在科研及其所能带来的直接结果上。对于科技创新活动而言，发明专利、发表论文是科研活动最直接的产出成果。众多学者将技术专利数量、发表论文的数量作为衡量科研机构产出或者区域科技创新成果的重要指标。本书参照惯例和已有研究,同样选择以专利申请数量、论文发表数量作为评价平台治理效益的衡量标准。

（2）成果转化。科技创新链条的终点就是科技研发成果转变为可投向市场生产,既产生相应的经济效益,也能够带来惠及消费者、民众的产品和服务。那么科技研发成果的转化情况则成为衡量地方科技创新平台科研产出,反映其治理效能的重要指标。高新技术企业是推动科技成果转化"最后一公里"的关键环节,因而衡量平台的治理效益,已经孵化和在孵化的高新技术企业的数量及规模在一定程度上能够体现出该平台的科研成果转化的可能性。同时,科研成果转化到产品商品的规模、比率,平台的技术交易总额等是最直接衡量科研成果转化结果的指标。因此,本书选择孵化企业数量（含在孵企业）、科学技术到产品商品的转化率（成果转化率）、技术交易总额三项指标来衡量地方科技创新平台的科研产出。

（3）成本管控。成本是衡量地方科技创新平台治理水平的重要指标。科技创新活动的高成本、高收益、高风险特殊性决定了平台治理需要重视成本管控工作。对一般的地方科技创新平台治理而言,科研项目支出与管理费用构成了平台治理的主要成本源。科研项目支出是地方科技创新平台发展的主要支出项目,故而科技创新项目（活动）本身的研发支出是衡量平台成本使用的一般性标准。此外,除了科研项目支出,平台的日常运营还需要额外的支出,如服务人员的人工成本、基础设施维护成本等,将这些支出统一归纳为管理费用。科研项目支出占总收入的比重越高,意味着资金资源被用于科研活动的比例越高,平台的治理水平越高。管理费用占总支出的比重则能够直接衡量非科研项目支出对资金资源的占有情况。本书选择管理费用占总支出比重、项目支出占总收入比重作为考量平台运营的成本控制的重要指标。

4. 治理环境指标

对地方科技创新平台而言,可以将治理环境概括为基于该平台提供的基础科研环境,影响多元治理主体协同开展科技创新活动,实现平台治理效能的各类要素的集合,因而本书以基础科研环境及治理主体之间的外部与内部合作治理三个维度来界定地方科技创新平台的治理环境指标,具体包括基础科研环境、外部支持环境和内部协同环境三个方面。

（1）基础科研环境。基础科研环境是科研人员开展研发创新工作的基本物质条件,科研人员需要在适宜的物理空间环境下才能更好地发挥其工作积极性、更快地产出科研成果，进而促进平台产生良好的治理效益。因此，本书选择从"硬件设施"配备两个方面来衡量科研人员开展科技创新活动的基础科研环境情况。科研实验室是科研人员开展研发活动的最基本办公设施，故而以人均实验室面积作为代表衡量指标。同时，资金投入是保证科研活动开展、科研人员生活工作质量的基本条件，故以人均研发投入额作为评价平台基础科研环境的基本指标。

（2）外部支持环境。如上文所述，通常而言，政府是关系到地方科技创新平台发展的关键外部主体。作为新兴的区域性科技创新平台，其稳定运行与健康治理不仅需要政府财政资金的支持，其治理效能的获取和可持续发展还需要地方政府及主管机构重视配套政策与制度方面的引导与支持。因此，本书选择以政策重视程度作为衡量外部协同环境的关键指标。市场是科技创新活动的重要面向，市场主体更是科技创新投入、科技创新成果转化的重要主体。因此，在平台治理和发展过程中，能否积极引入市场资金投入，拓宽科研资金来源渠道也是影响平台治理效能的因素。故本书选择以市场资金投入金额作为衡量外部协同环境的另一指标。

（3）内部协同环境。在地方科技创新平台治理中，良好的内部合作环境能够为获取高质量的治理效能打下坚实的基础。这里的内部治理环境主要是基于平台内部运行过程中多元治理主体间合作情况展开。首先，政府、高校、企业均是重要的治理主体，三者在平台治理中能够实现有效的沟通与资源整合，形成融洽的合作关系对平台可持续发展至关重要。其次，在不同治理主体间，收入分配的合理化也对尽可能满足各方的利益诉求，增强资源整合力度和组织发展竞争力十分必要。最后，科技创新活动本身具有高风险特征，需要对潜在风险提高认知、对结果失败增加容忍，因而平台需要重视多元治理主体间的风险分担问题。故本书选择政校企合作融洽度、收入分配合理度、风险分担公平度作为考察鄂州市科技创新平台内部协同环境的代表性指标。

第二节　评价方法的选择

本书主要采用德尔菲法、专家访谈等方法收集指标赋权的原始数据。在学习和借鉴类似组织治理效能评价经验的基础上，采用层次分析法对指标权重进行测算。

一、层次分析法原理简介

层次分析法是一种将决策元素进行层级划分并进行定性和定量分析的决策方法，由美国匹茨堡大学教授、运筹学家Saaty于20世纪80年代最早提出。层次分析法将评价对象视为复杂系统，并对其决策要素进行层次划分，根据划分结果构建评价指标体系，并通过指标之间的相互比较将定性指标定量化，据此对各个层级指标之间的相对重要性排序。

层次分析法的基本思路是将决策问题由低层次到高层次按照决策备选方案、决策准则和决策总目标进行分解，将抽象的决策问题转化为具体的层次结构（图7-2），然后根据各层次指标之间的相互比较构建判断矩阵并求解，最后求出最优方案。

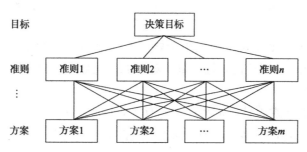

图7-2 层次分析法的层次结构示意图

二、层次分析法主要步骤

运用层次分析法确定指标权重的过程可以分为四步。

（1）建立递阶层次结构。将决策目标（评价或者决策所要解决的问题）、决策准则（评价准则或决策过程中须考虑的因素）和决策方案（评价指标或决策中具体方案的备选路径）分为目标层、准则层和方案层，其中准则层即中间要素层，可以是一层，也可以是多层，根据各层级要素的隶属关系即可构建递阶层次结构。

（2）构建判断矩阵。确定隶属于同一层次各元素的相对重要性时，由于定性判断难以准确确定其相对重要性，Saaty提出了一致矩阵法，借助要素间的两两比较和相对尺度来确定其对于上层元素的相对重要性，即假设要对某一层 n 个因素 $c_1, c_2, \cdots, c_n$ 进行两两比较，则可用 a_{ij} 表示 c_i 与 c_j 的重要性比值，这些比值按照一定规则排列可得判断矩阵 $A = \left(a_{ij}\right)_{n \times n} \left(a_{ij} > 0, a_{ij} = \dfrac{1}{a_{ij}}\right)$。表7-2为Saaty给定的重要性等级及其含义。

表 7-2　层次分析法判断矩阵标度及其含义

标度	含义
1	c_i 与 c_j 相比,两者具有同等重要性
3	c_i 与 c_j 相比,c_i 稍微重要
5	c_i 与 c_j 相比,c_i 明显重要
7	c_i 与 c_j 相比,c_i 强烈重要
9	c_i 与 c_j 相比,c_i 极端重要
2, 4, 6, 8	以上内容的判断中值
倒数	c_j 与 c_i 相比的比较

（3）层次单排序及判断矩阵的一致性检验。设 $\lambda_{\max}$ 为判断矩阵 A 对应的最大特征值,而 W 为 $\lambda_{\max}$ 对应的特征向量,对 W 归一化处理可得该层元素对上层元素的相对重要性比值。

若矩阵 A 的元素满足: $a_{ij} \times a_{jk} = a_{ik}$ $(i, j, k = 1, 2, \cdots, n)$,则称 A 为一致阵。一致阵 A 具有如下特征:各行(列)元素对应正比例,从而 $R(A) = 1$;最大特征值 $\lambda_{\max} = n$,其余特征值均为 0 ;若 $\lambda_{\max} = n$ 对应的特征向量为 $w = (w_1, w_2, \cdots, w_n)$,则有 $a_{ij} = \dfrac{w_i}{w_j}$ $(i, j = 1, 2, \cdots, n)$ 。

判断矩阵通常不是一致阵,但其不一致程度要在可接受范围内,其可接受程度可由一致性指标 $\text{CI} = \dfrac{\lambda_{\max} - n}{n - 1}$ 来判断,若 CI=0 则判断矩阵为一致阵,CI 越大则不一致程度越高。通常用 $\text{CR} = \dfrac{\text{CI}}{\text{RI}}$ 作为一致性比率,其中 RI 为随机一致性指标,Saaty 给出各判断矩阵阶数下 RI 的取值,如表 7-3 所示。

表 7-3　各个阶数判断矩阵的 RI 取值

阶数 n	1	2	3	4	5	6	7	8	9	10	11
RI	0	0	0.58	0.90	1.12	1.24	1.32	1.41	1.45	1.49	1.51

一般认为,当 $\text{CR} = \dfrac{\text{CI}}{\text{RI}} < 0.1$ 时,判断矩阵 A 的不一致程度在可接受范围内,此时 A 的归一化特征向量即方案或指标的权重向量。

（4）层次总排序及一致性检验。层次总排序的计算过程和原理与层次单排序类似，用以计算最高层级元素的相对重要性。

第三节 指标权重的赋值

一、评价模型构建

本书以鄂州工业技术研究院为调查对象，根据地方科技创新平台治理效能评价指标体系、德尔菲法和专家访谈所得结果，按照层次分析法的原理与计算步骤，对该指标体系的指标权重进行计算。

首先，构建递阶层次结构，如图7-3所示。

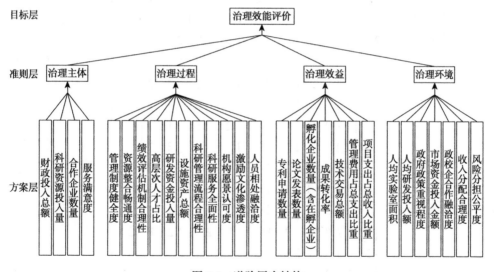

图7-3 递阶层次结构

二、指标权重计算

构建评价指标体系各层的判断矩阵。判断矩阵的原始数据由专家打分法所得，并确定各项指标的相互重要性。以判断矩阵 A 为目标，通过两两比较确定各指标对于上层指标的相对重要性，并计算判断矩阵的特征值和特征向量。其中，治理主体、治理过程、治理效益、治理环境的判断矩阵分别为

$$\begin{bmatrix} 1 & 1 & 2 & 1 \\ 1 & 1 & 3 & 2 \\ 1/2 & 1/3 & 1 & 1 \\ 1 & 1/2 & 1 & 1 \end{bmatrix} \tag{7-1}$$

$$\begin{bmatrix} 1 & 1/2 & 1 & 1/2 & 1/2 & 1 & 2 & 2 & 1 & 2 & 2 \\ 2 & 1 & 1/2 & 1/2 & 1/2 & 1 & 1 & 1 & 1/2 & 2 & 2 \\ 1 & 2 & 1 & 1/2 & 1/2 & 1 & 1 & 2 & 2 & 2 & 1 \\ 2 & 2 & 2 & 1 & 2 & 3 & 2 & 3 & 2 & 2 & 2 \\ 2 & 2 & 2 & 1/2 & 1 & 2 & 2 & 2 & 2 & 2 & 3 \\ 1 & 1 & 1 & 1/3 & 1/2 & 1 & 1 & 2 & 1 & 2 & 3 \\ 1/2 & 1 & 1 & 1/2 & 1/2 & 1 & 1 & 1 & 2 & 1 & 2 \\ 1/2 & 1 & 1/2 & 1/3 & 1/2 & 1/2 & 1 & 1 & 1 & 2 & 1 \\ 1 & 2 & 1/2 & 1/2 & 1/2 & 1 & 1/2 & 1 & 1 & 2 & 1 \\ 1/2 & 1/2 & 1/2 & 1/2 & 1/2 & 1/2 & 1 & 1/2 & 1/2 & 1 & 1 \\ 1/2 & 1/2 & 1 & 1/2 & 1/3 & 1/3 & 1/2 & 1 & 1 & 1 & 1 \end{bmatrix} \tag{7-2}$$

$$\begin{bmatrix} 1 & 1 & 2 & 1 & 2 & 2 & 2 \\ 1 & 1 & 2 & 1 & 2 & 3 & 2 \\ 1/2 & 1/2 & 1 & 1/2 & 1 & 1 & 1 \\ 1 & 1 & 2 & 1 & 2 & 3 & 2 \\ 1/2 & 1/2 & 1 & 1/2 & 1 & 2 & 2 \\ 1/2 & 1/3 & 1 & 1/3 & 1/2 & 1 & 1 \\ 1/2 & 1/2 & 1 & 1/2 & 1/2 & 1 & 1 \end{bmatrix} \tag{7-3}$$

$$\begin{bmatrix} 1 & 1/3 & 1/2 & 1/3 & 1/2 & 1/2 & 1/2 \\ 3 & 1 & 2 & 2 & 3 & 2 & 2 \\ 2 & 1/2 & 1 & 1/2 & 1/2 & 1/2 & 1/2 \\ 3 & 1/2 & 2 & 1 & 2 & 2 & 1 \\ 2 & 1/3 & 2 & 1/2 & 1 & 1 & 1 \\ 2 & 1/2 & 2 & 1/2 & 1 & 1 & 1 \\ 2 & 1/2 & 2 & 1 & 1 & 1 & 1 \end{bmatrix} \tag{7-4}$$

以上判断矩阵的一致性比率 CR 分别为 0.030 5、0.037 0、0.010 2、0.021 6，均通过一致性检验。

鄂州工业技术研究院治理效能总目标的判断矩阵为

$$\begin{bmatrix} 1 & 1 & 2 & 2 \\ 1 & 1 & 2 & 1 \\ 1/2 & 1/2 & 1 & 1 \\ 1/2 & 1 & 1 & 1 \end{bmatrix} \qquad (7\text{-}5)$$

一致性比率 CR 为 0.022 7，通过一致性检验。

最后，运算得出鄂州工业技术研究院治理效能评价指标体系的一级指标的权重：治理主体 0.204 8，治理过程 0.338 1，治理效益 0.288 1，治理环境 0.169 0，判断矩阵视阈下方案层指标（三级指标）对准则层指标（一级指标）的相对权重，以及方案层指标对总目标的相对权重如表 7-4 所示。

表 7-4 方案层指标对准则层指标及总目标的相对权重

准则层指标	方案层指标	对准则层指标的相对权重	对总目标的相对权重
治理主体 0.204 8	财政投入总额	0.281 3	0.057 6
	科研资源投入量	0.366 7	0.075 1
	合作企业数量	0.150 9	0.030 9
	服务满意度	0.201 2	0.041 2
治理过程 0.338 1	管理制度健全度	0.091 4	0.030 9
	资源整合畅通度	0.082 5	0.027 9
	绩效评估机制合理性	0.096 2	0.032 5
	高层次人才占比	0.170 7	0.057 7
	研发资金投入量	0.142 3	0.048 1
	设施资产总额	0.089 9	0.030 4
	科研管理流程合理性	0.080 2	0.027 1
	科研服务全面性	0.063 3	0.021 4
	机构愿景认可度	0.076 6	0.025 9
	激励文化渗透度	0.051 8	0.017 5
	人员相处融洽度	0.055 0	0.018 6
治理效益 0.288 1	专利申请数量	0.196 2	0.056 5
	论文发表数量	0.206 9	0.059 6
	孵化企业数量（含在孵企业）	0.097 9	0.028 2
	成果转化率	0.206 9	0.059 6
	技术交易总额	0.121 9	0.035 1
	管理费用占总支出比重	0.080 2	0.023 1
	项目支出占总收入比重	0.089 9	0.025 9

续表

准则层指标	方案层指标	对准则层指标的相对权重	对总目标的相对权重
治理环境 0.169 0	人均实验室面积	0.064 5	0.010 9
	人均研发投入额	0.263 3	0.044 5
	政府政策重视程度	0.194 7	0.032 9
	市场资金投入金额	0.154 4	0.026 1
	政校企合作融洽度	0.100 0	0.016 9
	收入分配合理度	0.106 5	0.018 0
	风险分担公平度	0.116 6	0.019 7

为直观呈现出三级指标的分布情况，绘制三级指标权重分布柱形图，见图 7-4。

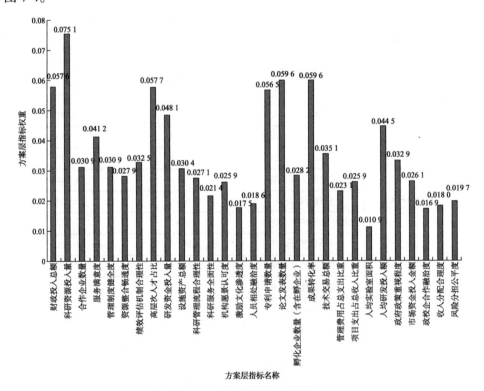

图 7-4　方案层指标权重分布

整体来看，治理过程维度指标所占的权重较大，治理效益次之，再次是治理主体，治理环境最小。这说明有关专家、教授以及相关政府部门的工作人员对鄂州工业技术研究院的治理效能关注多集中在治理过程，其次是治理效益，再次是治理主体，最后是治理环境。具体来看（图 7-4），科研资源投入量、论文发表数量、成果转化率、专利申请数量、高层次人才占比、财政投入总额等是衡量鄂州工业技术研究院治理效能的重要指标。人均实验室面积、政校企合作融洽度、激励文化渗透度等对于治理效能评价的重要性相对较低。事实上，对鄂州工业技术研究院治理效能的评价恰如其分地回应了地方科技创新平台治理本身的价值定位、科技创新资源的重要性和治理效能的"结果导向"性。地方科技创新平台本身就承载了整合和优化科技创新配置、科技成果产出和促进科技成果转化、服务于区域企业行业发展的职能。这就决定了治理效能指标层面专利、论文、成果转化率等指标的重要性。正如前文所述，地方科技创新平台是新型研发载体，是多主体合作协同创新的平台。政府的财政支持、各类科研资源的投入、高新人才的投入、基础设施投入等指标的重要性也恰如其分地表明了在平台治理过程中治理效能的实现是十分重要的。当然，具体运营管理机制、风险分担机制等也对地方科技创新平台治理效能产生重要影响。

第八章　地方科技创新平台治理体系的困境

近些年，各地方政府根据地方特色和发展需求，强强联合所在区域的高校、科研院所、科技企业，构建起大量初具规模的地方科技创新平台，为地方经济崛起和科技发展培育了可观的科研人才和管理队伍。虽然经历了二十年的发展，我国的地方科技创新平台的数量和规模都获得较大提升，相关的治理机制也在逐步完善，但总体来说，我国的地方科技创新平台的治理体系仍处于探索阶段，无论是宏观的治理体制、中观的平台运行机制还是微观的人才培育与转化成效都存在需要突破的问题。

第一节　宏观层面：平台治理体制框架亟待优化

宏观来看，地方科技创新平台发展如火如荼，但相关管理体制仍有待进一步理顺，地方政府对于科技创新平台的发展缺乏统筹规划、引导力不足等问题较为突出。同时地方科技创新平台的内部管理亦存在管理结构松散、运行方式僵化、考核激励机制不健全等问题。由于主体的地位不对等以及主体间利益分配的不均衡，地方科技创新平台治理体系中的参与主体间的利益分配与矛盾疏解机制需要完善。

一、科技创新平台内外管理体制有待理顺

1. 外部规划缺乏宏观统筹

首先，外部规划的宏观统筹是指政府职能部门对地方整体科技创新平台的规

划布局以及管理运营。目前来看，一是地方科技创新平台的规划布局呈现数量多、布局乱现象。尽管国内各地均已启动相关工作，但平台建设和管理仍存在盲目性、沿袭性。政府往往更加关注地方科技创新平台的数量，而不是地方科技创新平台的结构与布局。地方科技创新平台主要与高等院校和科研院所对接合作，直接与企业产生交集者较少，无法凸显企业的创新主体地位。二是资源分配易出现紧张稀缺与闲置浪费并存现象。某些重点科技产业和重点科研领域得不到充足的资源，而某些非重点但容易产出政绩的产业能够优先获得资源，容易导致资源闲置或者过剩的情况。这种资源分配不均的情况直接阻碍了关键科技领域的发展。三是某些地方科技创新平台建设还是以单一主体建设为核心。治理主体的失衡容易让定位于产学研共建的平台流于形式，缺乏其他主体的充分参与和对于技术研发平台的规划覆盖。由此导致地方科技创新公共服务平台数量偏少，科研成果的商业化效果不佳，中介服务无法保障优势产业的强化以及新兴产业的扶持。四是由于科技创新平台尚未实现全局整合，一些子平台主体的角色定位、关系梳理尚未完成。整体布局的混乱就会造成地方科技创新平台的短期、中期及长期建设目标不明确不合理与难以统一的问题。

其次，地方科技创新平台易出现多头管理。由于科技管理服务系统中的地方科技创新平台的数量众多，且分布面较广，地方科技创新平台管理模式成为"集中模式下的分散管理"。一方面体现为管理部门职责重复的现象，主要表现在地方科技创新平台的归口管理涉及多个部门，管理的内容就会出现重叠。多头领导容易带来推诿扯皮、决策混乱等诸多风险。另一方面又出现了各地区、各产业的科技管理服务系统运行时各自为政、彼此分割、相互脱节的问题，导致科技创新力量分散，缺乏统一的整体规划和总体统筹。此外，地方政府向高等院校、科研院所以及国有企业科研部门投入的某些科技资源，可能会因为无法科学有效地监管和评价从而难以有效配置资源并形成集群优势。

2. 内部管理有待深入调整

地方科技创新平台侧重前期的软硬件投入，运行后期相关参与主体往往对管理缺乏足够多的重视，甚至忽视对于平台运行效果的评价和绩效管理。加之缺乏相关法律法规的保障，没有给予资源供给主体足够的积极性和原动力，最终导致地方科技创新平台难以进入预定轨道，而是依旧需要输血式的外部供给，服务范围狭窄，与地方中小企业的合作深度不够，服务效果不显著，未能有效带动地方政产学研合作，难以有效实现技术创新对生产力的提升。

首先，地方科技创新平台的内部管理结构松散。大部分平台主要依靠合作协议和理事会章程进行组织自我约束，理事会成员往往由科技创新平台主办、协办单位人员承担，如政府干部、高校领导、企业管理者等。他们往往身兼数职，缺乏强制性的义务也没有法理层的权力，这种松散的内部管理结构导致地方科技平台名义上受上级的理事会管理，但实则由组织内专职的管理者实施。

其次，权力运行模式制约地方科技创新平台的市场需求回应能力。部分地方科技创新平台的运作方式仍然以行政命令为主，仅有少数领导拥有决策权，市场需求在政产学研用的合作中影响力反而不如上级行政命令，地方科技创新平台无法及时有效回应市场需求并针对性地调整战略方向和具体工作。

最后，科技创新平台绩效考核机制有待进一步完善。对于具有不同特点的科技创新平台应制定差异化的绩效考核标准。在地方科技创新平台的科研经费使用的考核上，地方政府虽实现了财政投入同成果产出挂钩，但并未构建起完善的绩效考核评估体系。相对单一的考核标准既无法完整评估资金使用情况，也无法有效提升主体的创新积极性。同时，由于经费审批流程复杂，经费下拨具有一定滞后性，而考核的时间没有相应调整，故而经费下拨和评估间隔过短。如果前期的经费使用过少，后期的规划不足，则容易出现考核前突击花钱的问题。此外，过于频繁的考核也容易加重平台管理人员的工作负担，忙于应付上级检查和考核，无法有效地开展专职工作。

二、科技创新治理主体间利益矛盾突出

地方科技创新平台的建设和运行是政府、企业、高校、科研院所、金融机构、服务机构多元主体进行信息资源互通有无、实现共同利益的过程。它们分别扮演着不同的治理主体，主体间的地位分布、利益调和，都关系到科研项目的进展，甚至是科技创新平台的最终成败。

1. 治理主体地位显著失衡

首先，多元参与主体的主导地位有待进一步提升。由于在地方科技创新平台建设过程中政府起主导作用，企业的主导地位相对欠缺，参与建设的主动性欠缺，地方科技创新平台的政产学研用合作供需脱节，背离平台搭建的初衷。除企业外，高校和科研机构也难以平等参与地方科技创新平台治理体系的建设和运行。地方政府在平台治理体系建设中是自上而下的传统行政管理方式，会对企业、高校和科研机构产生一定的规制，在地方科技创新平台内部还难以保持相对的独立自治。特别是平台中的科研团队，其项目经费的使用也受到多方的管理控制，地方政府的态度和行为往往具有决定性，企业、高校、科研机构的参与只能作为辅助。

2. 治理主体利益分配不均

地方科技创新平台是集人才培养、科研创新、产业转化的综合体。但目前大部分地方科技创新平台均隶属于多个政府部门分管，尚未建立起统筹全局的协调体系，导致各方利益出现分歧时不易调和。例如，由于地方科技创新平台中的高校、科研院所存在人才培养、服务社会等非经济效益的考量，当面对追求"利润最大化"的企业主体时可能会产生目标分歧。

三、政府主导缺乏清晰定位和配套政策

地方科技创新平台的市场认知程度相对有限，提升其认可度就务必要发挥政府在资金、政策、环境、宣传等方面的资源优势，实现地方科技创新平台的健康有序发展。但目前地方政府对于地方科技创新平台的扶持引导还存在着角色定位不清、配套政策不够健全的问题。

1. 政府治理角色定位不清

地方科技创新平台在兴建初期更多依赖政府主导。当地方科技创新平台不断发展壮大，政府的角色定位将从对地方科技创新平台建设运作的微观主导转换为宏观层面的扶持、引导。此时，地方科技创新平台与政府部门、事业单位仍拥有紧密联系，这种联系又容易导致政府在引导地方科技创新平台发展时出现定位不准、职责混淆问题。地方科技创新平台的自我发展无法形成有效的良性循环，以致沦为政府的附属甚至包袱。

2. 相关法规政策亟待健全

科技管理制度是多个政府职能部门共同作用的结果。在政策出台过程中，部门间可能会存在沟通不足的问题，政策总体协调性不高，管理和投入比较分散，以至于法规政策不够健全。一是政策工具过于单一。目前大部分科技政策的目标是帮助地方科技企业增收减税、吸引优秀的科技人才。对于地方科技创新平台的建立和治理、参与平台的多元主体的政策支持和法律规范等仍不够完善。具体看来，大部分的科技政策工具的内容和形式较为单一，相关支持性政策对科技创新的激励仍然存在缺陷。例如，现有的各项税收优惠政策零散分布于各个行政规章，缺乏系统性和规范性。二是政策落实并不到位。政策的宣传力度不够，地方科技创新平台乃至科技企业对科技政策和相关法规的社会认知程度不高，政策的受益者无法准确全面地获取到与之相关的优惠政策信息。同时，由于政策的适用门槛较高，申报流程繁复，许多地方性平台和科技企业无法成为相关政策法规的

受益对象。三是缺乏引导地方科技创新平台发展的统一性整体性法规和具体的配套管理细则。2019 年，科技部印发《关于促进新型研发机构发展的指导意见》来促进新型研发机构等科技创新平台发展，这在一定程度上为我国地方科技创新平台治理体系的完善提供了宏观性的指导。但作为促进科技创新的重要载体，还需要出台全面而统一的法规和具体的治理细则来引导新型研发载体的发展。

第二节　中观层面：平台整体运行机制不顺畅

宏观层面强调的是地方科技创新平台的治理体制问题，而落地到组织实际治理中，就需要从中观层面对地方科技创新平台自身整体运行机制不顺畅等问题展开思考。

一、科技创新平台运行可持续性不足

在地方科技创新平台的运行过程中，地方政府、高校和科研机构、企业等主体目标的明确定位对其治理效能的实现至关重要，而且结合鄂州工业技术研究院的治理效能评价指标体系和实际评价结果来看，对于地方科技创新平台而言，除了科研成果的产出外，足够的资金支持是支撑其长久运行的主要动力。

1. 主体目标定位存在偏差，难以有效形成合力

在团队合作中，各主体目标统一、职责明确至关重要。由于不同科技创新平台对自身在地方经济结构调整与产业升级中定位的认识不同，各主体自身的性质及目标的差异，容易导致主体目标定位不一致。地方政府承担着推动当地经济建设的职责，希望科技创新平台能够研发出更多具有经济效应的科技产品。高校则希望能够提升自身的综合办学实力，其目标是提升科研成果和科研论文的产出，科技成果转化率并非其首要目标。科研机构作为科技创新的专业力量，其目标是研究和开发新产品、新技术，推动区域的科技创新。企业作为集科研与经济于一体的科技创新主体，其目标是提升科研成果转化率，对接市场需求，获得经济效益。科技中介服务机构虽不直接参与技术创新，却是技术扩散和成果转化的主要力量，是沟通其他主体的桥梁。

多主体合作意味着多种信息和资源的共享，同时也意味着众多目标的协同统一。地方科技创新平台宛如一个小型企业，同样会面临管理不当、恶性竞争、团

队不协调等诸多困扰。许多地方科技创新平台因为职责不明、目标不清、分工混乱难以协同合作，导致团队各自为战、名存实亡，当然也无法履行提供科技创新服务、促进科技成果转化和服务区域发展的职能。

2. 科技创新项目经费支撑不足

地方科技创新平台的正常运转不仅需要前期建设费用，还需要后期运行费用。目前地方科技创新平台的建设费用多靠政府投资，社会资本的参与度低。一旦政府停止资助，许多地方科技创新平台则缺乏后续持续发展的经费支持，难以维系正常运作和实现可持续发展。例如，资源特殊的微生物资源平台和家养动物平台的科技资源，其运行维护就缺少稳定的财政支持。地方科技创新平台资金缺乏，使得科研设备和科研平台难以运转，科研人员的保障性差也容易导致科技研究的动力不足。

一般而言，项目经费和政府财政拨款是科技创新平台运行费用的主要来源。不少发达国家的科技创新平台的运行基本源于政府财政拨款。目前国内科技创新平台的经费支持也不够稳定，大多缺乏持续性投入。科研从业者仅能通过申报竞争性课题获取经费支撑日常运行。经费的短缺使得科技创新平台难以开展长期性基础研究和前沿探索，影响研究的可持续性和成果的产出质量。同时，科研团队更加倾向反复申报经费较多的横向项目，导致科技创新平台的功能重叠与功能缺失并存。此外，科技创新平台的人员经费也较为匮乏，不同平台间、不同岗位间的薪资差异也较为明显，专职人员的经费缺乏和收入差距将进一步影响到人才队伍的发展壮大。

二、科技创新平台的资源共享机制有待完善

构建地方科技创新平台承载着促进多主体间的资源共享和科研合作的任务，前者往往是后者的重要前提。然而当前地方科技创新平台间、平台内部却难以进行跨学科、跨系统协同的大项目研究。一是因为平台各自为政的保守思路依旧顽固，共享观念尚未形成；二是由于科技创新资源归属多部门，政府的干预会限制资源的有效流动；三是在共享资源平台的配套、共享机制的搭建上相对匮乏。

1. 资源对外共享观念尚未形成

科技创新资源共享对地方科技创新平台的高效发展至关重要。然而在实践中，存在因科技创新资源无法有效共享而导致新建地方科技创新平台重复采购，资源布局不科学、不合理等问题。科技创新主体间的封闭状态对资源信息共享意

识的形成造成了负面影响。由于共享意识的缺乏,以下几种谬误的观念滋生:资源共享只能让他人"搭便车";只会帮助竞争对手成长;共享数据容易造成额外的泄露风险。可见,地方科技创新平台内部关于"共享共赢"的资源信息管理理念尚未普及,缺乏内部、外部的共享氛围,造成科技资源的闲置与浪费并存。

2. 政府过度干预限制资源流动

长期以来,政府在科技资源管理方面存在干涉过多的情况。因为大部分高校和科研院所属于事业单位,其拥有的科技资源归政府职能部门管理,甚至同一领域的资源可能分别被不同部门管理,地方政府在管理科技资源时可能会导致过度控制。为避免管理上的困难和审批的反复,科技资源往往被限定在地方科技创新平台的各部门或单位内部使用,甚至在部门之间也可能缺乏必要的沟通。但随着地方科技创新平台建设运营的逐步深入,这种问题也在渐渐缓解。在平台内部小范围较易实现资源的互通有无,如仪器设备的借用、信息资源的分享。但当这种共享需要突破一定时间和空间范围,建立更大规模的科技资源共享平台时,就会因为各主体间缺乏有效的沟通与协调机制而难以形成合力。

3. 共享资源的中介平台建设有待加强

除了政府对于资源的过度干预外,随着科研程度的加深,创新难度也会相应地加剧,因而科技资源共享在研究开发、技术转移、成果转化、创新创业等各个环节都愈发呈现出重要性和必要性。但科技资源具有强聚集、弱共享的特征,特别是科技信息资源来源广泛、规模宏大且数量众多,整合需要跨系统跨部门的通力协作。但各地科技创新平台在共享资源建设方面缺乏预见性和前瞻性,未能形成平台共享整体规划和共享管理办法,如按行业产业、按学科、按地域发展的管理办法。地方科技创新平台各机构和科研人员也缺乏有效沟通交流,信息共享意识薄弱,没有形成规范的业务标准,极大阻碍了地方科技资源信息的共建共享。

缺乏功能齐全、系统完善的共享服务平台,就难以满足多元创新主体对于信息和资源的需要,企业无法掌握最新的科研动态,高校、科研院所不能了解最新的市场变化。由于缺乏科技创新共享服务平台对现有的信息和资源加以整合,以及缺少专业的平台对现有资源加以管理共享,科技资源的需求无法满足与资源闲置浪费并存。而且科技资源往往还隶属于不同的科研院所和情报机构或部门,科技创新主体要想得到所需资源还需从不同的归属平台入手。即使部分科技资源能够进入资源共享的范畴,但实际并未对外共享,因为资源所有者缺少共享资源和公共服务的动力。即使有对外开放共享,往往也是较为初级的仪器设备,各部门、单位各自建设科研基础条件一般都会覆盖此类设备。而且已共享的信息资源也存在着数据老旧、设备老化的问题，因此在册的科技资源也鲜有被使用。

三、科技创新平台持续发展机制尚未形成

地方科技创新平台是实现科技资源整合共享的重要载体。目前各地的科技创新平台多采用架构较为松散的虚拟组织模式，这种组织模式存在主体间关系复杂、人员身份复杂、对付出较多的牵头部门进行成本补偿困难等问题，其根本原因是保障地方科技创新平台持续发展的机制尚未形成。

1. 对考核重点的把握不到位

首先，地方政府需要通过绩效管理来提升科研产出，提高平台发展质量。目前多数地方政府"重建设、轻管理"，对科技创新平台容易放任其自由生长，对后续的科研进度、科技产出关心不足。这种做法既是对前期投入的浪费，也降低了后续成果产出的质量。地方科技创新平台像是一家多股投入的公司，彼此之间应该也要存在不同和竞争，在迎合市场的过程中，真正被市场认可的科研产品才是优胜者。要想在这场科研竞赛中取得胜利，就离不开绩效管理。针对各具特色的科技平台，绩效评价标准和财政投入力度应体现出差异化。但许多地方的激励机制不够合理，考核标准单一，仅仅关注科研成果或专利的数量和规模，忽略了成果的质量和水平，容易导致低水平重复性科研、团队缺乏协作、科研精神懈怠等问题。须知科技创新平台虽然在市场竞争中像公司，但还是同公司存在着本质的区别，因为大部分地方科技创新平台的公益属性定位是其存在和发展的根本基础，所以在对其绩效进行评估时，不能简单地衡量单位时间内的产出或市场价值，而应该将时间成本、科研价值等考虑其中。

其次，各科技创新平台为保证自身的持续发展，也应该对内部科研小组或是科研人员进行绩效考核。然而目前多数科技创新平台对于团队绩效考核的方法没有形成统一的要求，往往是简单地根据学科带头人的水平，科研骨干人数，申请科研课题的数量、项目的等级、经费的数额以及发表文章的数量、期刊级别作为考核的主要依据，但对实际科研项目的完成质量与结果并不关心。同时，绩效考核是基于学术的数量而非质量，晋升评价机构并不会过多关注科研成果是否转化为生产力，难以激发科研人员进行科研成果转化的信心和动力。因此，如果高校和科研院所无法将科技成果转化纳入绩效考核的评价框架中，科研人员的积极性就难以通过薪酬和晋升来提升。

最后，绩效考核停留在团队层面，对团队内部成员的个人贡献缺少考察，不利于激发成员个人的积极性。除了对科研人员的绩效评估机制不完善之外，许多

科技创新平台还忽略了对管理人才的绩效评估。管理人员不同于科研人员，其工作绩效难以用定量方式评定，故而评价方法往往采用撰写工作总结、单位负责人主观评定等方法。这种方法往往会流于形式，加之公开度和透明度不够，难以产生激励作用。

2. 薪酬晋升激励机制有待完善

对绩效进行考核不仅是为了评价既有工作成果，更是为了对工作成果进行评价与反馈，从而选用适当的激励方式。科研人员作为创新的重要主体，如果缺乏公平合理的激励机制，其工作的积极性和能动性就可能受到打击。许多地方性科技创新平台尚未形成一套适用于自身的评价与激励机制，而仅能仿效主管部门的考核体系和激励机制。但此类主管部门并非科技服务性质的组织，其建设宗旨也和科技创新平台不一致，所使用的激励机制对科技创新平台也就不一定适用。

不同于企业工作，科研工作具有投资长期性且直接收益不明显，在科研工作中会有很多的失败，但这并不代表之前的心血与付出是白费。若是采用企业的业绩评估激励模式，那么科研人员的付出难以体现在薪酬晋升方面。因此，需要针对科技创新平台的人才队伍成立一套相对独立的考核和激励机制。

第三节　微观层面：人才培育与成果转化不佳

除了宏观的治理体制、中观的平台运行机制不顺畅之外，还需要从微观层面对地方科技创新平台的人才培育与成果转化方面存在的问题加以梳理。许多地方科技创新平台发展过程中科研创新的专业型人才储备与人才培育模式不足、科技中介服务功能较为薄弱、创新成果转化成功率相对较低是较为突出的问题。

一、科研创新平台人才储备与培育不足

1. 科技创新平台缺乏专业人才

科技创新人才与高端管理人才缺乏是当前地方科技创新平台发展中面临的一大障碍。近些年，尽管各级政府均公布了促进科技人才发展的战略规划，但未能培育重视科研、重视人才的整体氛围，尖端科技领域人才严重匮乏。科技人才中工程技术类人才占比较高而研发人员相对较少，而高等学校的优秀毕业生尤其是近几年来博士及归国人员，大多倾向于选择政府部门或金融行业，其次是公共事

业单位和学校。

造成科研人员匮乏的原因主要分为两点。一是由于科研与创新工作十分艰苦，愿意长久地留驻科研岗的科研人员少。待遇的差距与收入的不稳定也是制约人才长久从事科技研发与技术创新的障碍之一。另外，在当前环境下，资本与技术结合的不确定性使得创业与创新过程中存在极大风险，高端研发人才更倾向于在相对稳定和有合理预期的环境中进行创新创业，这也就导致部分经济欠发达地区科技研发人才的流失率高。二是地方科技创新平台人才引进机制亟待优化。当前人才引进政策仅覆盖科研经费补助、改善工作生活条件等内容，政策形式单一。同时，人才引进由行政力量主导，缺乏市场力量主导，导致引进的可持续性不足。此外，各地区间的人才引进还存有不当竞争，损害了人才引进的政策效果。此外，众多的高薪企事业单位乃至国外都在大力引进高层次科研人才，进一步加剧了科技人才的流失。

2. 人才培育模式尚待优化

科技创新平台对科研人员的要求非常高，除了本身所需要掌握的科技知识、科研技术之外，还需具备创新和学习能力，科研人员长期的发展与进步离不开科技创新平台的培养。我国各地方科技创新平台现有的人才培养模式较为单一，缺乏有效的人才选拔、培养机制。科技人才的继续教育尚未制度化、系统化，导致科技人才的知识储备难以更新，科研产品与市场需求脱轨。

在诸多地方科技创新平台的人才培养模式中，都暴露出了高层次专业人才培育不足的问题。现阶段的人才培育以通用型人才培育为主，创新型人才培育政策仍处于试点状态，高端人才的专项培育几乎没有，企业发展型人才和市场开拓型人才面临断层的危险。另外，在面向市场和产业的高端应用型人才的培育和培养方面，领军人物稀缺，而引进的外地人才则可能存在对当地产业的特色适应不足、水土不服的现象，对地方科技创新平台人才的成长产生了严重影响。

科技创新型人才培养必须符合科技进步的规律和市场的需求，并遵循人才成长的客观规律，营造相应的法律环境和政策条件。我国科技创新平台的人才培养模式与发达国家相比，还存在一定的差距。例如，英国皇家学会每年会资助超过 1 600 名科学家进行科研和学术交流，日本的"21 世纪 COE 计划"每年对 100 多项博士科研项目进行资助。总的来说，发达国家在人才培养模式上更多以长远的眼光来设置培育课程，注重培育模式的科学化，并且在政策中提供了诸多便利。

二、科技创新平台的中介服务功能薄弱

1. 政府"越位"抑制平台力量成长

相比于传统商品交易，技术交易的复杂程度更甚且风险更高。目前，政府本身还肩负着许多本应由中介机构承担的事务，导致政府部门一方面既当"裁判员"对该领域进行监管，另一方面又参与竞争。在此情况下，以地方科技创新平台为代表的科技中介服务机构的成长空间受到挤压。政府在科技创新平台治理体系中扮演着主导者的角色，各种创新活动常是由政府来确定目标并将任务分配给科研院所等事业单位来完成落实，这就是政府"越位"的体现。在市场经济条件下，政府的职责应当是营造优质的创新氛围，包括制定落实科技创新的政策优惠、优化科技创新的投融资模式、完善技术转化交易的平台体系（卢苓霞和陈维红，2012）。在地方科技创新平台建设中，政府固然起着不可或缺的领导作用，但碍于政府的能力边界，需要充分发挥科技中介职能以联通政产学研各主体间的信息流动和技术转移，破除合作壁垒、降低交易成本。

2. 地方科技创新平台自身发展滞后

地方科技创新平台在一程度上扮演着科技中介服务组织的角色。在我国地方科技创新平台治理中，除了政府过强抑制了其生长空间外，许多平台本身发展仍处在初级阶段。首先，大部分地方科技创新平台依旧具有官办背景，难以适应自由市场。由科研管理部门开办的科技创新平台基本会延续行政管理的组织架构和权力体系，同时也习惯于依赖政府部门，容易背靠政府获得垄断性质的业务内容。这对其他非政府部门主导的地方科技创新平台造成了不平等的竞争局面，长远来看不利于科技创新平台的整体发展，而其业务开展缓慢、竞争意识薄弱等特点，都让其难以在自由市场竞争中生存。其次，一些地方科技创新平台难以满足政产学研合作需要。尽管地方科技创新平台的数量有序增加，但当前此类科技中介组织的数量和质量都较为欠缺，行业体系不够健全，专业化程度偏低，服务规模较小，服务内容单一，缺少相应的规范、引导和管理，难以适应当今企业、高校对其协同创新的要求，难以满足日益蓬勃的政产学研合作需要。最后，地方科技创新平台的人才体系有待优化。地方科技创新平台中的专业人才缺乏，人员结构也不合理，市场化成熟度尚且不足，缺少正式出台的政策法规的支持。同时，地方科技创新平台间的信息互通不畅，社会认同度和信任感不高，无法优化信息资源的传递和配置。同时，地方科技创新平台还缺乏一支知识储备过硬、市场把握准确、服务态度端正的从业人员团队。

三、科技创新平台的协同创新和成果转化率低

1. 科研协同创新能力不强

地方科技创新平台的创新能力本质上是其利用创新资源进行创新的能力，即将新思想、新知识、新技术等创新资源转化为新产品、新工艺、新服务的能力，开拓新市场、新品牌的综合能力（徐顽强，2014）。因此，地方科技创新平台的创新能力取决于科技创新平台所拥有的资源与要素的集合。科学技术人员创新力不强、科技经费紧缺、科研活动所需的信息资源不足、组织机构制度不完善等问题都会影响平台创新能力。科技资源的配合程度决定了创新资源的发挥。例如，有的地方科技创新平台的要素资源异常丰富，但缺乏能够加以开发利用的能力，资源的禀赋就无法发挥，也就难以增强科技创新能力（徐顽强，2014）。有的平台拥有创意和能力，但是缺乏将这些创意付诸实践的要素资源。另外，科技创新平台的运行有赖于当地的经济发展水平、产业结构状况以及相关的政治、政策、法律体系等诸多因素。

2. 科研创新与市场需求脱节

尽管地方高校逐步发展壮大，并参与到政产学研用的合作进程当中，但仍不足以支撑地方科技创新平台中的合作所需。目前主要存在以下三个突出的问题。第一，合作单位的科研特色凝练不够。为了追求办学的综合性和一体性，高校往往会过度设立大而全的学科门类，虽然学科方向多，但不够凝练，在学科资源的把握上过于分散，无法形成合力和整体优势。这对于地方科技创新平台而言，就需要遴选出学科门类中具有显著优势且贴合市场需求的科研团队。第二，科研成果与产业市场存在供需脱节。高校、科研院所对科研成果的应用价值和经济效益的重视程度有待提升，一方面，大量的科研工作是基础性和普适性工作，离投入产出还有较大的距离；另一方面，很多科研成果虽具备足够高的技术含量，却不具备市场潜力，容易陷入"自弹自唱"的怪圈。从中央到地方，成立了大量的科研项目资助基金，让科研人员热衷于此，产出的主要是专著、论文、研究报告等，这种成果大多偏向学术研究，应用性不足。此外，对于科研人员而言，科研的价值相比于过程冗杂、周期较长的成果转化，更多地体现在职称评定和评奖评优上，在一定程度上制约了成果转化。第三，地方科技创新平台的定位不清晰。地方科技创新平台往往将自身科技创新服务的对象定位于高新技术产业、支柱产业，并只关注与大型国有企业、中央企业的创新合作，却忽视了自身的真实角色，不重视同当地广大中小企业的合作，但实际上与这些小而分散的产学研合作，往往能够为地方科技创新平台的逐步成长奠定坚实的基础。

3. 科技成果转化缺乏激励

目前国家经费支持、论文发表数量、获奖励级别等作为衡量科技创新水平的常用指标，但企业则以盈利为首要目标，双方合作的活力和内在动力不足导致了成果转化的积极性不高。科学技术评价主要侧重于科研成果技术方面的专业性，而忽略了市场方面的营利性，导致许多科研成果只能作为表彰展示，难以落地转化。高校、科研院所的评价体系有待完善。现有的绩效、职称晋升评价标准中，论文专著、课题项目所占比例较大，致使科研人员忙于"拉项目、发论文"。同时，奖励机制的导向性不足让科研人员缺乏主动推进成果转化的动力。由于科研人员的绩效考核、职称晋升主要评价指标并非科技成果产业化，故而出现"重科研、轻转化"的现象。

第九章　地方科技创新平台治理体系现代化的方略

当前我国经济已转向高质量发展阶段，追求质量和效益成为新的经济发展理念。各地为有效实施创新驱动发展战略，理应加强和高校等科研机构的密切合作，积极打造集产学研教于一体的新型科技创新平台。因此，必须坚定不移地推进地方科技创新平台发展，特别是要持之以恒地推进地方科技创新平台治理体系的现代化。

第一节　理顺政府管理体制，保障政策供给

地方科技创新平台在其良好治理体系构建过程中，各级政府扮演着至为关键的角色。地方政府既要为地方科技创新平台创造充足的发展空间，减少不必要的管制，用优质服务促进地方科技创新平台的健康成长，还要认真应对科技创新平台建设过程中的风险，坚决防止"一放就乱"。为此，地方政府应该从制度设计和政策供给着手，为科技创新平台创造更加适宜的外部环境。这就要求地方政府不仅要进行科学的顶层设计，加大资金支持力度，还要积极完善激励机制，鼓励更多的高校、社会组织以及社会公众积极参与地方科技创新平台治理。

一、加强顶层设计

加强地方科技创新平台的顶层设计，直接关系到能否持续有效地支持鄂州科技创新事业的持久开展。在此过程中，政府应着眼于本地实际情况以及科技发展需求，整体性设计地方科技创新平台的建设方案。既要积极构建相关扶持制度，同时也要提供相应的配套政策，为推动地方科技创新平台发展提供全方位服务。

第一，构建"四梁八柱"核心制度，完善地方科技创新平台的顶层设计。在地方经济发展进程中，先进的科学技术是最重要的生产力。但单纯依靠政府提供的科技服务，很难满足当地的科技发展需求。在此背景下，各高等院校以及相关科研机构和地方的合作不断增多，已经成为为地方提供科技服务的重要方式。但从全局角度看，整体性制度建构仍然滞后于实践现状，为此必须尽快构建"四梁八柱"核心制度体系，不断强化发展地方科技创新平台的制度基础。一方面，在全局性制度设计中，进一步明确地方科技创新平台的角色和地位，为其提供充足的发展空间。在创立审批、财政扶持等方面，地方政府要为其提供便利条件，同时尽可能消除科技创新平台发展的阻碍因素。另一方面，地方政府也要加强学习，不断学习其他地方的成功经验，并为当地科技创新平台的发展提供具体有效的指导方案。在平台框架搭建、组织机构设计、科研人员招募以及科技服务方式等方面，为科技创新平台提供各种有效指导，同时也要根据各类平台的发展需求，精准提供多种资源支持。

第二，着眼实际工作建设需求，不断丰富完善相关的配套政策，进而使各项制度能够真正落地。制度和政策的生命力都在于实施，而制度的刚性相对较强，很难直接实施，因此在顶层制度指导下，要积极为地方科技创新平台发展提供相应的配套制度。一方面，政府要着眼硬件建设诉求，为地方科技创新平台提供相应的基础条件。例如，为各类型的地方科技创新平台提供相应的办公场所。鼓励各地积极借助工业园区和农业园区的优势条件，为各项科技成果的真正落地提供支持条件。另一方面，在软件建设方面，地方政府也应做好指导和帮助工作。在科技创新工作中，最为关键的是得到科技型组织和科技人才的大力支持，如何吸引组织参与和引入科技人才，都需要政府提供协助。例如，通过给予适当的人才补贴，不断充实科技人才队伍。通过为科技类组织提供财政补贴和税收优惠等方式，鼓励这些组织积极参与当地的科技服务工作。此外，在实践进程中，各级政府也要积极关注科技创新平台的发展需求，进而不断丰富完善政策支持体系。

第三，政府要加强宏观调控，积极防范地方科技创新平台建设中的各种风险难题。虽然地方科技创新平台能够为当地科技事业注入强有力的活力，但在具体实践进程中的各种风险问题也仍需得到关注。政府作为这项事业的主导者，要做到"未雨绸缪"，提前做好风险应对规划，通过设置必要的风险应急预案等方式，积极化解科技创新过程中的风险。同时，部分社会组织的营利性比较凸显，如多数企业在科技创新过程中往往希望得到较多收益，如何有效监管这些企业也应该得到政府的关注。政府应该积极引导各类型社会组织处理好"营利性"和"公益性"的关系，进而为当地提供较为有效的科技创新服务。

二、加大资金支持

科技创新具有长期性，政府也要确保为科技创新服务工作提供扎实的"钱袋子"。在地方科技创新平台发展过程中，政府要加大资金支持力度，确保各项科技创新工作的持续开展。为此，政府既可增加科技创新工作的财政预算，也可在财政税收、企业贷款等方面为科技创新平台提供有效支持。

其一，持续增加财政预算，不断扩大科技服务类费用在总预算中的比例。就实践而言，政府投入是科技创新活动的重要资金来源，而随着经济社会的快速发展，社会公众的公共服务需求不断增长，其中公众和企业的科技服务需求也更加凸显。特别是在供给侧结构性改革和创新发展的时代环境中，区域和企业的高质量发展均对创新性技术的需求力度不断增大，这必然会要求地方政府要在科技创新服务上进行更多投入。为此，地方政府要根据本地区的财政状况，在预算分配中予以倾斜，不断增加科技创新服务的预算份额，确保更多的资金逐渐流向科技创新领域。

其二，地方政府在当地的财政税收政策设计中，也要为科技创新提供更多优惠政策。首先，在正确评估各科技企业和科技创新平台的基础上，不断增加相应的财政补贴。科技创新服务的费用较高，很难单纯依靠科技创新平台和社会组织的力量进行筹措，而政府的财政投入又在总体资金中占有较高的比例。为此，地方政府要根据政府实际财政状况，尽可能地给予更多的财政投入。其次，全方位减轻科技型组织和平台的税收支出。实践中，部分科技型企业承担的税收支出相对较高，在很大程度上影响着该组织在科技创新服务工作上的有效投入。为此，只有降低科技型组织的税收比例，才能有效激发这类组织参与科技创新工作的能力和积极性。一方面，地方政府要为科技型组织提供富有吸引力的税收优惠政策，鼓励科技型组织积极增加科研创新投入，不断提升当地的科技发展水平。另一方面，税收部门可以根据科技型组织的实际表现，进行一定额度的税收返还，进而刺激科技型组织通过努力提供科技服务来争取税收返还。此外，根据科技型组织的科技创新表现，如专利数量、科技服务次数等，为其提供相应比例的税收免征额度。

其三，地方政府也要利用自身的宏观调控功能，积极支持引导科技型组织在银行等金融组织获得更多的贷款支持。根据科技型企业的建设需求，政府可以为其与政策性银行"牵线搭桥"，为其获得贷款支持提供相应的便利，即在地方科技创新平台建设过程中，政府既要借助自身力量为其提供资金支持，同时也要积极协调外部组织为其提供资金支持。

三、创新激励机制

为推动地方科技创新平台的成长发展，地方政府除给予充足的物质资源供应外，也要不断创新激励机制。通过"物质"和"精神"层面的双重刺激，共同支持地方科技创新平台的快速发展。一方面，积极构建基于多元主体的激励兼容机制，努力回应各方关注焦点，激发多元主体参与地方科技创新平台的积极性和热情；另一方面，既要重视物质奖励，也要重视精神激励，实现两者的有效匹配，建构完善的激励机制。

首先，在地方科技创新平台建设过程中，地方政府既要提供必要的服务，也要平衡各方利益。地方科技创新平台持续发展的过程就是科技创新能力持续积累、能力不断增强的过程。从需求出发，服务能力的提升是创新能力增强的前提，因此应将"服务"置于"创新"之前（李啸和朱星华，2008）。在此过程中，必须努力构建充分考虑多元主体利益诉求的激励兼容机制。地方科技创新平台的构建，需要得到社会公众、各级政府、高校等科研机构、科技创新企业和社会组织的参与和支持，而每个参与主体都有着各自的参与目标。为此，在具体行动中一定要充分考虑相应主体的利益诉求。社会公众希望能够从科技创新平台中得到实操性强的科学技术，同时也希望得到更多的科技指导和服务。地方政府则希望借助科技创新的作用，积极推进当地供给侧结构性改革，并有效调整当地的经济发展结构。科技创新企业则希望借助科技创新平台发现更多的科技创新市场需求，进而结合自身实际情况，加速各种科学技术的重大攻关；高校等科研机构希望参与地方或区域的科技创新工作，不断提升学生或工作人员的实践能力；社会组织则希望通过地方科技创新平台为其提供力所能及的帮助，更好地履行社会责任。为此，在地方科技创新平台运行进程中，既要鼓励多元主体共同推动科技创新工作，同时也要认真考虑多元主体的合理需求。

其次，地方政府要通过加大科技创新奖励力度来提升科技人才的积极性。科技奖励既是对取得科技成果的创新人员的褒赏，也是其融入创新共同体的必要方式，是推动科技发展的重要政策和手段之一（徐顽强，2010）。一方面，地方政府应该加大科技创新的物质奖励力度。通过物质奖励不仅能充实科技创新平台开展科技攻关的研究资金，而且还能直接激发科研人员的从业热情和积极性。另一方面，地方政府也要加强对先进个人、优秀组织的表彰力度，在全社会树立较多的先进典型和模范，进而号召全社会向这些先进群体学习。此外，在进行科技创新奖励时，要注重物质奖励和精神激励共同使用的方法，这样才能实现更好的激励效果。

最后，地方科技创新平台要和多元主体积极探索联合奖励的方式，不断提升科技创新工作者的工作热情。实践中，凭借各级政府和创新平台本身的激励作用效果有限，尝试开展多单位联合、共同奖励的方式，则有助于帮助科技创新工作者收获更多的心理收益，使其更愿意投身科技创新工作。例如，地方科技创新平台可以尝试与高校进行联合奖励，将高校工作者服务地方科技创新也算作正常工作量，如此有助于大批科技创新人才能够真正下沉，促进当地的经济社会发展。

第二节　优化组织结构体系，构建协同创新机制

地方科技创新平台的治理还需要进一步对组织结构体系进行优化，努力构建协同创新体制。在多元主体之间寻找到利益平衡点，设计出更具实效的组织结构，以便于高效凝聚所有参与者的热情和力量。

一、优化组织结构，推进政产学研用多元治理

地方科技创新平台的成长发展需要得到多元主体的共同参与支持，因而必须高度重视多方利益协调问题。通过利益平衡，既能对参与者或参与组织进行有效激励，同时也能确保各项工作的正常开展。具体来看，如何实现持续有效政产学研用一体化也正是利益协调的重要途径，即将高度密切的政产学研用一体化作为地方科技创新平台治理体系建设的重要目标。

一方面，在构建激励兼容机制时需要为地方科技创新平台设置合适的组织结构，并积极推进政产学研用的多元治理。一般说来，参与地方科技创新平台构建的多元主体性质不一，各自所认同的管理理念和发展理念也有一定差别，因此必须努力寻找到各方建设的共识点，在此基础上合力推动各项科技创新工作的开展。首先，在地方科技创新平台的治理组织结构中，要努力确保各方主体的地位，即多元主体都应选出一名"代言人"，这样便于所有参与者快速达成共识。通过这些"代言人"，不仅能够及时听取多元主体的合理诉求，而且还能借助其将平台的最新发展情况回馈给多元主体。其次，在地方科技创新平台运行过程中，还要努力打造管理共识。基于实践需求以及平台现状，在聆听和征求多元主体意见的基础上，科学设置平台的管理制度和规定，并选择更加适宜有效的管理办法或方案。实践中，正是管理理念、认识的分歧，以及管理信息的迟滞，引发了多元主体之间矛盾纠纷，最终严重影响了地方科技创新平台的健康发展。最后，在地方科技创新平台的机构设置中，也要高度关注管理者的选择和任命。管理者必须具备较强的统筹能力，不仅要努力照顾多方主体的利益，同时还要善于

凝聚平台成员，促使参与者共同服务科技创新工作。在主体合作中，能否选择合适有效的管理者在很大程度上决定着各项工作的成败。必要时，建议可以借鉴采用企业管理中的"轮值 CEO"的方式，打破管理者的僵化体制，确保地方科技创新平台的正常运行。当然，这一切都应受到政府等多元主体的密切监督。此外，地方科技创新平台的发展，其实质就是政产学研用一体化的过程，在此过程中，也要充分考虑各主体特点，开展更具针对性的合作实践。

另一方面，针对科技创新工作的特点，也要积极推进柔性组织管理。在组织结构设计中，应该采取更加开放透明的方式，确保各类组织能够自由加入或退出地方科技创新平台。不同的科技创新实践不仅需要类型不一的科学技术，而且需要不同类型的科研组织参加，为此必须根据实际情况吸引多元主体。首先，地方科技创新平台应该持续不断地吸引其他主体参加，进而提升平台的服务能力。其次，地方科技创新平台应该允许参与组织的自由加入或退出。通过相关规则的设置，地方科技创新平台可以自主邀请科技型组织参与平台建设，同时也应该允许科技型组织自由退出平台建设。再次，在地方科技创新平台治理体系发展过程中，也要及时将那些作用发挥不足、不利于科技创新的组织清除出平台，有效保障科技创新平台在较好的环境中成长发展。最后，地方科技创新平台应该更多承担一种"工作站"的角色，努力为其他组织参与科技创新工作提供服务，而不应该进行过度的硬性管理。

二、优化平台资源配置，保障资源共享

在地方科技平台治理体系运行过程中，能否实现资源的合理配置，也往往决定着多元主体对平台的信任程度。既要努力优化配置规则，也要不断调整资源配置现状。与此同时，也要强化共享理念，不断提高发展资源的利用率。

其一，不断优化地方科技创新平台的资源配置规则，为推进资源合理配置创造科学有效的工作路径。首先，地方科技创新平台应该努力推进"开源"工作，为平台争取更多的发展资源。科技创新工作对资源的数量和种类要求较多，地方科技平台理应不断积聚更加丰富的建设资源。在选择争取方式时，地方科技创新平台既要努力赢取各级政府的支持和资源供给，同时也要鼓励科技型企业以及高校等组织积极提供资源援助。在争取内容上，地方科技创新平台不仅要积极获取各种物质资源，也要及时补充人才支持等软件资源供给。其次，地方科技创新平台应该科学设置资源配置的方式和流程。实践中，平台通过项目、课题和试验等方式发放资源，能够基本满足参与者的发展需求。但在此过程中存在竞争性不足，激励参与者积极性方面有所欠缺。因此，科技创新平台可以考虑更多采用招

投标的方式进行项目研究,更加准确有效地选择参与主体和精准配置发展资源。与此同时,平台也应设计严谨规范的资源配置流程,以便平台及时做好自查自纠工作,及时改正资源配置中的各种问题。

其二,地方科技创新平台应着眼实际工作需求和平台状况,不断调整资源配置。一方面,地方科技创新平台应该加强对各种发展资源配置的评估工作。科技创新平台对后期的评估工作关注不足易导致科技创新异化。例如,多元主体疏于合理使用发展资源,既会引发发展资源的浪费,难以实现科技创新目标,同时还会引发其他主体的质疑和不信任,损害平台形象,不利于科技创新平台的持续建设发展。另一方面,地方科技创新平台应该根据各项科技工作进行发展资源的动态调整。面对那些边际效应逐渐降低的科学技术,科技创新平台应该逐步降低资源配置,减轻对其的支持力度。对于那些更加基础的、创新性更强的新型技术,地方科技创新平台则应进行持续不断的资源配置和投入。在这种"一减一增"的过程中,可以有效实现资源配置的高效调整,充分发挥各种发展资源的价值。

其三,在地方科技创新平台中提倡共享理念,尽可能让更多主体参与利用资源。资源具有稀缺性,很难完全匹配实际需求,因而必须开源节流。对于多数发展资源来说,单一主体很难进行持续的占用而存在较多闲置时间,而这正是推进主体共享的有利机遇。实践证明,"共享"理念既有应用市场,也有巨大的实践价值。2016年起,多种"共享经济"形态出现,一时间各种社会资源的共享使用问题引起了全社会的高度关注,"共享"也逐渐成为公众认同的一种消费理念,这为在其他领域推进共享也提供了较好的群众基础。因此,在科技创新资源的应用中,科技创新平台也要积极树立"共享"理念,尽快设置共享的方式方法,确保更多的参与主体能够有效利用发展资源。当然,在共享使用中也要加强监管,坚决防止主体的恶意破坏行为。为此,平台在共享规则设计中有必要列出"负面清单",提醒使用者不得采取哪些违规行为,并加强对使用者的教育培训,提升其对发展资源和平台建设的责任感。使用者本身也要尊重社会公德,积极在平台允许的范围内合理使用各种发展资源。

三、推动技术改革,提高成果应用率

进行科技创新的最终目标是更好地开展生产建设,地方科技创新平台要将提高成果应用率作为重要的考核指标,督促多元主体积极推动技术改革。在具体的科技创新和技术变革中,既要保证各项科技成果的针对性,同时也应努力开展更多的交叉性研究,不断丰富新型的科学技术体系。此外,也要积极借助实践的力量来验证技术变革的实际效果。

首先，开展更多的针对性研究，为实践应用提供直接指导。当前，基础性科技的匮乏，导致我国科学技术发展的后发动力不足。地方科技创新平台理应高度关注这些基础研究，并给予充足的资源支持。同时，应关注应用性强的科学技术创新与变革。当前，我国许多行业陷入了"有进步无发展"的"内卷化"局面，面临着极其凸显的发展难题，其中比较关键的就是科学技术的相对落后，难以匹配实践需求。为此，地方科技创新平台要做到"急地方之所急，想地方之所想"，积极鼓励开展应用价值更高的科技研究工作。一方面，地方科技创新平台应该做好前期调研工作，准确了解更加急迫的科技诉求，进而督促多元主体积极开展针对性的科技攻关工作。另一方面，科技创新主体也需重点考虑技术的实际操作性，即关注实用性问题，只有将科学技术真正应用到实践中，才能最大化地发挥科学技术的作用。实践中，虽然部分科技创新平台也产出了许多创新性的技术成果，但由于实施条件不足或应用成本过高，这些先进成果只能束之高阁。开展技术变革和科技创新工作时，一定要使其匹配现实需求，确保研发和实践工作紧密联系起来。

其次，充分吸纳各种学科背景的人才，积极推进交叉科学技术创新或变革。当前，地方科技诉求呈现明显增加的态势，不仅有数量的诉求，而且还更多地希望开展大幅度的技术变革，这必然会对地方科技创新平台的实际工作提出更高要求，且交叉研究、多学科共同攻关已经成为实现重大科技创新的主要路径。因此，地方科技创新平台也需对交叉科技创新提供更多支持。一是从人才方面支持多学科交叉研究，通过招募吸纳各种背景的科技人才，不断充实人才队伍，为开展重大的科技创新或技术变革提供充足的人才支撑。二是增大对重大科技创新工作的支持力度，既要从资源投入上予以倾斜，也要以更加包容的心态对待科技创新的失败或错误。实现一项科技创新或技术变革，不仅需要时间积累，而且存在失败风险，这些都需要得到地方科技创新平台的理解和鼓励。

最后，为了验证科技创新和技术变革的效果，科技服务平台也要联合使用者共同构建有效的检验机制。一方面，科技创新服务的受众原本就是最好的"裁判员"，因而有必要将这一群体纳入考核检查组织中。通过使用者在实践中应用科学技术或创新成果，直接评判技术的有效性和成果的适用性，能够更加真实有效地说明科技创新的价值。另一方面，在进行科技创新或技术改造时应尽可能地设计多种方案，然后根据实际效果选择出更加适宜的方案。同时，用户也能根据自身条件进行科技创新技术的选用，实现科技服务和实践需求的精准匹配。此外，在多种创新方案设计中，也能有效激发科技创新主体的积极性和热情，鼓励其不断实现技术突破和科技创新，为实践提供更加科学有效的创新技术或方案。

第三节　创新投融资模式，完善科技金融服务平台

建立促进科技创新的金融支持体系、拓宽融资渠道、完善政策性制度安排、弥补筹资缺口、化解和规避创新风险是提升科技创新能力的重要措施（黄国平和孔欣欣，2009）。为给地方科技创新平台提供充足的资金支持，需要积极创新投融资模式，完善科技金融服务平台。

一、建立市场导向协同创新投融资机制

在完善地方科技创新服务工作时，需要抛弃完全依赖政府投入的思想并积极走向市场化。地方科技创新平台要善于借助市场的力量筹措资金，积极设立协同创新型的投融资机制。既要鼓励科技型企业等多元主体积极参与科技创新资金投资，也要进行更具稳健性的投资项目，不断充实平台的创新资金。

一方面，在科技创新资金的筹措中，地方科技创新平台要积极鼓励多元主体的共同参与。在以往的运行模式中，各级政府是最主要的出资人，导致各地的科技创新工作过度依赖政府，自主性不足。而且单纯依赖政府注入的资金也比较少，很难完全满足科技创新的发展需求。为此，地方科技创新平台要积极借助市场的力量，不断扩大科技创新资金的筹措来源。例如，应正确认识科技型企业的重要作用，通过适当的激励方式号召科技型企业在资金方面为地方科技创新平台提供帮助。与此同时，随着我国社会组织的发展成熟，各种专业性强的科技组织也可以作为地方科技创新平台的争取对象。此外，通过科技型企业与社会组织的共同投资，也能在一定程度上激励科研人才和团队更加珍惜科研机会，并且这种融资方式还能实现地方科技创新平台和多元主体的风险共担、利益共享。

另一方面，地方科技创新平台也要敢于借助市场的力量，实现既有发展资金的稳定增长。在市场化机制中，通过投资稳健性的项目，既能确保本金的安全性，也能帮助组织获取较高的收益。当然，在选择投资项目时，地方科技创新平台一定要做好风险管控工作，而且也必须得到多元主体的共同支持。相对说来，利用现有资金进行项目投资风险较高，地方科技创新平台在采用这种方式时必须保持谨慎。

二、丰富多元化投融资形式

地方科技创新平台在采用市场化运作方式时，也要积极丰富投融资形式，通过多种途径为科技创新筹集资金。

首先，地方科技创新平台应该加强和金融机构的合作，尝试将科技创新效益证券化，以此从基金市场或股票市场筹措资金。科技创新效益证券化是指地方科技创新平台对具备现金收益潜力业务进行组合，并以证券形式出售给投资人。一方面，地方科技创新平台要积极争取各级政府和金融机构的批准或同意。另一方面，使用科技创新效益证券化方式时，不仅应该进行扎实的市场调查，准确了解投资人的投资意向，同时也应进行一定的试点摸索活动。此外，在深入使用科技创新效益证券化方式时，地方政府要针对区域内的科技创新平台尽快进行相关制度设计，确保这种方式能够在合理适宜的轨道内运行，及时化解各种风险，避免不良后果。

其次，也可考虑使用众筹等互联网金融的方式筹措创新资金。众筹模式能够让个人或企业通过向公众展示创意来获取关注和支持，进而获取实现其创意所需的资金。现代众筹就是指通过互联网方式发布筹款项目并募集资金，相对于传统的融资方式更为开放。科研众筹具有拓宽民间资本参与科技创新创业渠道的独特优势，可作为推动大众创新的互联网金融新模式。因此，在地方科技创新资金筹集中，可以通过打造一定的投融资产品，通过在互联网平台发展，积极争取互联网用户的支持，以更加开源的方式获取发展资金。

第四节　加强人才队伍建设，完善用人制度

科技创新人才作为人力资源中的"精华"，是地方科技创新平台治理中的重中之重。习近平总书记在党的二十大报告中提出加快建设国家战略人才力量，努力培养造就更多大师、战略科学家、一流科技领军人才和创新团队、青年科技人才、卓越工程师、大国工匠、高技能人才[①]。对于地方科技创新平台的高质量发展而言，加强人才队伍建设，完善用人制度，培养高素质人才是其治理体系和治理能力现代化的内在要求。

---

① 习近平. 高举中国特色社会主义伟大旗帜　为全面建设社会主义现代化国家而团结奋斗——在中国共产党第二十次全国代表大会上的报告. http://www.gov.cn/xinwen/2022-10/25/content_5721685.htm, 2022-10-25.

一、注重科研领军人才的培育

习近平总书记在党的十九大报告中指出："培养造就一大批具有国际水平的战略科技人才、科技领军人才、青年科技人才和高水平创新团队。"①科研领军人才是人才资源中尤为宝贵的稀缺资源，科研领军人才的培育，不仅有利于推动地方科技创新平台的现代化，更事关科教兴国、人才强国和创新驱动发展战略的实现和创新型国家的建设步伐，是我国实现自主创新的关键所在。培育科研领军人才，不仅要求地方科技创新平台提供优越的学术环境，还要求形成融洽团结的科研创新团队文化。

1. 为科研领军人才构建优越的学术环境

优越的学术环境，是激发科研领军人才创新活力，提升其创新能力的关键一招，是地方科技创新平台治理现代化事业的重要基础。任何人才的成长除了自身努力的因素外，外部环境的作用不可忽视。内外因综合效应是人才成长的基本规律。科研领军人才的培育同样不可忽视外部环境，主要是学术环境。

学术环境是影响科研领军人才积极性、主动性、创造性的各种机会和机制的总和。科研领军人才的主要工作就是带领团队成员取得创新性成果，其大部分时间都花费在学术研究上。因此，宽松的学术环境是极其必要的。2015 年 12 月 29 日，国务院办公厅公布《关于优化学术环境的指导意见》，提出了任务要求和保障措施。地方政府和地方科技创新平台均需要以《关于优化学术环境的指导意见》为蓝本，考虑各自的实际情况，制定出适用于地方的优化学术环境的指导方案，让科研领军人才的创新创造活动氛围"有法可依"。

具体来说，地方科技创新平台应该在以下方面重点作为。一是搭建与地方科技创新平台开展学术交流与合作的平台，推动科研团队开展多种形式的学术交流活动，强化合作协同，克服信息孤岛现象。二是推广以项目负责人制为核心的科研团队组织模式，赋予科研领军人才更大的决定权和自主权，如自主决定聘用流动人员。三是实施扁平化管理，尽力克服地方科技创新平台管理中存在的"行政化"弊端。四是在学术作风上，要发扬民主精神，鼓励学术争鸣，允许标新立异，宽容科研创新的失败；要倡导诚信精神，科学建立评价机制并合理利用评价结果，建立健全学术道德规范条例，切实将社会主义核心价值观贯穿于科技创新平台运行的始终。

---

① 习近平. 决胜全面建成小康社会 夺取新时代中国特色社会主义伟大胜利——在中国共产党第十九次全国代表大会上的报告. http://www.gov.cn/zhuanti/2017-10/27/content_5234876.htm，2017-10-27.

2. 营造融洽团结的科研团队文化

科研领军人才的重要性不言而喻，但团队的力量始终大于个人的力量。因此，营造融洽团结的科研团队文化氛围，以团队合作创新合力，是地方科技创新平台治理现代化的必然要求。融洽团结的团队文化有助于营造平等自由的学术氛围，促使团队成员心往一处想，劲往一处使，达成分散的个体目标统一于科研团队的共同目标的和谐局面。同时，对不同年龄、教育背景、学术经验、研究水平的成员科学分工，能够充分发挥各方优势，激发各方潜能，实现高效协作。进一步地，科研领军人才可以脱身于纠结复杂的人际关系，节约大量精力和时间，集中攻关重大科研难题。

为此，地方科技创新平台需要从以下方面多做努力。一是构建畅通良好的沟通交流机制。马斯洛的需要层次理论指出，除了最基本的生存需要和安全需要，每个人都有社交需要或称归属与爱的需要，都希望归属于某个群体并在群体活动中表达自己，获得群体成员的认同。沟通交流机制的畅通，不仅能为创新团队成员提供工作经验交流、碰撞思想火花的机会，而且满足了各成员的情感需求，有利于感情的培养，有利于融洽团结的团队文化的形成。二是积极组织形式多样的团建活动。文化无法看见与触摸，却实实在在地对团队成员及其活动产生影响，并且这种影响是潜移默化地在团队成员的日常工作与生活中发生的。因此，积极组织开展各种团建活动，如集体旅游、户外拓展训练、共同设计团队标识等，让创新团队成员在活动中增进彼此之间的了解与信任，不失为营造融洽团结的科研团队文化的一种重要方法。三是广泛开展跨区域跨平台交流合作。在交通与信息科技发达的今天，地方科技创新平台跨区域跨平台链接外界已成常态，当地方科技创新平台作为一个整体对外交流合作时，科研团队成员之间会产生强烈的凝聚力和荣誉感，这将极大地助力团结合作的团队文化建设。

二、多渠道引进创新型人才

改革开放40多年来，大量的低成本劳动力一直是我国经济保持高增长率的重要因素，是我国经济的核心竞争力优势之一。在劳动力人口数量增量不断减少的背景下，经济可持续发展的着眼点就自然落到了劳动力人口存量上，这也是近几年来全国各地爆发"抢人大战"的主要原因之一。"抢人大战"实质上是抢人才大战。因此，地方科技创新平台应重视人才，招揽人才。宏观层面，在《国家中长期科学与技术发展规划纲要（2006—2020年）》指引下，因地制宜地逐步建立与完善驱动地方科技创新的法规政策体系，主要包括科技投入政策、知识产权保护制度等，做好人才引进的顶层设计。微观层面，根据自身发展需求和现有条件,个性化、专业化地为创新型人才的引进开辟多种渠道,主要分为国内和国外引进两条渠道。

1. 建立健全引进创新型人才的法规政策体系

宏观层面的法规政策体系能够在激活创新创业机构与个人、完善创新创业机制、整合创新创业资源与改善创新创业环境等方面发挥作用,是地方科技创新平台治理体系现代化的根本性保障。构建引进创新型人才的法规政策体系的目的,既是为弥补市场失灵做出主动补位,更是提高地方科技创新平台的创新活力和竞争力,促进其实现治理现代化。宏观的法规政策体系包括科研创新投入政策和知识产权保护制度。科研创新投入政策通过建立财政性科研投入稳定增长机制,创新创造性科研投入管理机制,不断提高科研投入经费的使用效益,鼓励企业、非营利组织等社会团体增加科研投入,形成多元化的科研投入体系。各国实践证明,知识产权保护制度是激励自主创新创造,激发科研人员积极性最重要的方式之一。知识产权保护业已成为国际经济秩序的战略制高点,直接影响着各国的竞争力和影响力。

建立健全引进创新型人才的法规政策体系。首先,完善知识产权保护相关法律法规与政策规定,为科研创新人员的积极性创造性兜底,并不断加强普法工作,整体提升国民的知识产权保护意识。其次,重新审视我国科研成果评价模式,主要由重论文奖励转变为重知识产权的申请保护以及后续的商品化和产业化。再次,做好知识产权保护的公共服务工作,构筑一张"专利网",及时地为地方科技创新平台及各类科研机构提供最新信息,避免其走弯路,减少资源浪费。最后,培养更多知识产权保护的专业人才,满足知识产权保护的更高需求,具体有高等院校开设专业培养、国外引进专门人才、加大对现有知识产权保护人才的教育和培训力度等途径。

2. 大力引进国内外高层次创新型人才

在我国经济结构发生重大变化的背景下,必须坚定实施创新驱动发展战略,努力实现高质量发展,实现经济结构优化升级。党的二十大报告指出教育、科技、人才是全面建设社会主义现代化国家的基础性、战略性支撑[1]。由此可以预见,在今后较长一段时期内,人才将是决定经济发展质量高低、城市乃至国家竞争力强弱的核心要素。这也是近年来我国各大城市陆续加入人才争夺战,出台一系列优惠政策"广栽梧桐,争引凤凰"的根本原因。除了国内高层次人才,出国

---

① 习近平. 高举中国特色社会主义伟大旗帜 为全面建设社会主义现代化国家而团结奋斗——在中国共产党第二十次全国代表大会上的报告. http://www.gov.cn/xinwen/2022-10/25/content_5721685.htm, 2022-10-25.

留学人员与国外高层次人才也应成为地方科技创新平台争夺的对象。截至 2022 年底，我国各类出国留学人员累计已达 585.71 万人，其中有 153.39 万人正在国外进行相关阶段的学习和研究。地方科技创新平台应从自身发展需求出发，有针对性地赴美、英、法、德、日、澳等我国留学人员相对集中的国家开展招聘，重点引进有影响、有造诣的专家学者。同时，要拓宽人才引进渠道，进一步完善人才引进政策。重点引进高级经营管理人才和高级工程技术人才，以及在国外大集团、大公司有过任职经历，通晓国际惯例，熟悉现代化企业运作程序，既懂专业又擅长管理的复合型人才（江蕾，2008）。

　　具体而言，为引进创新型人才，地方科技创新平台应设置一系列优厚待遇以及相应的配套跟踪服务。一是科研相关待遇。科研待遇是引进时激励和引进后保持创新型人才积极性和创造性的关键因素，包括薪酬待遇、安家费和购房补贴、科研经费、办公或实验场所、职称或岗位编制等，且应当具有一定的竞争力。二是人才安居工程。为创新型人才解决住房问题，可采取货币补贴安置为主，房屋实物安置为辅的方式。三是户籍居民待遇。妥善安置随迁的父母、配偶、子女，让他们与本地户籍居民享受同等待遇，包括教育、医疗、就业、休闲、养老等基本公共服务，重点解决随迁人员的配偶就业、子女入学和父母养老等问题，排除创新型人才的后顾之忧，增进创新型人才的归属感和获得感（任永花和李雪瑜，2011）。

三、创新绩效考核与人才激励机制

　　科研工作与普通工作存在的区别主要体现在成果的取得途径和表现方式上。就取得途径而言，科研成果往往需要前期投入巨大的资金代价与科研工作者的耐心消耗，甚至最后得不到理想的效果；就表现方式而言，科研成果往往表现为论文、研究报告、专著、发明专利等知识产权形式，其特殊性在于科研成果往往需要经过转化才能付诸应用。地方科技创新平台必须区别审视科研人员的工作成果，创新研究人员绩效考核机制与人才激励机制，充分释放科研人员的积极性和创造性。

1. 创新绩效考核与评价机制

　　目前，科研考评论资排辈现象较为突出，科研成果考评过于重视论文数量、期刊等级、专利数量和科技项目数量等，而考评结果与职称评定和个人收入直接挂钩等问题依然存在。因此，必须坚持公开透明、公平公正的考核与评价原则，通过建立动态开放的包含多层次多指标的科研评价系统，创新研究人员绩效考核与评价机制。首先，要改变以单一的指标去考评科研人才和论资排辈的现象，坚持以能力和贡献作为主要的评价依据，不唯虚只唯实，逐步建立科学完整的绩效考评体系（贺岚，2015）。其次，要以科研人才的个性特征为出发点，建立科学化的评价标准、规范化的评价程序，提升科研人才考核与评价工作的科学性。

2. 完善科研人才激励机制

地方科技创新平台应通过改革收入分配制度，建立健全收入分配激励机制。完善科研人才收入分配导向政策，积极鼓励和大力提倡打破收入分配机制中的平均主义，在类别上重点向紧缺的经营管理人才以及高级专业技术工人倾斜，在层次上重点向脑力劳动型人才倾斜。坚持付出与回报的一致性原则，建立以岗位绩效工资为主体、多种分配方式并存的分配制度，实行按岗定酬、按项目任务定酬、按业绩定酬等新的分配办法。同时，地方科技创新平台应大力呼吁包括政府、企业、社会组织甚至个人在内的各方参与到科研创新人才的激励中，形成多种多样激励方式，汇聚激励合力，共同为科研创新人才营造适宜创新创造的环境氛围。

第五节　完善创新资源协同网络，强化资源共享

区域产业发展需要科技创新平台强有力的支撑。尤其对于一些缺少大型科研机构的地方城市来说，探索协同创新的新路子、汇聚更多的境内外创新资源，是推进产业转型升级的关键。从微观来看，地方科技创新平台是区域科技创新资源协同网络的重要主体，因而构建完善的区域科技创新资源协同网络对推动地方科技创新平台治理体系现代化，实现创新资源共享具有重要价值。

一、构建科技创新资源协同网络的理念

1. 坚持科技创新资源的质量性

实现科技的高质量标准，提供高标准的科技创新产品，变革区域经济产业结构，达到效率突破和价值创新，支撑区域经济发展是地方科技创新体系建设的基本目的。区域科技创新资源协同网络建设应该不断分析和探索科技产业调整的市场前景，推动科技创新平台建设的系统性，加快地方科技工业园区和项目平台质量建设，充分整合多元社会主体的资源协调网络沟通机制。

2. 坚持科技创新资源的服务性

区域科技创新体系建设必须调整政府一手抓的观念，深化政府科技部门职能分工，凸显科技创新资源的服务性。地方政府的科技部门需要不断创新科技治理体系，发挥组织优越性来整合碎片化的地方科技创新资源，一切服务于科技创新资源的统筹，简化科技管理与审批手续。强调政府服务职能的转变思想，深化科技创新体系的改革，构建系统性的地方科技创新平台治理体系，避免科技创新资源的碎片化问题，提高科技创新资源的服务效率。这要求地方政府要积极引导多元社会主体深度参与科技创新体系的建设，激活区域科技创新环境，形塑具有主体性与创新性的地方科技创新资源协调网络。

3. 坚持科技创新资源的改革性

地方政府需吸纳多元主体参与科技创新治理平台的建设，必须立足于国际国内科技创新环境来强化科技创新资源网络建设的合作机制，推动区域科技创新资源协调网络融入国家科技创新体系，建立具有战略视角的多元科技创新共同体。坚持科技创新资源的改革性，主动探索科技创新多元主体的合作模式与路径，多角度开发科技创新主体的参与机制，真正提升区域科技创新能力。区域科技创新资源协调网络，必须不断深化改革，凸显市场在科技创新治理体系建设中的地位，加强市场在科技创新资源配置中的重要作用，逐步降低科技创新治理体系建设中对政府的依赖，形塑具有科技创新活力的多元主体协同机制。

4. 坚持科技创新资源的转化性

区域科技创新体系建设理应发挥产学研一体化的创新优势，充分调动地方高校与科研组织参与科技创新研发工作，以市场需求为导向，突出科技创新资源的转化性。为此，地方政府应积极鼓励企业成为科技创新的研发主体与转化主体，出台科技创新的激励政策与成果转化奖励计划，不断推动区域科技创新能力转化为具有科学生产力的效能成果。以打造科技创新成果转化的重要聚集地为战略目标，给予投身于科技资源创新的多元主体标准化与科学化的支持措施，号召地方高校与科研院所以及全国知名高校研究所积极参与地方科技创新平台治理体系建设。

二、打造多元主体共治的科技创新资源协同网络

1. 深化科技创新治理体系

打造科技创新主体参与的协同网络，深化地方科技创新治理体系。产学研一

体化政策的落实直接关乎地方科技创新治理体系建设的完整性与质量性，需要凸显产学研一体的战略性，优化科技创新资源各主体之间的职能关系与资源配置机制，增加科技创新的社会活力与市场主动性，为区域经济发展提供科技创新能力。首先，必须明晰科技创新主体的职能边界，要求科学分工。地方政府需要统筹科技创新资源，强化多元主体的资源协同作用，增加多元主体的互动与创新能力，形塑科技创新资源协同网络。政府作为科技创新的核心主体，必须承担资源统筹职能；企业应该发挥科技创新的市场主体作用，推动科技创新成果的转化；高校与科研院所提供科技创新的理念与技术，回应科技创新的技术性要求。另外，地方金融机构应该提供充分的资金循环机制，拓展区域科技创新资源整合的方式。其次，必须深化科技创新主体的协同机制。在明晰多元主体的职能分工与效益分担的基础上，强化产学研主体的研发互动与资源协调，构建鄂州市科技创新多元主体的沟通平台，形塑科技创新资源协调网络的长效机制。

2. 改革科技创新治理机制

推动科技创新机制改革，提升科技创新主体性。构建市场主导的科技创新资源互动机制，强化科技创新与市场的联系。地方科技创新治理体系建构最终服务于区域社会发展，需要回应市场需求，因此企业在科技创新成果转化中发挥重要作用。必须全面激发企业的科技创新动力与潜力，构建企业主导的科技成果转化市场机制，提高企业的科技创新能动性。强化科技创新多元主体的能动性，为社会企业提供优质的科技创新环境，激活地方性科技创新资源，尤其是中小型企业与社会组织。倡导地方科技创新企业积极投身于科技创新治理体系，发挥产业优势，实现科技创新企业和组织之间的产业联合。强化高校和科研院所与企业的合作机制，进行科技创新人才的培养与输送，实现科技创新人才与资源转化之间的长效机制。同时激发金融机构在科技创新体系中的资源链接效应，打造全方位的科技创新资源协同网络，真正促进科技与金融之间的转化。

3. 提升科技创新治理能力

以科技创新能力为导向，凸显科技创新资源配置的优先性。地方科技创新治理体系需要契合国际环境与国内市场的双重要求，必须立足于科技创新能力的培养，凸显科技创新资源的优先性。科技创新资源协同网络的重点在于科技创新能力的达成，需要明晰多元主体的资源协同责任，构建权责利匹配的资源共享机制。地方科技治理平台应该回应国家发展战略，以战略性科技产品为目标，承担国家科技创新项目。科技创新能力的培养离不开产学研一体的协同机制，强化科技创新成果的转化效率，同时保持科技产品的公共性与市场自由，构建公共性科技创新成果分享平台。地方政府需要与高校和科研院所积极协作，推动科技创新技术与信息的规范化管理，实现系统性的科技创新资源协同网络体制。

三、完善科技创新资源配置的长效机制

1. 强化市场配置作用，达成科技创新资源效率机制

地方政府在科技创新平台建设中，应由市场主导分配科技创新资源，强化市场在科技创新资源配置上的重要作用，将资源投放到具有科技创新活力的私营企业，从而增加科技创新资源配置效率。以市场化导向构建科技创新政策体系，由地方政府相关科技部门推动政策支持企业的科技创新积极性。同时，市场在科技创新成果上发挥决定性的评价作用，不断科学地分析科技创新的资源配置模式，更好地服务于企业的科技创新项目。增加对科技创新服务企业的支持力度，形成系统化的具有宏观科技创新格局的企业化生产园区。

2. 倡导经济资源优势，提高科技创新资源产出能力

充分利用各类经济资源，提高科技投入产出效率。地方科技创新平台要面向国民经济主战场和国家重大战略需求，加快形成以国家战略需求为导向、以重大产出为目标的责权利清晰的资源配置模式。进一步明晰行政决策、学术团体和市场机制在资源配置中的作用。充分发挥专家咨询作用，提升科技资源配置的前瞻性。加强科技资源的统筹管理，提升科技监管的科学性和有效性，推进预算绩效评价体系建设，提高科研资源的成果产出能力。充分发挥经济资源在推进科技创新中的重要支撑和保障作用，持续激发创新活力。

3. 推动科技资源统筹，强化科技创新资源整合效应

强化科技资源的统筹机制，以公共性与透明性为导向发挥政府这只看不见的手的协调优势。目前科技创新资源碎片化现象严重，地方政府的科技部门必须回应这一资源分散和分配不当问题，从直接参与科技资源分配事务中抽离出来，制定相关科技创新政策与监督管理措施，将科技创新项目与资源分配的内容交由社会企业来承担。为此，地方政府应该推动科技资源统筹，规划整体布局，制定支持性政策与评估性机制。同时，运用现代化技术手段监督管理科技创新资源分配流程，积极鼓励高校科技创新人才与社会企业参与到科技创新资源项目实施中，提高多元主体协同的资源共享力度，形成科技创新资源的整合效应。

参 考 文 献

白雪洁，庞瑞芝，王迎军，等. 2008. 论日本筑波科学城的再创发展对我国高新区的启示. 中国
　　科技论坛，（9）：135-139.

别敦荣，胡颖. 2012. 论大学协同创新理念. 中国高教研究，（10）：4-8.

蔡建春，王勇，李汉铃. 2003. 公司治理理论与实践的发展趋势. 统计与决策，（3）：45-46.

曹蓓，赵醒村，赵镇. 2016. 构建高校科技创新平台的探索与思考——以南方医科大学为例. 中
　　国高校科技，（9）：23-24.

钞秋玲，李秀岭. 2007. 高等教育与区域经济互动发展关系理论综述. 开放教育研究，13（3）：
　　18-21.

陈传夫. 2000. 论技术成果转化的知识产权障碍. 科学学与科学技术管理，（10）：7-11.

陈国政. 2013. 上海科技创新环境面临的问题与对策建议. 上海经济研究，（2）：52-59.

陈建武，张向前. 2015. 我国"十三五"期间科技人才创新驱动保障机制研究. 科技进步与对
　　策，（10）：138-144.

陈劲，朱子钦，季与点，等. 2020. 底线式科技安全治理体系构建研究. 科学学研究，（8）：
　　1345-1357.

陈黎，黄智华. 2012. 广州、深圳科技创新平台建设对比分析. 科技管理研究，（11）：63-65.

陈剩勇，于兰兰. 2012. 网络化治理：一种新的公共治理模式. 政治学研究，（2）：108-119.

陈套，冯锋. 2016. 中国区域科技创新系统治理能力动态评价与提升路径. 大连理工大学学报
　　（社会科学版），（1）：44-50.

陈天荣. 2008. 韩国政府在科技创新中的主导作用及其启示. 科学管理研究，（4）：113-116.

陈万里. 2010. 国内外大学科技园区发展追溯. 经济研究导刊，（33）：307-310.

陈鑫. 2017. 高校主导型产学研协同创新平台运行研究. 华中科技大学硕士学位论文.

陈雪，龙云凤. 2017. 广东新型研发机构科技成果转化的主要模式及建议. 科技管理研究，
　　（4）：101-105.

陈兆夏，阎燕，吉东风，等. 2012. 共享实验平台建设的实践与思考. 实验室研究与探索，
　　（10）：408-410，425.

陈振明. 2003. 公共管理学—— 一种不同于传统行政学的研究途径. 北京：中国人民大学出版社.

陈振明，张成福，周志忍. 2011. 公共管理理论创新三题. 电子科技大学学报（社会科学版），（2）：1-5，12.

陈志辉. 2013. 科技创新平台内涵特征与发展思考. 科技管理研究，（17）：34-37.

崔晶，孙伟. 2014. 区域大气污染协同治理视角下的府际事权划分问题研究. 中国行政管理，（9）：11-15.

崔岩，田远，林玉，等. 2016. 国家级科技创新平台如何更好地促进企业的发展. 科技创新导报，（9）：106-108.

邓荣霖. 2006. 诠释网络治理：对一种新治理范式的探索——《网络治理：理论与模式研究》一书评介. 现代财经（天津财经大学学报），（3）：81.

丁珈，李进仪. 2018. 院校与政府共建型新型研发机构建设发展模式探索——以华中科技大学无锡研究院为例. 科技管理研究，（24）：115-119.

丁建军，苏祖安. 2005. 公司治理理论综述. 理论界，（11）：64-65.

樊玉枝. 2006. 加速转型期科技资源内涵重拾. 科技产业月刊，（8）：17-19.

方和亮. 2004. 思维零突破：21世纪创新理论与实践. 北京：中国经济出版社.

方卫华. 2003. 创新研究的三螺旋模型：概念、结构和公共政策含义. 自然辩证法研究，（11）：69-72，78.

费艳颖，姜国峰，王越. 2014. 美日韩大学参与产学研协同创新模式及对我国的启示. 科学管理研究，（1）：106-109.

费艳颖，王越，刘琳琳. 2013. 以法律促进科技创新：美国的经验及启示. 东北大学学报（社会科学版），（3）：299-303.

费钟琳，黄幸婷，曹丽. 2017. 基于两权分离理论的产业创新平台治理模式分类研究. 管理现代化，（5）：26-27.

冯海燕. 2015. 高校科研团队创新能力绩效考核管理研究. 科研管理，（1）：54-62.

弗里曼 C，王学武. 1991. 日本是一种新的国家创新制度吗？国际经济评论，（3）：51-58.

付晔. 2015. 高校科技创新平台体系的反思与重构. 研究与发展管理，（1）：84-91.

傅和亮. 2011. 广东华南新药创制中心——华南区域生物医药产业的核心加速器//中国药学会. 2011年全国药物化学学术会议——药物的源头创新论文摘要集. 北京：中国药学会：1.

高秉雄，张江涛. 2010. 公共治理：理论缘起与模式变迁. 社会主义研究，（6）：107-112.

高聪，殷军杰. 2016. 产学研合作视域下我国科技创新能力的优化路径. 中国高校科技，（7）：37-39.

高航. 2015. 工业技术研究院协同创新平台评价体系研究. 科学学研究，（2）：313-320.

高亮. 2015. 开放共享的科技基础条件平台合作创新机制研究. 中国科学技术大学博士学位论文.

高亮，冯楚建. 2016. 科技基础条件平台合作创新中的利益分配博弈模型构建. 中国科技论坛，

（8）：12.

高峡. 2015. 学术交流与学术环境研究. 科协论坛，（11）：38-41.

戈德史密斯 S. 2008. 网络化治理：公共部门的新形态. 孙迎春译. 北京：北京大学出版社.

葛丰. 2018. 2017 年出生人口、人口出生率双降，应对老龄化要有紧迫感. 中国经济周刊，
　　（5）：3.

葛丽敏. 2008. 公共科技服务平台的功能定位与组织模式研究——以浙江省为例. 浙江工业大学
　　硕士学位论文.

苟尤钊，林菲. 2015. 基于创新价值链视角的新型科研机构研究. 科技进步与对策，（1）：
　　8-12.

顾佳佳. 2017. 产学研融合视野下科技合作协作平台建设. 中国高校科技，（7）：36-38.

顾建光. 2007. 从公共服务到公共治理. 上海交通大学学报（哲学社会科学版），（3）：50-55.

郭海婷. 2013. 福建省重大科技创新平台建设运行机制研究. 福建农林大学硕士学位论文.

郭军灵，盛亚. 2004. 美日德非营利科研机构管理的比较研究及其启示. 科研管理，（5）：
　　99，116-121.

国务院. 2011-03-16. 国民经济和社会发展第十二个五年规划纲要（全文）. http://www.gov.
　　cn/govweb/zhuanti/2011-03/16/content_2623428_12.htm.

国务院. 2016-03-17. 中华人民共和国国民经济和社会发展第十三个五年规划纲要. http://www.
　　gov.cn/xinwen/2016-03/17/content_5054992.htm.

国务院. 2021-03-13. 中华人民共和国国民经济和社会发展第十四个五年规划和 2035 年远景目标
　　纲要. http://www.gov.cn/xinwen/2021-03/13/content_5592681.htm.

国务院办公厅. 2015-12-29. 国务院办公厅关于优化学术环境的指导意见. http://www.gov.cn/
　　gongbao/content/2016/content_5036270.htm.

韩晗. 2017. 基于产学研协同创新的政府治理模式研究. 电子科技大学硕士学位论文.

韩兆柱，李亚鹏. 2016. 网络化治理理论研究综述. 上海行政学院学报，（4）：103-111.

郝宇，罗永泰. 2004. 虚拟型研发团队的组织模式构建探讨. 现代财经，（11）：63-65.

何昌. 2007. 基于博弈的中小企业合作技术创新问题研究. 广西大学硕士学位论文.

何荣跃. 2007. TT 公司技术创新模式选择分析. 电子科技大学硕士学位论文.

贺岚. 2015. 协同创新模式下科技创新人才发展探究. 科技管理研究，（14）：94-99.

衡孝庆，魏星梅. 2011. 科技创新平台政策环境评价研究. 中国高校科技，（6）：17-18.

洪进，汤书昆，刘仲林. 2004. 虚拟 R&D 组织的基本模式研究. 科技管理，（1）：43-48.

胡春华. 2017. 国外科技创新平台建设分析与启示. 现代商业工贸，（20）：129-130.

胡冬雪，陈强. 2013. 促进我国产学研合作的法律对策研究. 中国软科学，（2）：154-174.

胡罡，章向宏，刘薇薇，等. 2014. 地方研究院：高校科技成果转化模式新探索. 研究与发展管
　　理，（3）：123-127.

胡建华. 2012. "产学结合"是高校协同创新的重要途径——以日本为例. 南京师大学报（社会

科学版），（5）：30-37.

胡锦涛. 2012-11-08. 坚定不移沿着中国特色社会主义道路前进 为全面建成小康社会而奋斗——胡锦涛在中国共产党第十八次全国代表大会上的报告. http://cpc.people.com.cn/n/2012/1118/c64094-19612151.html.

胡薇帆. 2017. 产学研协同创新国内外实践比较研究及启示. 经贸实践，（9）：266-268.

胡一波. 2015. 科技创新平台体系建设与成果转化机制研究. 科学管理研究，（1）：25-27.

华锦阳. 2007. 技术创新管理：理论与案例. 北京：清华大学出版社.

黄国平，孔欣欣. 2009. 金融促进科技创新政策和制度分析. 中国软科学，（2）：28-37.

黄慧玲. 2013. 厦门市科技创新平台体系的建设与评估. 中国科技论坛，（4）：6-8.

黄凯. 2016. 威海市科技创新综合服务平台建设研究. 山东大学硕士学位论文.

黄明东. 2017. 中国产学研合作发展现状及对策研究. 科技进步与对策，（19）：22-27.

黄宁燕，孙玉明. 2018. 从 MP3 案例看德国弗劳恩霍夫协会技术创新机制. 中国科技论坛，（9）：181-188.

黄祥国. 2017. 湖北省产学研合作现状、问题与对策分析. 科技产业月刊，（22）：86-88.

霍妍，蒋开东，徐一萍. 2016. 科技创新团队协同创新绩效评价. 中国科技论坛，（1）：51-57.

简兆权，陈键宏. 2012. 公共科技创新平台运行机制研究：广东地区个案. 科学管理研究，（3）：2-4.

简兆权，陈键宏，余芳. 2011. 公共科技创新平台发展问题与对策研究——以佛山为例. 科技管理研究，（15）：12-16.

江军民，晏敬东，范体军. 2011. 基于区域自主创新的科技创新平台构建——以湖北科技创新平台建设为例. 科技进步与对策，（17）：40-44.

江蕾. 2008. 基于自主创新的区域创新体系建设研究——以浙江省为例. 同济大学博士学位论文.

姜昱汐，胡晓庆. 2011. 大学科技园协同创新中政产学研的作用及收益分析. 现代教育管理，（8）：33-35.

蒋坡. 2006. 论科技公共服务平台. 科技与法律，（3）：7.

焦胜利. 2005. 合作技术创新的博弈分析与我国相应的政策建议. 扬州大学硕士学位论文.

教育部科技委化学化工学部专家组. 2005. 创新高校科技创新平台的运行机制. 中国高等教育，（2）：30-31.

靳楠. 2016. 我国科技创新服务问题研究. 河北大学硕士学位论文.

科技部. 2006-02-09. 国家中长期科学和技术发展规划纲要（2006—2020 年）. http://www.gov.cn/jrzg/2006-02/09/content_183787.htm.

库特·赖纳·库茨勒. 大学如何成为技术转让的重要参与者——柏林工业大学案例. 国家教育行政学院学报，（5）：58-64.

蓝晓霞. 2014. 美国产学研协同创新的主要模式、特点及启示. 中国高教研究，（4）：50-53.

蓝晓霞，刘宝存. 2013. 美国政府推动产学研协同创新的路径探析. 中国高教研究，（6）：

64-68.

蓝晓霞，刘宝存. 2014. 美国协同创新主体功能定位研究. 南昌大学学报（人文社会科学版），
　　（4）：155-160.

李超雅. 2015. 公共治理理论的研究综述. 南京财经大学学报，（2）：89-94.

李海华. 2011. 浙江省科技创新平台评价及实证研究. 浙江工业大学硕士学位论文.

李汉卿. 2014. 协同治理理论探析. 理论月刊，（1）：138-142.

李和平. 2007. 强化高校服务意识 发挥政府主导作用 努力推动产学研合作. 中国高校科技，
　　（s1）：58-63.

李红敬，李晓杰，孙敬. 2015. 产学研与产学研用解读. 凯里学院学报，（6）：168-170.

李华君. 2006. 韩国科技发展引擎. 中国高新区，（5）：82-83.

李慧，王羽中. 2005. 中西方公司治理理论综述. 经济纵横，（1）：77-79.

李娟. 2013. 国企科技创新平台建设的若干思考. 中国造船，（s1）：380-384.

李蕾. 2004. 西安市科技资源的优化配置与创新体系建设研究. 西北工业大学硕士学位论文.

李立，王嘉鋆. 2009. 科技公共服务平台二维机制的矛盾及其功能协调. 科技管理研究，
　　（5）：142.

李良寿. 2006. 科技创新体系概念探析及其建设思考. 中国机电工业，（8）：76-78.

李林，刘志华，王雨婧. 2015. 区域科技协同创新绩效评价. 系统管理学报，（4）：563-568.

李妮. 2015. "协同治理"的产生与范式竞争综述. 云南行政学院学报，（3）：18-23.

李培楠，赵兰香，万劲波. 2013. 产学研合作过程管理与评价研究——美国工业/大学合作研究
　　中心计划管理启示. 科学学与科学技术管理，（2）：20-27.

李葳，王宏起. 2012. 区域科技创新平台体系建设与运行策略. 科技进步与对策，（6）：10-13.

李文彬，陈晓运. 2015. 政府治理能力现代化的评估框架. 中国行政管理，（5）：23-28.

李响，严广乐，蔡靖婧. 2013. 多层次治理框架下的区域科技创新系统治理——理论、实践比较
　　及对中国的启示. 研究与发展管理，（1）：104-114.

李小妹. 2011. 我国省部产学研平台建设研究. 华中科技大学博士学位论文.

李晓慧，贺德方，彭洁. 2017. 美、日、德产学研合作模式及启示. 科技导报，（19）：81-84.

李孝缪. 2012. 基于联盟网络的科技创新平台运行绩效研究. 浙江工业大学硕士学位论文.

李啸，朱星华. 2008. 浙江科技创新平台建设的经验与启示. 中国科技论坛，（3）：39-43.

李星洲，周光前，邵波. 2006. 建设创新型城市的政府治理机制——发挥政府在科技创新体系中
　　的主导功能. 科学与管理，（5）：27-28.

李旭. 2016. 俄罗斯科技创新体系中联邦政府的主导角色评析. 当代世界与社会主义，（6）：
　　97-104.

李奕帅. 2015. 区域科技协同创新公共信息服务平台建设研究. 湘潭大学硕士学位论文.

李张珍. 2016. 产学研协同创新中的研用对接机制探析——基于美国北卡三角协同创新网络发展
　　实践的考察. 高等工程教育研究，（1）：34-38.

李振华，封新宇，吴文清，等. 2016a. 多中心治理模式下区域科技孵化网络协同创新机制研究. 中国科技论坛，（1）：44-50.

李振华，闫娜娜，谭庆美. 2016b. 多中心治理区域科技孵化网络多主体协同创新研究. 中国科技论坛，（1）：51-57.

林彩云. 2012. 蓬江区建设科技创新平台的政府作用研究. 华南理工大学硕士学位论文.

刘传铁，徐顽强. 2017. 基层科技管理体制机制创新研究. 北京：科学出版社.

刘钒，李光. 2014. 湖北省协同创新平台的发展现状与对策研究. 湖北社会科学，（1）：61-67.

刘国亮，马艳秋，范云翠. 2008. 基于复杂系统分析的校企合作创新平台运行规律研究. 中国科技论坛，（10）：99-101.

刘继云. 2005. 科技基础条件平台的运行机制初探. 中国科技论坛，（5）：56-59.

刘进. 2018. 山东省产学研合作发展现状及对策研究. 科技传播，（2）：182-184.

刘隽. 2012. 美国两大高科技园区 128 公路和三角园的发展模式对比研究及启示. 东方企业文化·公司与产业，（1）：62-63.

刘兰剑，党兴华. 2008. 跨组织合作技术创新界面稳定性分析. 科技管理研究，（5）：29-31，34.

刘人怀，叶向阳. 2003. 公司治理：理论演进与实践发展的分析框架. 经济体制改革，（4）：5-8.

刘伟忠. 2012. 我国协同治理理论研究的现状与趋向. 城市问题，（5）：81-85.

刘艳. 2015. 论政府主导下的美国科技创新体系. 前沿，（5）：18-22.

刘志迎，单洁含. 2013. 协同创新背景下组织间沟通与创新绩效关系研究. 当代财经，（7）：77-86.

柳岸. 2011. 我国科技成果转化的三螺旋模式研究——以中国科学院为例. 科学学研究，（8）：1129-1134.

娄成武，谭羚雁. 2012. 西方公共治理理论研究综述. 甘肃理论学刊，（2）：1，114-119.

卢苓霞，陈维红. 2012. 河北科技创新体系的问题及对策. 中小企业管理与科技（下旬刊），（6）：165-166.

卢现祥. 2015. 美国高校产学研合作的制度创新、特色及其对我国的启示. 福建论坛（人文社会科学版），（5）：60-66.

罗珊. 2008. 区域科技资源优化配置研究——以广东省为例. 中南大学博士学位论文.

罗巍，张阳，唐震. 2015. 基于协同创新的欧盟创新驿站平台机制研究. 科技管理研究，（23）：10-14.

骆品亮，陆毅，王安宇. 2002. 合作 R&D 的组织形式与虚拟研发组织. 科研管理，（6）：67-72.

马艳秋. 2009. 校企共建创新平台的运行机制研究. 吉林大学博士学位论文.

马迎贤. 2005. 组织间关系：资源依赖视角的研究综述. 管理评论，（2）：55-62.

牛司凤，郤海霞. 2014. 高校与区域协同创新的路径选择——以美国北卡罗来纳州"研究三角园"为例. 高教探索, （6）: 5-10.

牛晓霞. 2005. 基于博弈的校企合作技术创新过程研究. 西安理工大学硕士学位论文.

潘跃. 2018-08-18. 全国 60 周岁及以上老年人口逾 2.4 亿 占全国总人口的 17.3%. http://society. people.com.cn/n1/2018/0818/c1008-30236085.html.

戚刚, 曾立, 易凡. 2017. 军民融合协同创新平台构建研究. 科技进步与对策, （20）: 123-125.

全继刚. 2015. 美国高校产学研合作创新实践及其启示. 中国高校科技, （6）: 66-67.

饶燕婷. 2012. "产学研"协同创新的内涵, 要求与政策构想. 高教探索, （4）: 29-32.

任永花, 李雪瑜. 2011. 广东引进创新科研团队和领军人才的探索与思考. 科技管理研究, （24）: 119-121, 125.

荣先恒. 2012. 突出市场和应用导向 加快广西产学研用一体化企业发展. 广西经济, （10）: 22-25.

沙德春. 2016. 索菲亚科技园转型中的社会技术创新研究. 科技管理研究, （3）: 14-19.

沈祥胜. 2017. 建好公共服务平台打通成果转化瓶颈. 中国高校科技, （12）: 73-75.

施利毅, 陈秋玲. 2017. 科技创新平台. 北京: 经济管理出版社.

施莉莉. 2015. 论大学与企业协同创新中政府的作用——基于日本大学与企业创新体制的演变. 高校教育管理, （3）: 22-29.

施雪华, 方盛举. 2010. 中国省级政府公共治理效能评价指标体系设计. 政治学研究, （2）: 56-66.

宋迎法, 张群. 2018. 网络治理探究: 溯源与展望. 云南行政学院学报, （1）: 163-171.

苏朝晖, 苏梅青. 2015 科技创新平台服务质量评价——对福州, 厦门, 泉州三地的实证研究. 科技进步与对策, （4）: 92-99.

苏竣. 2014. 公开科技政策导论. 北京: 科学出版社.

孙柏瑛, 李卓青. 2008. 政策网络治理: 公共治理的新途径. 中国行政管理, （5）: 106-109.

孙庆. 2010. 区域科技创新平台网络化发展模式与路径研究. 哈尔滨理工大学博士学位论文.

孙庆. 2012. 区域科技创新平台网络化演进过程及机制研究. 中国科技论坛, （1）: 96-101.

孙庆, 王宏起. 2010a. 地方科技创新平台体系及运行机制研究. 中国科技论坛, （3）: 16-19.

孙庆, 王宏起. 2010b. 区域科技创新平台网络化发展路径研究. 科技进步与对策, （17）: 44-47.

孙庆梅. 2014. 产学研合作创新中的行政行为研究. 东北大学博士学位论文.

孙兴莲, 李旭红, 白冬梅, 等. 2008. 江苏省科技创新平台建设的成效与启示. 科技管理研究, （9）: 122-123.

谭金星. 2016. 企业科技创新平台建设研究. 科技创新与应用, （14）: 274.

唐松. 2010. 区域公共科技服务平台的组织模式分析. 理论与实践, （8）: 100-103.

田培杰. 2014. 协同治理概念考辨. 上海大学学报（社会科学版）, （1）: 124-140.

屠建飞，冯志敏. 2010. 基于技术创新链的行业技术创新平台. 科技与管理，（1）：37-39.

汪铁伦. 2013. 辽宁省科技创新平台建设研究. 东北大学硕士学位论文.

汪秀婷，胡树华. 2009. 基于"三力模型"的产业技术创新平台集成运行模式. 科学学与科学技术管理，（10）：79-84.

王安宇. 2002. 合作研发组织模式选择与治理机制研究——兼论我国松散型企业集团研发体系重构. 复旦大学博士学位论文.

王波，张念明. 2018. 创新驱动导向下财政政策促进科技创新的路径探索. 云南社会科学，（1）：57-63.

王春芳. 2010. 科技创新的法律保障研究. 河南机电高等专科学校学报，（4）：54-56.

王干，蔡祖国. 2004. 美国高科技园区中的产权制度及启示. 科研管理，（1）：109-113.

王桂凤，卢凡. 2006. 我国科技条件平台建设进展及其思考. 科技进步与对策，（11）：9-13.

王宏起，王雪，李玥. 2015. 区域科技资源共享平台服务绩效评价指标体系研究. 科学管理研究，（2）：48-51.

王金萍，杨连生. 2016. 美国科技协同创新网络的发展实践及其现实启示. 经济体制改革，（1）：167-171.

王景，庞小莉，方红江. 2014. 广东农业科技资源共享平台存在的问题及建设策略. 南方农村，（2）：60-65.

王娟茹，潘杰义. 2002. 产学研合作模式探讨. 科学管理研究，（2）：25-27.

王力，姜发根. 2013. 基于合作创新理论的汽车产业创新平台构建. 人类工效学，（4）：68-71.

王立剑，刘佳. 2010. 高校科技创新平台绩效评价指标体系构建与应用. 科学学与科学技术管理，（2）：110-112.

王丽泽. 2012. 河南省科技资源优化配置研究. 河南农业大学硕士学位论文.

王丕君. 2021-10-25. 人才强国的根本遵循. http://theory.people.com.cn/n1/2021/1025/c40531-32262732.html.

王乾磊. 2012. 基于平衡计分卡的科技创新平台绩效评估研究. 西安交通大学硕士学位论文.

王晴，杭雪花. 2010. 关于高校科技创新平台与科技创新团队建设的几点思考. 产业与科技论坛，（1）：118-120.

王瑞敏，章文君，高洁. 2010. 公共科技服务平台构建和有效运行研究. 科研管理，（6）：113-117.

王婷. 2012. 我国高新技术企业自主创新模式研究——以济南市高新技术企业为例. 山东大学硕士学位论文.

王文礼. 2014. 美国高校协同创新的成功经验和启示. 学术论坛，（12）：161-166.

王文岩，孙福全，申强. 2008. 产学研合作模式的分类、特征及选择. 中国科技论坛，（5）：37-40.

王晓方，赵路，徐建国. 2009. 整合·共享·创新国家科技基础条件平台建设回顾与展望. 北京：中国科学技术出版社.

王雪原，王宏起，李文奇. 2011. 创新平台的识别与等级认定. 科学学研究，（6）：867，924-929.

王雪原，王宏起，张立岩. 2013. 不同类别区域创新平台的功能定位及其协同发展研究. 科技进步与对策，（15）：36-40.

王艺. 2019. 济南市长清区产学研结合问题研究. 山东师范大学硕士学位论文.

王英俊. 2005. 虚拟研发组织的产生、发展及运作模式研究. 大连理工大学硕士学位论文.

王莹. 2006. 东北老工业基地科技资源优化配置研究. 吉林大学硕士学位论文.

王宇露，黄平，单蒙蒙. 2016. 共性技术创新平台的双层运作体系对分布式创新的影响机理——基于创新网络的视角. 研究与发展管理，（3）：97-106.

韦倩，杨友才. 2008. 公司治理理论评析. 理论学刊，（3）：51-54.

温如春. 2009. 建立科技创新平台 促进湖北省民营科技企业的发展. 特区经济，（1）：199-200.

翁赛玉. 2015. 福建省科技创新平台建设中的政府职能研究. 福建农林大学硕士学位论文.

乌云其其格. 2007. 发达国家高科技人才培养、使用与引进政策述要. 中国科技论坛，（10）：122-127.

邬备民. 2011. 高校科技创新平台建设若干问题探讨. 研究与发展管理，（3）：130-133.

吴晖. 2006. 株洲市科技创新问题及策略研究. 国防科学技术大学硕士学位论文.

吴金希，李宪振. 2012. 台湾工业技术研究院科技成果转化经验对发展新兴产业的启示. 中国科技论坛，（7）：89-94.

吴金希，孙蕊，马蕾. 2015. 科技治理体系现代化：概念、特征与挑战. 科学学与科学技术管理，（8）：3-9.

吴敬琏. 1996. 建立有效的公司治理结构. 天津社会科学，（1）：16-18.

吴秋明，邱栋. 2012. 福建省科技创新平台的系统结构模式——基于创新资源集成管理的视角. 东南学术，（1）：214-216.

吴尚渝. 2016. 湖南省科技成果转化绩效评价研究. 中南林业大学硕士学位论文.

吴笑寒. 2009. 科技资源优化配置及管理创新. 天津大学硕士学位论文.

武学超. 2012. 美国产学研协同创新联盟建设与经验——以 I/UCRC 模式为例. 中国高教研究，（4）：47-50.

武学超. 2017. 美国联邦政府推动产学研协同创新的路径审视——政策工具视角. 高教探索，（5）：71-77.

习近平. 2017-10-27. 决胜全面建成小康社会 夺取新时代中国特色社会主义伟大胜利——在中国共产党第十九次全国代表大会上的报告. http://www.gov.cn/zhuanti/2017-10/27/content_5234876.htm.

习近平. 2018-07-13. 提高关键核心技术创新能力为我国发展提供有力科技保障. http://www.

moj.gov.cn/pub/sfbgw/gwxw/ttxg/201807/t20180713_165935.html.

习近平. 2022-10-25. 高举中国特色社会主义伟大旗帜 为全面建设社会主义现代化国家而团结奋斗——在中国共产党第二十次全国代表大会上的报告. http://www.gov.cn/xinwen/2022-10/25/content_5721685.htm.

肖振红，张永超. 2009. 基于群组决策特征根法的并购目标企业关键评价指标识别. 财会月刊，（24）：57-60.

谢家平，孔詠炜，张为四. 2017. 科创平台的网络特征、运行治理与发展策略——以中关村、张江园科技创新实践为例. 经济管理，（5）：36-49.

徐娟，薛小刚. 2018. 广西高校科研平台建设存在的问题与策略分析. 科技视界，（12）：52-54.

徐魁鸿. 2015. 高校协同创新的内涵、特征及运行机制. 职业技术教育，（13）：49-52.

徐琴平，陈宏昕. 2012. 集聚科技资源，服务创新发展. 企业科技与发展，（1）：1-2.

徐瑞前，龚丽敏. 2011. 开放式创新理论的视角、过程与未来研究方向. 科技进步与对策，（21）：155-160.

徐顽强. 2010. 科技奖励制度重在激励自主创新体系. 中国科技奖励，（7）：63-64.

徐顽强. 2014. 科技创新平台. 武汉：湖北科学技术出版社.

徐迎，张薇. 2014. 技术创新理论的演化研究. 图书情报工作，（7）：100-106，130.

许强，葛丽敏. 2009. 行业科技创新平台的虚拟组织运行模式研究. 科技进步与对策，（2）：49-50.

许强，杨艳. 2010. 公共科技创新平台运行机理研究. 科学学与科学技术管理，（12）：56-61.

许艳华. 2013. 政产学研用协同创新的德国模式与中国借鉴. 科技管理研究，（9）：5-9.

薛捷，张振刚. 2006. 国外产业共性技术创新平台建设的经验分析及其对我国的启示. 科学学与科学技术管理，（12）：87-92.

薛澜，张帆，武沐瑶. 2015. 国家治理体系与治理能力研究：回顾与前瞻. 公共管理学报，（3）：1-12.

薛颖. 2008. 高校科技创新平台管理体系的研究. 上海交通大学硕士学位论文.

闫健. 2012. 高校科技创新平台的建设与运行机制研究. 实验室研究与探索，（7）：376-379.

闫凌州. 2005. 政府主导京津冀科技创新联盟研究. 河北工业大学硕士学位论文.

阎笑非，等. 2005. 技术经济与管理. 北京：经济科学出版社.

杨健. 2010. 科技创新政策及法律环境研究. 科技政策与管理，（4）：23-25.

杨晶. 2013. 德国产学研合作模式研究. 商业时代，（16）：121-123.

杨武，申长江. 2005. 开放式创新理论及企业实践. 管理现代化，（5）：4-6.

杨正国. 2020-01-07. 高质量发展要重视科技中介机构建设. 人民政协报.

姚良，翟运开，马仁钊. 2010. 区域创新平台：上海案例研究. 上海经济研究，（5）：106-111.

姚威，陈劲. 2010. 产学研合作的知识创造过程研究. 杭州：浙江大学出版社.

银路. 2004. 技术创新管理. 北京：机械工业出版社.

郭益奋. 2007. 网络治理：公共管理的新框架. 公共管理学报，（1）：89-96，126.

尹璐，满佳. 2011. 建国初期我国科技政策的发展及启示. 辽宁工业大学学报（社会科学版），
　　（13）：48-50.

应向伟. 2011. 浙江省行业和区域创新平台的建设及其途径. 科技通报，（5）：808-809.

于国波，张永宁，陈磊. 2007. 高校科技创新平台的合作动力与运行机制研究. 中国石油大学学
　　报（社会科学版），（5）：98-101.

于丽滨. 2009. 我国科技基础条件共享平台建设的现状、问题及对策——以黑龙江省为例. 学术
　　交流，（6）：142-143.

余东波，邬平，李志明，等. 2016. 过程视角下公共科技服务平台运行管理研究. 科技管理研
　　究，（12）：30-33.

余唯，李海燕. 2018. 科技创新平台共享中存在的问题与对策. 科技管理研究，（10）：23-27.

余兴安，李维平. 2016. 中国人力资源发展报告（2016）. 北京：社会科学文献出版社.

俞可平. 2000. 治理与善治. 北京：社会科学文献出版社.

俞可平. 2001. 治理和善治：一种新的政治分析框架. 南京社会科学，（9）：40-44.

俞士让，李雁秋. 2012. 地方科技如何有效构建创新平台——来自江苏淮安的实践经验. 华东科
　　技，（4）：56-57.

袁望东. 2010. 科技创新与社会发展. 长沙：湖南大学出版社.

袁涌波. 2006. 公司治理理论：一个文献回顾及述评. 资料通讯，（6）：26-31.

岳素芳，肖广岭. 2015. 公共科技服务平台的内涵、类型及特征探析. 自然辩证法研究，
　　（8）：60-65.

臧欣昱，马永红. 2018. 协同创新视角下产学研合作行为决策机制研究. 运筹与管理，（3）：
　　93-103.

曾昆. 2017. 国外科技创新平台建设经验综述. 中国工业评论，（12）：70-72.

翟青，许俊斌，王盛. 2016. 上海电气集团中央研究院创新体系研究. 企业改革与管理，
　　（7）：31-32.

占毅. 2004. 关于科技创新体系建构中的若干问题及对策探讨. 武汉理工大学硕士学位论文.

张公毅. 2010. 区域科技资源配置效率评价研究. 青岛理工大学硕士学位论文.

张贵红. 2013. 我国科技创新体系中科技资源服务平台建设研究. 复旦大学博士学位论文.

张贵红，朱悦. 2015. 我国科技创新平台建设的历程、现状及主要问题分析. 中国科技论坛，
　　（1）：19-20.

张国安. 2009. 高新科技园区聚变效应的模式研究. 中国软科学，（7）：176-186.

张磊. 2015. 我国创新体系存在的问题及对策. 宏观经济管理，（4）：35-37.

张力. 2011. 产学研协同创新的战略意义和政策走向. 教育研究，（7）：18-21.

张立岩. 2015. 区域科技创新平台生态系统发展模式与机制研究. 哈尔滨理工大学博士学位论文.

张丽莉. 2013. 科技资源共享平台重复建设问题与对策研究——以东北地区为例. 北方经贸, （9）：48-53.

张利华，陈钢，李颖明. 2007. 基于系统失灵理论的区域科技创新服务平台研究. 中国科技论坛, （11）：85-89.

张琼妮. 2014. 网络环境下区域协同创新平台模式与机制及政策研究. 浙江工商大学博士学位论文.

张维迎. 2014. 理解公司——产权、激励与治理. 上海：上海人民出版社.

张卫东. 2011. 区域性科技中介服务网络体系建设研究. 吉林大学博士学位论文.

张雯. 2017. 政府主导型的科技创新中心建设研究——以新加坡为例. 江苏科技信息, （35）：5-8.

张燕. 2018. 跨区域产学研合作平台建设研究——以上海高校与东莞市的产学研合作平台为例. 中国高校科技, （5）：79-80.

张玉碧. 2016. 地方高校科技创新平台建设的问题与对策——以河南省为例. 中国高校科技, （6）：76-77.

赵俊杰，孙晓艳. 2007. 国外高科技人才工作及其启示. 中国人力资源开发, （6）：96-98.

郑军，孙翔宇. 2018. 法国产学研协同创新的主要模式、特点及启示. 教育与教学研究, （9）：22-30，125.

郑庆昌，谭文华. 2006. 试论地方科技条件平台建设的定位——以福建省为例. 科学学与科学技术管理, （6）：46-49.

中共科学技术部党组. 2017-06-01. 党的十八大以来我国科技创新的主要进展与成就. http://theory.people.com.cn/n1/2017/0601/c40531-29310840.html.

中共中央. 1985-03-13. 关于科学技术体制改革的决定. 人民日报.

中共中央，国务院. 1996-05-06. 中共中央、国务院关于加速科学技术进步的决定. https://www.most.gov.cn/ztzl/jqzzcx/zzcxcxzzo/zzcxcxzz/zzcxgncxzz/200512/t20051230_27321.html.

中共中央，国务院. 2016-05-19. 中共中央、国务院印发《国家创新驱动发展战略纲要》. http://www.gov.cn/gongbao/content/2016/content_5076961.htm.

中国人民银行广州分行课题组. 2015. 金融与科技融合模式：国际经验借鉴. 南方金融, （3）：4-20.

钟无涯. 2015. 科技创新平台主体异质性与运营差异比较. 科技管理研究, （14）：83.

钟无涯，魏建漳，曹宇昕. 2014. 异质性创新平台主体及运营模式比较. 科学管理研究, （5）：2-4.

仲崇娜，苏屹. 2015. 高校协同创新平台组织结构与运行机制研究. 科技进步与对策, （6）：30-33.

周岱，刘红玉，叶彩凤，等. 2007. 美国国家实验室的管理体制和运行机制剖析. 科研管理, （6）：108-114.

周二华，陈荣秋. 1999. 技术开发的类型与创新模式选择的关系. 科研管理，（7）：15-20.

周小丁，黄群. 2013. 德国高校与企业协同创新模式及其借鉴. 德国研究，（2）：113-122.

周小丁，罗骏，黄群. 2014. 德国高校与国立研究机构协同创新模式研究. 科研管理，（5）：
    145-151.

周勇义，凌辉，张黎伟. 2013. 劳伦斯伯克利实验室科研平台的启示. 实验室研究与探索，
    （7）：139-143.

朱纪华. 2010. 协同治理：新时期我国公共管理范式的创新与路径. 上海市经济管理干部学院学
    报，（1）：5-9.

朱旭峰. 2011. 中国社会政策变迁中的专家参与模式研究. 社会学研究，（2）：1-27.

朱悦，张贵红. 2012. 将平台打造成企业创新的依托——武汉东湖推进科技创新平台建设的经验
    与启示. 华东科技，（12）：46-47.

朱喆. 2016. 科技社团资源依赖行为研究. 华中科技大学博士学位论文.

邹波，郭峰，王晓红，等. 2013. 三螺旋协同创新的机制与路径. 自然辩证法研究，（7）：
    49-54.

邹大挺，王关昌，邓天佐. 1992. 新加坡的科技发展和政策措施. 中国科技论坛，（4）：61-63.

邹光盛，杨金拔. 2015. 新常态下深化闽台科技交流合作平台建设浅析. 海峡科学，（5）：
    108-110.

邹晓东，刘晓璇，刘叶. 2015. 国际典型协同创新平台机制建设的经验借鉴与启示. 中国行政管
    理，（12）：130-132.

Chan P S, Dorthy H. 1993. Strategic alliance in technology key competitive weapon. SAM Advanced
    Management Journal, （58）：9-17.

Chu K M. 2013. Motives for participation in internet innovation intermediary platforms. Information
    Processing & Management: Libraries and Information Retrieval Systems and Communication.

Dill W R. 1958. Environment as an influence on managerial autonomy. Administrative Science
    Quarterly, （4）：409-443.

Gulshan S S. 2011. Innovation management: reaping the benefits of open platforms by assimilating
    internal and external innovations. Procedia-Social and Behavioral Sciences, （25）：46-53.

Kilelu C W, Klerkx L, Leeuwis C. 2016. Unraveling the role of innovation platforms in supporting
    coevolution of innovation: contributions and tensions in a smallholder dairy-development
    program. Agricultural Systems, （118）：65-77.

Nederlof S, Wongtschowski M, van der Lee F. 2011. Putting heads together: agricultural
    innovation platforms in practice. Bulletin, 129（3341）：67.

Oyelara-Oyeyinka O, Mccormick D. 2007. Industrial clusters and innovation systems in Africa:
    institutions, markets and policy. Journal of Regional Science, （1）：230-232.

Pfeffer J, Salancik G R. 2003. The External Control of Organizations: A Resource Dependence

Perspective. New York: Harper & Row.

Rhodes R A W. 2010. The new governance: governing without government. Political Studies, 44（4）: 652-667.

Sandee H, Rieveld P. 2001. Upgrading traditional technologies in small-scale industry clusters: collaboration and innovation adoption in indonesia. The Journal of Development Studies, （4）: 150-172.

Selznick B P. 2011. TVA and the Grass Roots: A Study of Politics and Organization. Alhambra: University of California Press.

Thompson J D. 1967. Organizations in Action: Social Science Bases of Administrative Theory. New York: McGraw-Hill.

Thompson J D, McEwen W J. 1958. Organizational goals and environment: goal-setting as an interaction process. American Sociological Review, （23）: 23.

Tui S H, Adekunle A, Lundy M, et al. 2013. What are innovation platforms? Innovation platforms practice brief 1. Innovation Platforms Practice Brief, （4）: 1-7.

Zald M N. 1970. Power and Organizations. Nashville: Vanderbit University Press.

后　记

　　地方科技创新平台是国家科技创新体系的重要基础设施和组成部分。经过二十余年的发展，我国科技创新平台经历了从初步提出到逐步发展成熟的过程。科技创新平台无论在数量上还是质量上都有很大的提升，多个区域性科技创新网络逐步形成。各地政府也皆根据国家战略导向和区域发展需求，建立了具有不同功能的地方性、区域性科技创新平台。这些平台由多元主体协同共建并对区域经济、社会、教育、文化等各方面的长远发展产生重要影响。平台运营主体和科研工作人员的互动，影响平台的科技成果产出。平台的发展离不开政府、市场、社会领域及协同创新网络的支持和协作。这就更加需要建立现代化的地方科技创新平台治理体系，来促进不同主体要素、创新资源的优化配置与有效整合。

　　本书作者长期从事科技政策与管理创新方面的教学和研究工作，先后出版了《区域创新与科技中介服务体系建设》《创新湖北系列丛书·科技创新平台》《农村科技型社会组织培育研究》《乡村振兴战略下农村科技创新体系构建》等关于科技管理方面的著作。本书系"创新鄂州·科技创新服务平台建设"课题的重要成果。李敏（现为安徽医科大学卫生管理学院讲师）、王倩（现为中共北京市委党校公共管理教研室讲师）、王文彬（现为西安建筑科技大学公共管理学院副教授）、李江华、钟钦崚、沈迁、胡植、张婷、吴丰等博士生，李莉、帅维、任勇俊、于周旭、胡文强、关欣、杨雨鸣、石铮、董欣静等硕士生参与了本课题的实地调研、专题研究及部分内容撰写。同时，本书还得到华中科技大学鄂州工业技术研究院的领导者和管理人员、项目团队、相关专家学者的大力支持，在此表示由衷的感谢！

　　本书在撰写过程中，参考了大量的国内外文献，前人的研究为本书提供了丰富的写作资料。但相对于蓬勃发展的科技创新平台而言，相关研究还需要极大地丰富。本书仅是对地方科技创新平台治理做出了初步探索，意在抛砖引玉，希望更多的研究者关注地方科技创新平台的发展。鉴于作者水平有限，本书可能存在不足之处，我们真诚期待学术同行和专家、科技创新和相关从业者的批评指正。